Fernando Pessoa

Dokumente zur Person und ausgewählte Briefe

Aus dem Portugiesischen übersetzt und
mit einem Nachwort versehen von
Georg Rudolf Lind

Ammann Verlag

Erste Auflage 1988
© 1988 by Ammann Verlag AG, Zürich
Alle Rechte vorbehalten
ISBN 3-250-10112-5

Selbstzeugnisse

Erläuterung der verwendeten Zeichen:

(...) bedeutet Lücken im Original
(?) Zweifel an der Richtigkeit der Entzifferung eines Manuskripts

Biographische Notizen

1914   Notizen über Fernando Pessoa, auf der Basis von Daten, die ihm vom Dichter selber mitgeteilt wurden, von Armando Côrtes-Rodrigues zusammengestellt

Er wurde am 13. Juni 1888 um 3.20 Uhr nachmittags am São-Carlos-Platz in Lissabon geboren (siehe sein Gedicht »O Glocke meines Dorfes«). In diesem Hause lebte er bis 1893. Dann zog er bis Dezember 1895 in die Rua de São Marçal um. In diesem Jahr reiste er nach Durban (Natal, Südafrika) ab, wo er bis zum 1. August 1901 verblieb; danach wohnte er in Pedrouços und später in der Avenida D. Carlos (Avenida das Cortes). Im September 1902 reiste er wieder nach Afrika, wo er bis September 1905 verblieb. Im Oktober 1905 kehrte er von dort nach Lissabon zurück und wohnte in a) Rua de São Bento, b) Calçada da Estrela 19, 1°, d) Rua da Glória 4, Erdgeschoß, e) Largo do Carmo 18, 1°, f) Rua de Passos Manuel 24, 3° links, g) Rua Pascoal de Melo, 3° rechts (1914).

Sohn von Joaquim de Seabra Pessoa (Musikkritiker des »Diário de Notícias«, angestellt im Justizministerium) und von Maria Madalena Pinheiro Nogueira.

Vater: aus Lissabon. Mutter von Ilha Terceira (Azoren), entfernt von einer Familie Rebelo aus São Miguel abstammend. Rückkehr zu diesem Typus. Ein zweiter Sohn dieser Familie zog auf Ilha Terceira um, wo er eine Familie gründete.

Familie des Vaters: José António Pereira de Sousa e Araújo (genealogisches Wappenarchiv). Joaquim António de Araújo Pessoa (Großvater väterlicherseits), verstorben als General (Biographie in einer Zeitung), nach dem Vater.

Vater: Joaquim de Seabra Pessoa, Sohn des Vorgenannten und von Dionísia Estrela Seabra, die wahnsinnig in der Wohnung der Familie in der Rua da Bela Vista à Lapa verstarb...

Familie der Mutter: Tochter von Luís António Nogueira, Rat und Generaldirektor im Ministerium des Königreiches, mit abgeschlossenem Jusstudium, dem Kurs von Tomás Ribeiro und Silva Gaio (Vater), mit dem er befreundet war. In Coimbra führte er einmal als Laienschauspieler etwas auf, was am nächsten Tag von Taborda dargestellt wurde. Taborda wurde dabei als künstlerisch unterlegen angesehen. Er besaß ungewöhnliche Geschicklichkeit im Schauspielern und Imitieren und konnte sogar eine ganze Diskussion nachahmen, indem er die verschiedenen Stimmen mimte; ihre Mutter war Madalena Xavier Pinheiro (beide stammten von Terceira). Diese stammte von einer aus Galizien ausgewanderten Familie ab. Ihre Schwester war D. Maria Xavier Pinheiro (verheiratet mit Manuel Gualdino da Cunha), Typ der »gebildeten Frau« des 18. Jahrhunderts, skeptisch in Religionsfragen, aristokratisch und monarchistisch, die beim einfachen Volk keinen Skeptizismus dulden wollte. Sie besaß literarische Begabung, von der ein Sonett im typischen Stil des 18. Jahrhunderts erhalten geblieben ist.

. . .

Ein männlicher Geist ohne Furcht, mit geringer weiblicher Zärtlichkeit.

Fernando Pessoa war das Lieblingskind der Mutter. Er lebte mit ihr vor allem in den ersten Jahren seines Lebens zusammen.

LITERARISCHE EINFLÜSSE

Oktober 1905–1908

Baudelaire

Cesário Verde

Edgar Poe

Epoche der englischen Gedichte. Erst gegen Ende 1908 schreibt Fernando Pessoa Gedichte auf Portugiesisch.

Villiers de L'Isle Adam

Henrique Rosa (unveröffentlichte Gedichte zu jener Zeit – einige publiziert)

Antero de Quental – Sonette

Guerra Junqueiro

Gomes Leal

Entscheidendes Buch, das einen Teil dieser ganzen Einflüsse aufhebt: »Dégénérescence« von Max Nordau.

Er liest nun verschiedene Bücher über Psychiatrie.

8

Diese Lektüre begleiten philosophische Werke, zufällig und ohne ein bestimmtes Studienziel gelesen. Er liest fast immer zufällig und nach Neigung und wechselt rasch die Thematik.

Von 1908–1911 (Portugiesische und englische Verse – einige französische) Einflüsse auf die portugiesischen Gedichte:

Garrett – in einem plötzlichen Impuls, der sich aus der Lektüre der »Folhas Caídas« (Fallende Blätter) und der »Flores sem Fruto« (Blüten ohne Frucht) ergab, beginnt er, portugiesische Verse zu schreiben. Anfänglich hatte er daran gedacht, nur englische Gedichte zu schreiben. Die Diktatur João Francos führte ihn zum literarischen Patriotismus, und er begann nun, intensiv den Wunsch zu hegen, auf portugiesisch zu schreiben, was dann erst im September 1908 geschah.

———————

Vierzeiler, den Pessoa im Alter von fünf Jahren verfaßte und seiner Mutter widmete:

> O portugiesisches Land,
> in dir kam ich zur Welt,
> und wie schön ich dich auch fand,
> Mutter mir am besten gefällt.

———————

1901–1902 Einige portugiesische Gedichte
1902–1904 versuchte er, Romane in englisch zu schreiben.
1094–1908 (September) Poesie und Prosa in englisch.
1908–1914 (Poesie, Prosa in portugiesisch, englisch und französisch)
Er quält sich nicht mit der Form ab. Die Vervollkommnung geschieht im Geiste vor der Niederschrift – bei den kleinen Sachen –, gleichzeitig entwickelt er die Einzelheiten, mit denen sie dargeboten werden. Beim Schreiben hemmt er ein wenig den Gedankenfluß. Die große Qual liegt in der Komposition des Ganzen. Immer hat er das zuwege gebracht, was er »wollte«. Als er in der Rua da Glória wohnte, fand er in Shakespeares Sonetten eine Kompliziertheit, die er in einer modernen Adaptation ohne Originalitätsverlust und aufdringliche Individualität bei den Sonetten nachbilden wollte. Mittlerweile hat er sie zustandegebracht.

Stunden: Er arbeitet immer, zu jeder Stunde und an jedwedem Ort.

Manuskript von F. Pessoa

1904–1905 – Einflüsse von Milton und den englischen Dichtern der romantischen Epoche – Byron, Shelley, Keats und Tennyson. (Ein wenig später und in erster Linie für den *Erzähler* von Einfluß, auch Edgar Poe. Leichte Einflüsse auch aus der Schule von Pope. In der Prosa Carlyle. Einflußreste portugiesischer Subpoeten aus der Kindheit. – In dieser Periode war die Abfolge der Einflüsse mehr oder minder: 1) Byron, 2) Milton, Pope und Byron, 3) Byron, Milton, Pope, Keats, Tennyson und in schwächerer Form Shelley, 4) Milton, Keats, Tennyson, Wordsworth und Shelley, 5) Shelley, Wordsworth, Keats und Poe.

1905 (Ende)–1908 – Edgar Poe (nunmehr in der Dichtung), Baudelaire, Rollinat, Antero, Junqueiro (im antiklerikalen Werkteil), Cesário Verde, José Duro, Henrique Rosa.

1908–1909 (Ende) – Garrett, António Correia de Oliveira, António Nobre.

1909–1911 – Die französischen Symbolisten, Camilo Pessanha.

1912–13 – Der »Saudosismo«, 2) die Futuristen (Briefe von Mário de Sá-Carneiro)

Bibliographische Übersicht

Vom Dichter selbst verfaßt und in der Zeitschrift »Presença« im Dezember 1928 veröffentlicht

Veröffentlichte Werke

Was Fernando Pessoa schreibt, gehört zwei Kategorien an, die wir orthonym und heteronym nennen können. Man kann nicht sagen, sie seien anonym und pseudonym, denn das sind sie in Wahrheit nicht. Das unter Pseudonym veröffentlichte Werk stammt vom Autor in Person, nur der Name, mit dem er unterschreibt, ist ein anderer; das heteronyme stammt vom Autor außerhalb seiner Person, von einer vollständig von ihm hergestellten Individualität, wie es die Aussprüche irgendeiner Gestalt aus irgendeinem von ihm verfaßten Drama sein würden.

Die heteronymen Werke Fernando Pessoas sind bis jetzt von drei Leuten verfaßt – Alberto Caeiro, Ricardo Reis und Álvaro de Campos. Diese Individualitäten müssen als von der ihres Autors verschieden betrachtet werden. Jede bildet eine Art von Drama; und sie alle zusammen bilden ein weiteres Drama. Alberto Caeiro, den man für 1889 geboren und 1915 verstorben hält, hat Gedichte mit einer ganz bestimmten Orientierung geschrieben. Er hatte die anderen beiden – als solche aus verschiedenen Aspekten dieser Orientierung hervorgegangenen – zu Schülern: Ricardo Reis, den man für im Jahre 1887 geboren hält und der in seinem Werk stilisiert die intellektuelle und heidnische Seite herausgekehrt hat; Álvaro de Campos, 1890 geboren, der in seinem Werk die sozusagen emotionale Seite, die er »sensationistisch« nannte, herauslöste. Er hat sie in mehrfacher Weise kompliziert, indem er sie mit verschiedenen Einflüssen verband, unter denen nächst dem von Caeiro der Einfluß Walt Whitmans vorherrscht; diese Komplikationen sind im allgemeinen skandalöser und aufreizender Art, vor allem für Fernando Pessoa, der jedoch nicht umhin kann, sie aufzuzeichnen und zu publizieren, so wenig er auch mit ihnen einverstanden sein mag. Die Werke dieser drei Dichter bilden, wie gesagt, ein dramatisches Ganzes; und die gegenseitige Einwirkung dieser Persönlichkeiten sowie ihre persönlichen Beziehungen sind gebührend ausgearbeitet worden. All dies wird aus noch zu schreibenden Biographien hervorgehen, die bei ihrer Veröffentlichung von Horoskopen und vielleicht auch von Photographien begleitet werden. Es ist ein Drama in Leuten, statt in Akten. (Ob diese drei Individualitäten mehr oder weniger wirklich sind als Fernando Pessoa selbst, ist ein metaphysisches Problem, das dieser, da ihm das Geheimnis der Götter unbekannt ist und er infolgedessen nicht weiß, was die Wirklichkeit ist, niemals wird lösen können).

Fernando Pessoa hat unter eigenem Namen vier Broschüren mit englischen Versen publiziert: »Antinous« und »35 Sonette« zusammen im Jahre 1918 und »Englisch Poems I–II« und »Englisch Poems III« ebenfalls zusammen im Jahre 1922. Das erste Gedicht der dritten Broschüre ist die Neufassung des »Antinous« von 1918. Außerdem hat er 1923 ein Pamphlet »Über ein studentisches Manifest« zur Unterstützung von Raul Leal publiziert und im Jahre 1928 eine Broschüre »Interregnum – Verteidigung und Rechtfertigung der Militärdiktatur in Portugal«, dessen Veröffentlichung die Regierung gestattet hat.

Keiner dieser Texte ist endgültig. Vom ästhetischen Standpunkt aus zieht es der Verfasser daher vor, diese Werke als nur annähernd existent zu betrachten. Keine heteronyme Schrift ist als Broschüre oder Buch erschienen.

Fernando Pessoa hat häufig und immer auf Grund zufälliger Bitten von Freunden an Zeitschriften und anderen Publikationen mannigfacher Art mitgearbeitet.

Was darin von ihm verstreut publiziert ist, hat im allgemeinen noch weniger öffentliches Interesse als die oben erwähnten Broschüren. Doch sind, wiewohl mit Vorbehalt, folgende Ausnahmen zu verzeichnen:

Bezüglich orthonymer Werke: das statische Drama »Der Matrose« in »Orpheu I« (1915); »Der anarchistische Bankier« in »Contemporânea« Nr. 4 (1922); eine kleine Sammlung von Gedichten in »Athena 3« (1925); und in Nr. 1 der Lissaboner Zeitung »Sol« (1925) die genaue und rührende Wiedergabe der »Erzählung vom Betrüger«.

Bezüglich heteronymer Werke finden wir die »Triumph-Ode« und die »Meeres-Ode« von Álvaro de Campos in »Orpheu« I und II (1915); das »Ultimatum« desselben Individuums in der einzigen Nummer von »Portugal Futurista« (1917); das Buch »Oden« von Ricardo Reis in

»Athena I« (1924) und Auszüge aus den Gedichten von Alberto Caeiro in »Athena« 4 und 5 (1925).

Der orthonyme oder heteronyme Rest hat entweder kein Interesse oder nur ein vorübergehendes oder aber muß vervollkommnet oder neu definiert werden oder es handelt sich um kleine Kompositionen in Prosa oder in Versen, die zu erinnern schwierig und aufzuzählen langweilig ist, wenn man sie erst einmal erinnert hat.

Vom Standpunkt der Werbung aus lohnt es sich jedoch, die 1912 in der Zeitschrift »A Águia« erschienenen Artikel zu erwähnen, vor allem wegen der Aufregung, die die in ihnen enthaltene Ankündigung der »bevorstehenden Erscheinung des Super-Camões« verursachte. In gleicher Absicht kann man die Gesamtheit des Inhalts von »Orpheu« anführen, angesichts des maßlosen Skandals, den diese Veröffentlichung auslöste.

Das sind die beiden einzigen Fälle, in denen irgendeine Schrift von Fernando Pessoa die Aufmerksamkeit des Publikums erweckte.

Fernando Pessoa beabsichtigt nicht – jedenfalls nicht in der nächsten Zukunft –, irgendein Buch oder eine Broschüre zu veröffentlichen. Da es kein Publikum gibt, das sie lesen könnte, hält er sich für davon befreit, nutzlos bei dieser Publikation Geld zu verausgaben, das er nicht hat; und um es irgendeinen Herausgeber nutzlos verausgaben zu lassen, wäre eine Lehrzeit für das Verfahren nötig, dem der unvergeßliche Manuel Peres Vigário seinen (Betrüger)-Namen geschenkt hat, der weiter oben bereits indirekt zitiert worden ist.

Biographische Notiz

1935

Vom Dichter selber verfaßt

Vollständiger Name: Fernando António Nogueira Pessoa.

Alter und Herkunft: Geboren in Lissabon, Gemeinde Mártires, São-Carlos-Platz Nr. 4, am 13. Juni 1888.

Abstammung: Ehelicher Sohn von Joaquim de Seabra Pessoa und Dona Maria Madalena Pinheiro Nogueira. Väterlicherseits Enkel des Generals Joaquim António de Araújo Pessoa, Teilnehmer an den liberalen Feldzügen, und von Dona Dionísia Seabra; mütterlicherseits Enkel des Rats Luís António Nogueira, Rechtskundiger, der Generaldirektor im Ministerium des Königreichs war, und von Dona Madalena Xavier Pinheiro. Allgemeine Herkunft – Mischung aus Adligen und Juden.

Familienstand: Junggeselle

Beruf: Die angebrachteste Bezeichnung würde »Übersetzer« sein, die genaueste »Auslandskorrespondent in Handelshäusern«. Dichter und Schriftsteller sein stellt keinen Beruf dar, sondern eine Berufung.

Wohnung: Rua Coelho da Rocha 16, 1° rechts, Lissabon (Postanschrift: Postfach 147, Lissabon)

Gesellschaftliche Funktionen, die er ausgeübt hat: Wenn man darunter öffentliche Ämter oder prominente Funktionen versteht, keine.

Veröffentlichte Werke: Das Werk liegt im wesentlichen derzeit verstreut vor, in verschiedenen Zeitschriften und Gelegenheitspublikationen. Was er an Büchern oder Broschüren als gültig ansieht, ist das folgende: »35 Sonnets« (in englisch), 1918; »English Poems I–II« und »Englisch Poems III« (ebenfalls in englisch), 1922, und das Buch »Botschaft« (Mensagem), innerhalb der Kategorie »Gedichte« vom Sekretariat der Nationalen Propaganda (SNI) mit einem Preis ausgezeichnet. Die Broschüre »Das Interregnum«, 1928 publiziert, stellt eine Verteidigung der Militärdiktatur in Portugal dar und muß als nicht existent angesehen werden. All dies muß überprüft und vieles vielleicht ausgeschieden werden.

Erziehung: Da seine Mutter nach dem Tode seines Vaters im Jahre 1893 in zweiter Ehe 1895 den Kommandanten João Miguel Rosa, portugiesischen Konsul in Durban, Natal, heiratete, wurde er dort erzogen. Er gewann den Königin-Victoria-Preis für englischen Stil in der Universität des Kaps der Guten Hoffnung im Jahre 1903, bei der Aufnahmeprüfung, mit 15 Jahren.

Politische Ideologie: Er ist der Meinung, daß das monarchische System für eine organisch imperiale Nation wie Portugal das geeignetste sein würde. Gleichzeitig ist er der Ansicht, daß die Monarchie in Portugal völlig aussichtslos ist. Deshalb würde er, wenn es eine Volksabstimmung über Staatsformen gäbe, zu seinem Leidwesen für die Republik stimmen. Konservativer englischen Stils, das heißt, liberal innerhalb des Konservativismus, und vollständig anti-reaktionär.

Religiöse Position: Gnostischer Christ und deshalb gegen alle organisierten Kirchen, vor allem gegen die Kirche Roms. Aus Gründen, die aus dem Folgenden hervorgehen, der Geheimtradition des Christentums treu, die enge Beziehungen zur Geheimtradition in Israel (der heiligen Kabbala) und der okkulten Essenz der Freimaurerei unterhält.

Einweihungsgrad: Durch direkte Kommunikation vom Meister zum Schüler in die drei minderen Grade des (scheinbar ausgelöschten) Templerordens von Portugal eingeweiht.

Patriotische Stellung: Parteigänger eines mythischen Nationalismus, aus dem jede römisch-katholische Infiltration ausgeschieden ist, wozu nach Möglichkeit ein neuer Sebastianismus geschaffen werden sollte, der ihn geistlich ersetzen kann, falls es im portugiesischen Katholizismus jemals Spiritualität gegeben hat. Nationalist, der dieser Devise folgt: »Alles für die Menschheit; nichts gegen die Nation.«

Soziale Stellung: Antikommunist und Antisozialist. Das übrige läßt sich aus dem oben Gesagten ableiten.

Resümee dieser letzten Überlegungen: Immer im Gedächtnis behalten den Märtyrer Jacques de Molay, Großmeister der Tempelritter, und immer und überall seine drei Mörder bekämpfen – Unwissenheit, Fanatismus und Tyrannei.

Lissabon, den 30. März 1935.

1906

Die älteste literarische Nahrung meiner Kindheit fand ich in den zahlreichen Romanen von Geheimnis und schrecklichem Abenteuer. Für die Bücher für Jungen, die mit erregenden Erfahrungen zu tun haben, interessierte ich mich wenig. Da ich ein gesundes, natürliches Leben führte, weckten sie bei mir keine Sympathie. Mein Interesse galt nicht dem Wahrscheinlichen, sondern dem Unglaubwürdigen, nicht einmal dem Unmöglichen wegen dessen Schwierigkeitsgrades, sondern dem von Natur aus Unmöglichen.

Meine Kindheit verlief ruhig (...), meine Ausbildung war gut. Aber seit ich meiner selbst bewußt bin, bemerkte ich, daß ich eine angeborene Tendenz zur Mystifikation, zur künstlerischen Lüge hatte. Zu alledem füge man hinzu eine große Vorliebe für das Geistige, für das Geheimnisvolle, für das Dunkle, das letztlich nichts anderes war als eine Form und eine Abwandlung meines anderen Charakteristikums, und damit hat man einen für die Intuition vollständigen Eindruck von meiner Persönlichkeit.

(Original in englisch)

1907

Pakt zwischen Alexander Search* aus der Hölle, Nirgendwo, und Jacob Satan, Meister, wenngleich nicht König, des gleichen Ortes:

1. Niemals von der Absicht ablassen oder abweichen, der Menschheit Gutes zu erweisen.
2. Niemals sinnliche oder in anderer Form üble Dinge schreiben, die die Leser schädigen oder ihnen Böses zufügen könnten.
3. Niemals vergessen, wenn man im Namen der Wahrheit die Religion angreift, daß die Religion nur schwer ersetzt werden kann und daß der arme Mensch in der Dunkelheit weint.

---

* Dieser »Pakt« ist nur im Blick auf die Aufwertung des Satans zum Vorkämpfer von Fortschritt und Wissenschaft im späten 19. Jahrhundert verständlich, man vergleiche hierzu Anatole Frances Roman »La révolte des anges« usw.

4. Niemals Leiden und Schmerz der Menschen vergessen.

Satan   2. Oktober 1907
sein Zeichen   Alexander Search
  (Original in englisch)

Ich habe Gedanken, die, wenn ich sie verwirklichen und lebendig machen könnte, den Sternen ein neues Licht, der Welt eine neue Schönheit und dem Herz der Menschen größere Liebe bringen könnten.
  (Original in englisch)

Aufgrund dieser Charakteristiken habe ich, als ich mich selbst beschrieb, in »The Writers Day« formuliert:

> One like Rousseau ...
> A misanthropic lover of mankind.

Ich habe in der Tat viele, allzu viele, Berührungspunkte mit Rousseau. In gewissen Dingen sind unsere Charaktere identisch. Die warme, gesteigerte, unaussprechliche Liebe zur Menschheit und eine Portion Selbstbezogenheit, die das ausgleicht – das ist das fundamentale Kennzeichen seines Charakters und ebensowohl des meinigen.
  (Original in englisch)

1908

Keine liebendere oder zartere Seele als die meinige hat je existiert, keine Seele so voll von Freundlichkeit, von Mitleid, von allen Dingen der Zärtlichkeit und der Liebe. Dennoch ist keine Seele so einsam wie die meinige – wohlverstanden, nicht einsam durch äußere, sondern durch innere Gegebenheiten. Ich meine folgendes: zusammen mit meiner großen Zärtlichkeit und Freundlichkeit ist ein Element von ganz entgegengesetzter Art in meinen Charakter eingedrungen, ein Element von Traurigkeit, von Egozentrik, von Egoismus mithin, dessen Wirkung doppelseitig ist: die Entwicklung und das volle *innere* Spiel jener anderen Qualitäten zu verzerren und zu behindern und, indem sie den Willen niederdrückend beeinflussen, ihr volles *äußeres* Spiel, ihre Manifestation, zu hemmen. Ich werde das analysieren, eines Tages werde ich die Elemente meines Charakters besser überprüfen und unterscheiden, denn meine Neugier nach allen Dingen, verbunden mit meiner Neugier für mich selbst und für meinen eigenen Charakter, führt zu dem Versuch, meine Persönlichkeit zu verstehen.

(Original in englisch)

Mein intensives Leiden am Vaterland, mein intensiver Wunsch, die Lage Portugals zu verbessern, provozieren in mir – nicht ausdrückbar mit welcher Wärme, mit welcher Intensität, mit welcher Aufrichtigkeit! – tausend Pläne, die, selbst wenn ein Mensch sie realisieren könnte, bei ihm ein Charakteristikum voraussetzen, das mir ganz und gar abgeht – einen mächtigen Willen. Aber ich leide – hart an der Grenze zum Wahnsinn, ich kann es beschwören –, als ob ich alles tun könnte und doch unfähig wäre, es zu tun, unter meiner Willensschwäche. Dieses Leiden ist schrecklich. Es hält mich beständig, wie ich schon sagte, an der Grenze zum Wahnsinn.

Und dazu unverstanden! Niemand ahnt meine Liebe zum Vaterland, heftiger als bei irgendjemandem von den Menschen, die ich treffe, bei allen, die ich kenne. Ich verrate es niemandem; wie kann ich denn also sagen, daß sie diese Liebe nicht gleichfalls empfinden? Weil ihr Temperament in einigen Fällen, in den meisten sogar, gänzlich andersartig ist; weil sie in anderen Fällen auf eine Weise reden, die die Inexistenz, ja sogar die Unkenntnis des bloßen Namens des Patriotismus enthüllt.

Die Wärme und die Intensität – zärtlich, revoltierend und heftig – des meinigen werde ich nie zum Ausdruck bringen können, (...)

Außer meinen patriotischen Projekten – über »Portugal als Republik« zu schreiben –, hier eine Revolution hervorzurufen, portugiesische Pamphlete zu schreiben, ältere nationale Literaturwerke herauszugeben, ein Magazin, eine wissenschaftliche Zeitschrift herauszubringen usw. – habe ich noch andere Pläne, die mich verzehren, weil sie notwendigerweise bald ausgeführt werden müssen (...) und durch ihre Verbindung übermäßige Impulse hervorrufen, die meine Willenskraft paralysieren. Das Leiden, das dieser Zustand hervorruft, kann, meine ich, kaum noch als diesseits des Wahnsinns beschrieben werden.

Nimm zu alledem noch andere Gründe zum Leiden, einige körperlicher, andere geistiger Art, die Empfindlichkeit für jedes kleine Ding, das Pein verursachen kann (oder eben einem Durchschnittsmenschen überhaupt keine Pein verursachen kann), nimm dies zu weiteren Dingen hinzu, Komplikationen, Geldschwierigkeiten – füge das alles meinem von Grund aus unausgeglichenen Temperament zu und dann wirst du imstande sein, zu *ahnen*, was es mit meinem Leiden auf sich hat.

(Original in englisch)

———————

Eine meiner geistigen Komplikationen – schrecklicher als alle Worte – ist die Furcht vor der Geisteskrankheit, die schon als solche Geisteskrankheit ist. Ich bin teilweise in einem Zustand, den Rollinat im Eingangsgedicht seiner »Névroses« (wenn ich mich nicht irre) als seinen eigenen einbekennt. Impulse, einige verbrecherisch, andere wahnwitzig, die mitten in meiner Agonie die schreckliche Tendenz zur Aktion, eine schreckliche »Muskularität« erreichen, ich will sagen, in den Muskeln fühlbar werden –, sind bei mir ganz geläufig, und das Entsetzen vor ihnen und vor ihrer Intensität – größer denn je in Quantität und Heftigkeit – ist unbeschreiblich.

(Original in englisch)

1910

Ich war ein Dichter, der von der Philosophie angeregt wurde, nicht ein Philosoph mit dichterischen Fähigkeiten. Ich liebte es, die Schönheit der Dinge zu bewundern und im Unmerklichen durch das winzig Kleine hindurch der dichterischen Seele des Weltalls nachzuspüren.

Die Poesie der Erde ist niemals tot. Wir können vielleicht behaupten,

vergangene Zeitalter seien poetischer gewesen, aber wir können sagen
(...)

Poesie ist in allem – auf dem Lande und im Meer, an Seen und an Fluß-
ufern. Sie ist auch in der Stadt – leugne es nicht – das erscheint mir als
evident hier, wo ich sitze: Poesie ist in diesem Tisch, in diesem Papier, in
diesem Tintenfaß; Poesie ist im Rattern der Wagen auf den Straßen, in
jeder winzigen, alltäglichen, lächerlichen Bewegung eines Arbeiters,
der auf der anderen Straßenseite das Aushängeschild eines Fleischerla-
dens malt.

Mein innerer Sinn herrscht in solcher Weise über meine fünf Sinne
vor, daß ich in diesem Leben, glaube ich, die Dinge anders als andere
Menschen sehe. Es liegt für mich – und es lag – eine Fülle von Bedeutung
in einem so lächerlichen Ding wie einem Türschlüssel, einem Nagel an
der Wand, den Barthaaren eine Katze. Es liegt für mich eine Fülle von
geistiger Anregung in einer Henne mit ihren Küken, die die Straße über-
quert. Es liegt für mich ein tieferer Sinn als menschliche Tränen im Duft
von Sandelholz, in alten Büchsen auf einem Abfallhaufen, in einer
Streichholzschachtel, die im Rinnstein liegt, in zwei schmutzigen
Papieren, die an einem windigen Tage durch die Straße treiben und einander jagen. Denn Dichtung ist Erstaunen, Bewunderung, wie die eines
Wesens, das vom Himmel gefallen ist in vollem Bewußtsein von seinem
Sturz und sich verwundert über die Dinge. Wie bei jemandem, der die
Seelen der Dinge kannte und sich bemühte, sich an diese Kenntnis zu
erinnern, sich entsinnend, daß er sie nicht auf diese Weise gekannt hat,
nicht unter diesen Formen und diesen Bedingungen, doch sich an weiteres nicht entsinnen kann.

(Original in englisch)

Persönliche Notizen

Ich bin über die Gewohnheit des Lesens hinaus. Ich habe aufgehört,
irgend etwas zu lesen, ausgenommen gelegentliche Zeitungen, leichte
Literatur und zufällige Spezialliteratur über Themen, die mich gerade
beschäftigen und bei denen einfaches Nachdenken unzulänglich sein
mag.

Die Literatur als solche habe ich beinahe fallen lassen. Ich könnte sie lesen, um zu lernen oder zum Vergnügen. Aber ich habe nichts mehr zu lernen, und das Vergnügen, das man aus Büchern ziehen kann, ist von einer Art, die mit Nutzen durch eine solche ersetzt werden kann, die die Berührung mit der Natur und die Beobachtung des Lebens mir unmittelbar verschaffen können.

Ich bin nunmehr im vollen Besitz der grundlegenden Gesetze der literarischen Kunst. Shakespeare kann mich nicht länger lehren, subtil, und Milton nicht, vollkommen zu sein. Mein Geist hat eine Geschmeidigkeit und eine Reichweite erlangt, die mich befähigen, jedes Gefühl anzunehmen, das ich wünsche, und willentlich in jeden geistigen Zustand einzutreten. Für das, was zu erringen stets eine Anstrengung und eine Qual bleiben wird, für die Vollkommenheit, kann kein Buch eine Hilfe sein.

Dies bedeutet nicht, daß ich die Tyrannei der literarischen Kunst abgeschüttelt hätte. Ich habe sie nur mir selber untergeordnet.

Ich habe immer ein einziges Buch bei mir – »Pickwick Papers« (von Dickens, Anm. d. Ü.). Ich habe Mr. W. W. Jacobs Bücher mehrfach gelesen. Der Verfall des Detektivromans hat für immer eine Tür zur modernen Schriftstellerei für mich verschlossen.

Ich habe aufgehört, mich für lediglich schlaue Leute zu interessieren – Wells, Chesterton, Shaw. Die Ideen, die diese Leute haben, sind so beschaffen, daß sie vielen Nicht-Schriftstellern einfallen; der Aufbau ihrer Werke ist ganz und gar eine »quantité négligeable«.

Es gab einmal eine Zeit, da las ich nur aus der Gewohnheit zu lesen. Ich habe nunmehr verstanden, daß es nur sehr wenige nützliche Bücher gibt, selbst in technischen Bereichen, die mich fesseln könnten.

Die Soziologie ist gänzlich (...); wer kann diese Scholastik im Byzanz von heute aushalten?

Alle meine Bücher sind Diskussionsmaterialien. Shakespeare lese ich nur noch in Bezug auf das »Shakespeare-Problem«: den Rest kenne ich schon.

Ich habe entdeckt, daß Lesen eine sklavische Art zu träumen ist. Wenn ich träumen muß, warum nicht meine eigenen Träume? (...)

(Original in englisch)

1913

Lebensplan

Ein allgemeiner Lebensplan muß in erster Linie die Herstellung einer finanziellen Stabilität irgendwelcher Art einschließen. Ich setze die Grenze für das bescheidene Minimum, das ich finanzielle Stabilität nenne, mit ungefähr sechzig Dollars an, vierzig für das Lebensnotwendige und zwanzig für die überflüssigen Dinge des Lebens. Der beste Weg, um das zu erreichen, wäre wohl, zu den einunddreißig Dollars von den beiden Firmen (P & FF) neunundzwanzig weitere hinzuzufügen, deren Herkunft noch überlegt werden muß. Streng genommen würden zum bloßen Lebensunterhalt fünfzig Dollars ausreichen, denn wenn man fünfunddreißig als notwendige Basis ansetzt, würden fünfzehn den Rest abdecken.

Das nächste wesentliche Ziel ist dann, eine Wohnung mit genügend Platz zu finden, sowohl an Raum wie an Komfort, wo ich alle meine Papiere und Bücher in gebührender Ordnung unterbringen könnte; und all das ohne die offene Möglichkeit, in kurzer Zeit wieder umziehen zu müssen. Das Einfachste, scheint mir, würde wohl sein, wenn ich selbst eine Wohnung mieten würde – auf der Basis von acht oder äußerstenfalls neun Dollars – dann könnte ich dort komfortabel leben und mir Abendessen (und Frühstück) täglich dorthin bringen lassen. Aber ob das wirklich zweckmäßig wäre?

Zur besseren Ordnung sollte ich meine große Truhe durch kleinere Truhen ersetzen, die meine Papiere in der Reihenfolge ihrer Wichtigkeit enthalten. Die große Truhe und die andere bei A. S. sollten nur die Zeitungen und Zeitschriften enthalten, die ich aufbewahre.

Wenn ich aber eine Wohnung miete, wie soll ich sie möblieren? Wäre es nicht besser, die Dinge mit S. in Ordnung zu bringen, derart daß wir, um das zu erhalten, was ich mir wünsche, zu diesem Zweck umziehen?

Was auch immer das Schicksal wollen wird, so wird es geschehen.
(Original in englisch)

ÄSTHETIK DER ABDANKUNG

Sich abfinden heißt sich unterwerfen, und siegen heißt sich abfinden, besiegt werden. Deshalb ist jeder Sieg eine Grobheit. Die Sieger verlieren immer alle Eigenschaften der Unzufriedenheit mit der Gegenwart, die sie zu dem Kampf antrieben, der ihnen den Sieg verschaffte. Sie sind zufriedengestellt, und zufriedengestellt kann nur derjenige sein, der sich abfindet, der nicht die Mentalität des Siegers hat. Es siegt nur, wer niemals sein Ziel erreicht. Es ist nur stark, wer immer den Mut verliert. Das beste und purpurnste ist es abzudanken. Das höchste Imperium ist das des Kaisers, der abdankt von jedem normalen Leben, von den anderen Menschen, auf dem die Sorge um die Überlegenheit nicht wie eine Last von Juwelen drückt.

1914

Ich bin immer mehr allein, immer verlassener. Nach und nach zerbrechen mir alle Bindungen. In Kürze werde ich ganz allein sein.

Mein schlimmstes Übel ist, daß ich nie meine metaphysische Gegenwart im Leben zu vergessen vermag. Daher die transzendentale Schüchternheit, die alle Gesten verschreckt, die allen meinen Sätzen das Blut der Einfachheit, des direkten Gefühls entzieht.

Eines der wenigen geistigen Vergnügen, die noch für das geistig Gebliebene in der Menschheit übrig bleibt, ist die Lektüre von Kriminalromanen. Zu der goldenen und eingeschränkten Zahl der glücklichen Stunden, die mich das Leben verbringen läßt, rechne ich diejenigen, in denen die Lektüre von Conan Doyle oder Arthur Morrison mich nicht losläßt.

Ein Band von einem dieser Autoren, eine Zigarette zu 45 das Päckchen, die Idee einer Tasse Kaffee – eine Dreieinigkeit, deren Einheit das Höchstmaß des Glücks für mich bedeutet – darin erschöpft sich für mich das Glück. Für viele dürfte das wenig sein, doch kann ein Wesen mit geistigen und ästhetischen Ansprüchen im gegenwärtigen europäischen Milieu wahrlich kaum sehr viel mehr verlangen.

Vielleicht liefert es den Herren einen Grund zum Staunen, nicht daß ich die Genannten für meine Lieblingsautoren und für meine Bettlektüre halte, sondern daß ich offen bekenne, sie persönlich so hoch einzuschätzen.

––––––––––

Ich gehöre zu einer Generation, die erst noch kommen soll, deren Seele nicht mehr wirklich Aufrichtigkeit und gesellschaftliche Gefühle kennt. Deshalb begreife ich nicht, wie jemand disqualifiziert werden kann, auch nicht, wie er sich so empfinden kann. Für mich ist dieser ganze (Aufwand?) mit den gesellschaftlichen Spielregeln sinnentleert. Ich *fühle* nicht, was Ehre, Schande oder Würde sind. Es sind für mich wie für alle Leute von meinem hohen nervösen Niveau Wörter aus einer Fremdsprache, wie ein namenloser Klang.

Wenn man mir sagt, daß man mich disqualifiziert hat, begreife ich lediglich, daß man von mir redet, aber der Sinn des Satzes entgeht mir. Ich wohne dem, was mir zustößt, aus der Ferne, abgelöst bei und lächle leichthin über die Dinge, die uns im Leben widerfahren. Heute kann das noch niemand nachfühlen; aber eines Tages wird schon jemand kommen, der das begreifen kann.

Ich habe immer gesucht, ein Zuschauer des Lebens zu sein, ohne mich in das Leben einzumischen. So wohne ich dem, was mit mir geschieht, wie ein Fremdling bei; ich ziehe nur aus den ärmlichen Ereignissen, die mich umgeben, die sanfte Wollust (...)

Ich empfinde keinen Groll gegen denjenigen, der das provoziert hat. Ich kenne weder Groll noch Haßgefühle. Diese Gefühle gehören denjenigen, die eine Meinung, einen Beruf oder ein Ziel im Leben besitzen. Ich habe nichts von alledem. Ich nehme am Leben den Anteil eines Entzifferers von Scharaden.

Aber ich habe keine Prinzipien. Heute verteidige ich die eine Sache, morgen die andere. Doch ich glaube nicht an das, was ich heute verteidige, und auch morgen werde ich kein Zutrauen haben in das, was ich verteidigen werde. Mit den Ideen und mit den Gefühlen spielen ist mir immer als das allerschönste Schicksal erschienen. Ich versuche es zu verwirklichen, so gut ich kann.

Ich hatte mich niemals als disqualifiziert betrachtet. Wie soll ich Ihnen dafür danken, daß Sie mir dieses Vergnügen verschafft haben! Das ist eine sanfte, gleichsam entfernte Wollust...

Man versteht uns nicht, ich weiß es wohl...

... Schöpfer anarchistischer Zustände zu sein ist mir immer als würdige Rolle für einen Intellektuellen erschienen (da die Intelligenz zersetzt und die Analyse verkümmernd wirkt).

Heute, als ich auf einmal die Entscheidung traf, ich sein zu wollen und auf der Höhe meines Auftrages zu leben und aus diesem Grunde die Vorstellung einer Werbung und eines plebejischen Prestigegewinns durch den Intersektionismus zu verachten*, bin ich mit einem Mal, von meiner Eindrücke sammelnden Reise durch die Mitmenschen zurückgekehrt, in den vollen Besitz meines Genies und in das göttliche Bewußtsein meiner Mission eingetreten. Heute will ich mich nur so hinnehmen, wie es mir mein angeborener Charakter vorbestimmt hat; und mein mit ihm geborenes Genie erlegt mir auf, daß ich mir treu bleibe.

Wenn es um die Haltung geht, am besten die edelste, die höchste und die stillste. Wenn es um eine Pose geht, sei es die Pose, zu sein, der ich bin.

Nur nicht den Plebs provozieren, nur kein Feuerwerk für das Gelächter oder die Wut der Unterlegenen. Die Überlegenheit maskiert sich nicht als Clown; sie kleidet sich in Verzicht und Schweigen.

Die letzte Spur von Einfluß der Mitmenschen auf meinen Charakter

---

* Man vergleiche zu diesem Text den Brief an Côrtes-Rodrigues vom 19. Januar 1915, worin Pessoa ebenfalls von der Absicht abrückt, mit dem intersektionistischen Manifest das Publikum skandalisieren zu wollen (Anm. des Ü.).

hat damit aufgehört. Indem ich einsah, daß ich den intensiven, kindischen Wunsch, den »Intersektionismus« zu lancieren, beherrschen konnte und überwand, habe ich zum ruhigen Besitz meiner selbst zurückgefunden.

Ein Blitz hat mich heute mit seiner Helligkeit geblendet. Ich fühle mich wie neugeboren.

1915

Wenn ich zuweilen an die berühmten Männer denke, empfinde ich für sie die ganze Traurigkeit der Berühmtheit.

Die Berühmtheit ist plebejisch. Deshalb muß sie eine zartfühlende Seele verletzen. Sie ist plebejisch, weil im Rampenlicht stehen und von allen angeschaut werden einem zart empfindenden Wesen die Empfindung einer äußerlichen Verwandtschaft mit den Leuten verschafft, die auf den Straßen Skandale erregen und auf den Plätzen gestikulieren und laut herumschreien. Der Mensch, der berühmt wird, verliert sein inneres Leben: die Wände seines häuslichen Lebens werden zu Glas; seine Aufmachung wirkt immer übertrieben; und seine kleinsten Handlungen – die zuweilen menschlich, allzu menschlich sind – und die er sich lieber unsichtbar wünschen würde, läßt die Linse der Berühmtheit zu spektakulären Kleinigkeiten gerinnen, mit deren Auffälligkeit seine Seele verdirbt oder verdrießlich wird. Man muß schon sehr grob geartet sein, um nach Belieben berühmt zu sein.

Und dann ist die Berühmtheit nicht nur plebejisch, sondern auch widersprüchlich. Während es so scheint, als gäbe sie den Leuten Wert und Kraft, entwertet und schwächt sie sie nur. Ein unbekanntes Genie kann die sanfte Wollust des Kontrasts zwischen seiner Unbekanntheit und seinem Genie genießen; es kann bei dem Gedanken, daß es berühmt sein würde, wenn es nur wollte, seinen Wert an seinem besten Maß, nämlich an sich selber messen. Aber wenn es einmal bekannt ist, steht es nicht mehr in seiner Hand, in die Dunkelheit zurückzukehren. Die Berühmtheit ist irreparabel. Es gibt aus ihr sowenig ein Zurück wie ein Zurück in der Zeit.

Und deshalb ist die Berühmtheit auch eine Schwäche. Jeder Mensch, der es verdient hätte, berühmt zu sein, weiß, daß es nicht die Mühe lohnt. Sich berühmt sein lassen ist eine Schwäche, eine Konzession an den niedrigen Instinkt, einer Frau oder eines Wilden würdig, um jeden Preis auffallen zu wollen.

Zuweilen denke ich ausgiebig daran. Und der Satz, wonach »der Mensch mit dem unbekannten Genie« das schönste aller Schicksale ist, wird mir zur Gewißheit; es scheint mir dann, daß dies nicht nur das schönste, sondern das größte aller Schicksale ist.

Es heißt, daß die Hermetiker des Rosenkreuzes, eine esoterische, magische Sekte, seit dem Anfang der Zeiten das Geheimnis des ewigen Lebens, das Lebenselixier entdeckt haben; daß sie niemals sterben und von Epoche zu Epoche durch die Zyklen und die Zivilisationen weitergehen, unwahrnehmbar, Niemande und dennoch dank der Größe der transzendentalen Lehre, die sie geschaffen haben, größer als alle Genies des menschlichen Augenscheins. Zu ihrer Sekte gehört die Vorschrift, die sie auch erfüllen, sich niemals zu erkennen zu geben. Ihre ewige Gegenwart, die am Rande unseres Vorübergehens lebt, lebt auch außerhalb unserer Kleinheit.

Die Augen meiner Seele ziehen mit diesen gemutmaßten Gestalten mit – die vielleicht doch irgendwie wirklich sind und wahrlich das höchste Schicksal des Menschen verwirklichen: höchste Macht und minimale Zurschaustellung; minimale Zurschaustellung sicherlich, *weil* sie die höchste Macht besitzen. Der Sinn ihres Lebens ist göttlich und fern. Ich möchte wohl denken, daß sie existieren, damit ich edel von der Menschheit denken kann.*

1917

Bei mir ist der Egoismus die Oberfläche meiner Hingabefähigkeit. Mein Geist lebt beständig in der Erforschung und in der Sorge um die Wahrheit und in der skrupulösen Bemühung, wenn ich das Kleid ablege, das mich an diese Welt bindet, ein Werk zu hinterlassen, das dem Fortschritt und dem Wohl der Menschheit dient.

Ich gebe zu, daß der geistige Sinn, den dieser Dienst an der Menschheit in mir gewinnt, mich infolge meines Temperaments oftmals von

---

* Dieser Text war für eine Zeitung bestimmt, ist aber nie erschienen. (Anm. des Ü.).

den kleinen Manifestationen abtrennt, die im allgemeinen den humani-
tären Geist enthüllen. Akte der Nächstenliebe, die sozusagen tägliche
Hingabe, sind Dinge, die selten bei mir in Erscheinung treten, obwohl
es nichts in mir gibt, was sie verneinen würde.

Auf alle Fälle muß ich, wenn ich gegen mich selbst gerecht bin, zuge-
ben, daß ich nicht eigennütziger bin als die Mehrheit der Individuen und
jedenfalls sehr viel weniger als die Mehrheit meiner Kollegen in den
Künsten und in der Literatur. Ich erscheine nur denjenigen als Egoist,
die aus absorbierendem Egoismus die Hingabe ihrer Mitmenschen wie
einen Tribut verlangen.

1925–1930

Ich habe genau die Eigenschaften, die ungeeignet sind, auf welche Weise
auch immer auf die Allgemeinheit eines gesellschaftlichen Milieus Einfluß zu nehmen.

Ich bin in erster Linie ein Denkspieler und, was noch schlimmer ist,
ein minutiöser und analytischer Denkspieler. Das Publikum ist jedoch
nicht imstande, einem diskursiven Gedanken zu folgen, und das Publikum ist nicht imstande, einer Analyse Aufmerksamkeit zu schenken.

In zweiter Hinsicht bin ich ein analysierender Geist, der, so weit ihm
das möglich ist, die Wahrheit zu entdecken sucht. Das Publikum will
aber nicht die Wahrheit, sondern die Lüge, die ihm besser zusagt. Hin-
zukommt, daß die Wahrheit – in allem und vorab in gesellschaftlichen
Dingen – immer verwickelt ist. Das Publikum begreift aber keine ver-
wickelten Ideen. Man darf ihm nur einfache Ideen, vage Allge-
meinplätze vorsetzen, d. h. also Lügen, auch wenn sie von Wahrheiten
herstammen; denn das als einfach ausgeben, was verwickelt ist, das als
unterschiedslos ausgeben, was man sauber unterscheiden muß, ins Allgemeine zu schweifen, wo es wichtig wäre, im Besonderen zu verhar-
ren, um definieren zu können, und vage zu bleiben bei einer Materie, bei
der nur die Genauigkeit Wert besitzt – all das läuft auf Lüge hinaus.

Ich bin drittens, und eben deshalb suche ich die Wahrheit, so unpar-
teiisch, wie es mir zu sein möglich ist. Nun ist aber das Publikum, das im
Inneren von Gefühlen und nicht von Ideen bewegt wird, von Hause aus
parteiisch. Deshalb mißfällt ihm nicht allein, als seiner Art fremd, der

bloße *Ton* der Unparteilichkeit und läßt es kalt, sondern es nimmt noch größeren Anstoß an den Konzessionen, Einschränkungen und Unterscheidungen, die man zur Unparteilichkeit braucht. Unter uns beispielsweise und bei der Mehrheit der Völker Südeuropas ist man entweder katholisch oder antikatholisch, oder man ist gegenüber dem Katholizismus so gleichgültig wie gegenüber allem übrigen. Wenn ich also eine Studie über den Katholizismus anfertigte, in der ich notgedrungen Böses und Gutes auszusagen, Vorteile untermischt mit Nachteilen geltend zu machen, durch Tugenden aufgebesserte Fehler nachzuweisen hätte, was würde mir dann geschehen? Die Katholiken würden mich nicht anhören, denn sie würden nicht hinnehmen, daß ich schlecht vom Katholizismus spräche. Die Antikatholiken würden mich nicht anhören, weil sie nicht zulassen würden, daß ich ihnen etwas Gutes dazu sagen würde. Und die Gleichgültigen würden mich nicht anhören, weil ihnen die ganze Thematik als unlesbare Langeweile erscheinen würde. So würde meine Studie nutzlos sein, auch wenn sie noch so sorgfältig und skrupulös wäre – ich würde sogar sagen, um so nutzloser und desto weniger akzeptabel für das Publikum, je sorgfältiger und skrupulöser sie geschrieben wäre. Sie würde allerhöchstens von dem einen oder anderen Individuum gewürdigt werden, das ähnlich geartet wäre wie ich, einem Denkspieler ohne Traditionen oder Ideale, einem analytischen Geist ohne Vorurteile, liberal, weil befreit und nicht etwa Sklave einer unangewendeten Idee der Freiheit. Was könnte ich ihm jedoch beibringen? Höchstens gewisse Besonderheiten über den Katholizismus in dem Falle, der mir als Beispiel gedient hat, und das auch nur für den Fall, daß ihm das Thema fremd ist. Und wenn ihm, einem Kulturforscher wie ich es bin, der Gegenstand fremd ist, so hat er ihn niemals gefesselt; und wenn er ihn niemals gefesselt hat, weshalb sollte er dann lesen, was ich über ihn geschrieben habe?

Daraus scheint man den Schluß ziehen zu müssen, daß eine auf Vernunftüberlegungen beruhende, unparteiische, wissenschaftlich angelegte Studie über irgendein Thema eine gesellschaftlich nutzlose Mühsal ist. So ist es in der Tat. Es ist allerhöchstens ein Kunstwerk und weiter nichts. Vox et praeterea nihil.

Die Gesellschaften werden von Gefühlsbewegern, nicht von Ideenbewegern geführt. Kein Philosoph hat sich Bahn gebrochen, es sei denn er stand zur Gänze oder zum Teil im Dienste einer Religion, einer Politik oder irgendeiner anderen gesellschaftlichen Art des Gefühls.

Wenn ein Forschungswerk in gesellschaftlicher Hinsicht mithin gesellschaftlich nutzlos ist, es sei denn als Kunstwerk und so weit es Kunst enthält, so ist es besser, wir verwenden die Anstrengung, zu der wir fähig sind, darauf, Kunst zu verfertigen, als darauf, Halbkunst zu schaffen.

Wenn wir einsehen, daß alle Doktrinen verteidigungsfähig sind und nicht um dessentwillen gelten, was sie wert sind, sondern wegen des Wertes ihres Verteidigers, werden wir uns mehr auf die Literatur der zur Verteidigung fähigen Doktrinen konzentrieren als auf ihr Thema. Wir werden intellektuelle Erzählungen schreiben, obwohl wir in einem ersten, unklugen Impuls wissenschaftliche Studien schreiben wollten. Die Wahrheit der Idee an sich selbst wird uns gleichgültig sein; sie ist nicht mehr als der Stoff für ein schönes Argument, für Eleganz und List der Subtilität.

Wir werden es in einer gleichen Bewegung im umgekehrten Sinne darauf anlegen, die Torheit der kritiklos übernommenen Ideen, die Niedrigkeit der hohen Ideale und die Illusion all dessen zu zeigen, woran das Volk glaubt oder glauben kann. So werden wir das aristokratische Prinzip retten, das in der gesellschaftlichen Ordnung untergegangen ist und das Vakuum einer universellen, eintönigen Sklaverei hinter sich zurückgelassen hat.

Sollten wir zersetzend sein? Wie sollte das möglich sein, wenn wir keine Aktion auf das Publikum ausüben, wenn uns ohnehin nur diejenigen lesen, die die Kunst um der Kunst willen, eine intellektuelle Kunst, eine mit Ideen statt Rhythmen verfertigte Kunst lesen, und diese winzige Minderheit entweder bereits zersetzt oder aber dank Intelligenz und Bildung gegen jede Zersetzung gewappnet ist?

Gesellschaftlich auflösend wirkt die gesellschaftliche Lehre dessen, was noch nicht mächtig ist. Auflösend und anti-gesellschaftlich – in dem Sinne, daß es die Ordnung und Harmonie der Völker schädigte – wirkte das Christentum, als das Heidentum die Zivilisation darstellte. Auflösend und anti-gesellschaftlich war die Reformation, als die Zivilisation Europas katholisch war. Auflösend und anti-gesellschaftlich wirkte die Doktrin der Französischen Revolution, als die Zivilisation Europas das Ancien Régime war. Heute wirken alle diejenigen gesellschaftlichen

Doktrinen auflösend, die gegen die Doktrinen eben dieser Revolution reagieren. Wer heute den gewerkschaftlichen Zusammenschluß, den korporativen Staat, die gesellschaftliche Tyrannei predigt, ob sie nun Faschismus oder Kommunismus heißt, wirkt auflösend auf die europäische Zivilisation; wer die Demokratie und den Liberalismus verteidigt, verteidigt auch sie.

Soll das heißen, daß die Doktrinen nur bei den dazu passenden Gelegenheiten auflösend wirken? Eben dies soll es heißen. Die »radikalste« Doktrin wird, sobald sie universell übernommen wird, zu einer konservativen Doktrin; die »konservativste« wird, wenn sie sich jener bei dieser Gelegenheit entgegenstellt, zur radikalen.

Soll das heißen, daß es keine grundlegenden Prinzipien im Leben der Gesellschaften gibt? Das soll es nicht heißen; es soll hingegen heißen, daß, wenn es sie geben sollte, wir sie nicht kennen. Es gibt keine Gesellschaftswissenschaft, wir wissen nicht, wie sie entstehen, wie sie sich erhalten oder nicht erhalten, wie sie wachsen oder schrumpfen, wie die Gesellschaften verkümmern oder sterben. Die Existenz der Menschheit, wenn man darunter mehr versteht als die tierische Gattung namens Mensch, ist so hypothetisch und mit der Vernunft unbeweisbar wie die Existenz Gottes. Wenn man jedoch unter Menschheit die tierische Gattung Mensch versteht, dann existiert sie für die Biologen und für die Ärzte – für alle, die auf die eine oder andere Weise den menschlichen Körper studieren; sie existiert so, wie die Fische und Vögel existieren, und weiter nichts.

Welches gesellschaftliche Prinzip kann man als grundlegendes ansehen? Alles und keines, je nach der Geschicklichkeit des Argumentierenden. Es gibt Perioden der Ordnung, die solche der Stagnation sind, wie das lange tote Leben von Byzanz. Es gibt solche der geistigen Aktivität, wie die der alten französischen Monarchie. Es gibt Perioden der Unordnung, die den geistigen Ruin für die Länder bedeuten, in denen sie auftreten, wie das Römische Imperium der Verfallszeit oder die Epoche der Französischen Revolution im engeren Sinne. Es gibt Perioden der Unordnung, die in ihrer geistigen Produktion fruchtbar sind, wie die Epoche der Renaissance in den italienischen Republiken oder die Epoche Elisabeths und Cromwells in England.

Ich beziehe mich auf die geistige Produktion, weil ich sie als einen Vorteil oder zumindest einen Teil der Zivilisation betrachte. Ich bestehe darauf jedoch nicht, und kann auch die Lehre übernehmen, wonach Kultur und Kunst ein Übel sind, daß der Frieden und nicht Sonette für die Menschheit am wichtigsten ist. Aber welche Umstände rufen Frieden hervor, welche sind dem Frieden schädlich? Wir stellen fest, daß die gleichen Ursachen verschiedene Wirkungen hervorbringen oder, besser gesagt, wir finden die gleichen Umstände mit verschiedenen Resultaten – und das will heißen, daß es nicht Ursachen, sondern Zusammentreffen sind, daß etwas, was man als einen gesellschaftlichen Vorzug ansieht, sei es eine Symphonie oder das gesicherte Abendessen, unter verschiedenen gesellschaftlichen Umständen auftreten kann, ohne daß wir jemals wissen, woher die Symphonie kam oder warum man erreichen konnte, daß das Abendessen nicht ausblieb.

Es kommt hinzu, daß es ebenso, wie es keine Sozialwissenschaft gibt, auch keine soziale Kunst gibt, keine gewisse Zweckbestimmung der Existenz der Gesellschaften. Hier tritt das Problem, das dem der Metaphysik ähnlich war, in den Bereich der Metaphysik selber über. Zu welchem Zweck existieren Gesellschaften? Um das Glück ihrer Mitglieder zu machen? Wir wissen es nicht, und gewiß ist auch, daß das Glück von Menschentyp zu Menschentyp variiert und es viele gibt, die gern ihre Frau verlieren würden, sofern sie nur nicht ihre Briefmarkensammlung einbüßen. (...)

1934

Ich publiziere nicht, weil ich nicht möchte: ich publiziere nicht, weil ich nicht kann. Man betrachte diese Worte nicht als gegen die Zensur-Kommission gerichtet; niemand hat weniger Grund zur Klage über diese Kommission als ich. Die Zensur gehorcht jedoch Direktiven, die ihr von höherer Seite auferlegt werden; und wir wissen alle, mehr oder weniger, welches diese Direktiven sind.

Nun kann aber die Mehrheit der Dinge, die ich schreiben könnte, nicht von der Zensur genehmigt werden. Ich kann möglicherweise nicht den Impuls unterdrücken, sie zu schreiben: ich beherrsche jedoch mit Leichtigkeit, weil ich ihn nicht habe, den Drang, sie zu publizieren und werde die Zensoren auch nicht mit einer Materie belästigen, deren Publikation sie zwangsläufig verbieten müßten.

Da die Dinge so stehen, weshalb sollte ich publizieren? Der Möglichkeit beraubt, publizieren zu können, was das Publikum wirklich interessieren kann, welchen Wert sollte ich darauf legen, irgendeiner Zeitung etwas vorzulegen, was ihr, weil unlesbar, nicht dient, oder was (...)

Ich kann natürlich frei (und selbst das nur bis zu einem gewissen Punkt und in gewissen Milieus) über die Philosophie von Kant dissertieren (...)

Ausgewählte Briefe

An Armando Teixeira Rebelo

Armando Teixeira Rebelo war ein Schulfreund Pessoas, der wie er aus Südafrika nach Portugal zurückkehrte und zweisprachig war.

Hotel Brito, Portalegre
22. August 1907

Ehrwürdige Portion der irdischen Existenz!

In den wenigen Augenblicken zusammenhängender geistiger Existenz, nicht ohne Nachhilfe der fleischlichen Rauchschwaden des Alkohols – nicht mehr und nicht weniger als Wein – der nicht unbedingt aus dieser Örtlichkeit stammt –, fühlte meine Seele wie einen geistigen Seufzer die Notwendigkeit, ihren gegenwärtigen Zustand und ihre Absichten einem freundlichen Gehirn wie deinem gegenüber Ausdruck zu verleihen.

Allein und schweigsam an meinem vorübergehenden Existenzort in dem Hotel, das auf dem Kopf dieser explosiven Epistel einer überbürdeten Seele erwähnt ist, fühle ich die Welt rings um mich her moralisch kalt und materiell warm – unter 0 Grad in der Seele und nicht weit von 40 Grad in Bezug auf meinen Körper –, und unter diesen beängstigenden und inspirierenden Umständen ist mir der Gedanke gekommen, daß vielleicht der Vorgang dieser brieflichen Komposition subjektiv zur Erleichterung meines irdischen Gepäcks in diesem Augenblick führen und der von Poe erträumte »Balsam in Gilead« für meinen vom rechten Wege abgekommenen Geist sein könnte.

Daher dieser Brief.

Portalegre ist ein Ort, wo alles, was ein Fremder tun kann, darin besteht, vom Nichtstun zu ermüden. Seine Eigenschaften bestehen für mich (nach tiefer und vorsichtiger Analyse) in ungewissen schwankenden Qualitäten aus Hitze, Kälte, halbem Spaniertum und nichts. Der Wein ist gut (wenn auch, glaube ich, nicht von hier), aber ganz entschieden alkoholisch, vor allem wenn der Wasserkrug am anderen Ende des Tisches steht und du vergißt (soll heißen: ich vergesse), ihn zu erbitten. Der Stil dieses Briefes ist dafür ein schlagender Beweis. Ich werde ihn eingeschrieben schicken, damit ein so glänzendes Produkt meines Geistes bei der Post nicht verlorengeht.

Abbau und Verpackung der Druckerei nehmen eine verteufelte Zeit in Anspruch – dichterisch gesprochen, natürlich. Dennoch haben die Leute ziemlich rasch gearbeitet und ich habe ihnen mit der größten Energie zugeschaut (und wieder weggeschaut).

Ich glaube, aufrichtig gesagt, daß ich, wenn ich hier noch einen weiteren Monat zubringen müßte, nach Lissabon fahren und dann im Hotel Bombarda (= bekanntes Lissaboner Irrenhaus, Anm. des Übersetzers) landen würde. Du kannst dir kaum die Super-Langeweile, die Ultra-Erschöpfung-an-allem, die absolute Empfindung des Was-soll-ein-Mensch-hier-bloß-tun an einem Ort dieser Art vorstellen, die in meinem Geiste herrschen! Ich habe ein Buch zum Lesen gefunden, war aber unfähig, Energie für die Lektüre aufzubringen. Ich brenne darauf, nach Lissabon zurückzukehren; ich glaube jedoch, ich werde hier noch drei weitere Tage zubringen müssen.

> Der Alentejo, aus dem Zug beobachtet
>
> Nichts mit nichts drum herum
> und ein paar Bäume dazwischen,
> keiner von ihnen so richtig grün,
> kein Fluß, keine Blume zu sehen.
> Gibt es die Hölle, dann hab ich sie gefunden,
> denn ist sie nicht hier, wo zum Teufel sollte sie sein?
>
> Laß es dir gut gehen, o du . . .
> F. Nogueira Pessoa

P. S. Schreib mir nicht nach Portalegre! Möglicherweise bin ich nicht mehr hier. Warte meine Rückkehr nach Lissabon ab! Dort werden wir uns sprechen.

(Original in englisch)

An Jaime Cortesão

Historiker und Dichter, einer der Leiter der »Renascença Portuguesa«
und der Zeitschrift »Águia«, zugleich Direktor eines weiteren Publika-
tionsorgans der »Renascença«: »Vida Portuguesa«

Lissabon, den 22. Januar 1913

Mein geschätzter Kamerad:

Eine angeborene Störung der Willenskraft und ein damit Hand in
Hand gehender lähmender Drang, alles über alles auszusagen, ohne
Unterlaß, Fehler oder Schwäche, bewirken, daß ich alles, was ich tue,
verschleppe, was mich bis zum endlichen Handeln erschreckt, so daß
ich dieses Handeln mit der Bitte um Entschuldigung beginne, weil ich so
lange gesäumt habe. Im gegenwärtigen Fall beabsichtigte ich eine
leichte, briefliche Studie über Ihre Individualität, als Dank eines kritisch
tätigen Menschen für die liebenswürdige Übersendung Ihrer beiden
Broschüren, Hingabe eines Psychologen an das Interesse, das Ihr Geist
bei mir weckt und, seit ich Sie zum ersten Mal gelesen habe, geweckt hat
und eine schwache, kritische und kühle Erwiderung auf das hohe lusita-
nische Gefühl, das Ihre Verse mir vermittelt haben.

Aber im gegenwärtigen, ganz und gar tragischen Augenblick meines
Lebens, worin ich der unfreiwillige Atlas einer Welt aus Überdruß bin,
die beinahe physisch und örtlich auf meinen Schultern lastet, sind meine
analytischen Fähigkeiten etwas geworden, von dem ich weiß, daß ich es
habe, aber nicht weiß, wo es ist.

Diese egoistischen Überlegungen sollen erklären, weshalb ich bei der
Würdigung Ihrer beiden Gedichte so flagrant banal und dürftig ver-
fahre. In dem einen oder anderen Punkt dieser Würdigung werde ich
mich – da es mir ganz unmöglich ist, nicht analysieren zu wollen – dem
Drang überlassen, ins einzelne zu gehen und das Gewebe aufzutrennen;
da ich mich aber aus den angeführten Gründen dieser Arbeit nicht vollständig widmen kann, werde ich mich hüten, so weit zu gehen, wie es
eigentlich mein Wunsch gewesen wäre.

Meiner Ansicht nach sind Sie, mein lieber Freund (erlauben Sie, daß
ich Sie so bezeichne), der erste unter den Dichtern der allerjüngsten

Generation. Jüngste Generation nenne ich natürlich diejenige, die nach Pascoaes*, Correia de Oliveira** und Lopes Vieira*** aufgetreten ist und schon ganz und gar dem 20. Jahrhundert angehört. Unter den Dichtern dieser Generation sind Sie, glaube ich, der *princeps*. Dem besonderen Naturgefühl, das allen gemeinsam ist und worin sie (ohne es zu wissen) die Fackel aus Tennysons Händen übernommen haben und heller brennen ließen, bis die Flamme in der hohen Seele unseres Volkes eine andere und größere wurde und den Glanz der für Europa vorbildlichen englischen Vorgänger verdunkelte; der subtilen Subjektivität, die fast alle an sich haben, und die nichts anderes ist als der auf portugiesische Weise ins Göttliche übersetzte Symbolismus; zu diesen beiden Elementen fügen Sie das heroische Element, das sie hebt und aufrichtet. Damit will ich nicht sagen, daß unter den übrigen Dichtern der gegenwärtigen Strömung das heroische Element nicht existiert. Ich will nur sagen, daß sich dieses Element bei Ihnen im vollen Gleichgewicht mit den übrigen befindet, was seinen lyrischen Aufschwung höher, reiner und erträglich weiter wirken läßt. Was ich mit letzterem Adjektiv und Adverb beschreibe, ist für mich das Wichtigste und Interessanteste an Ihrem Werk. Die reine Naturdichtung, so hoch sie auch sei, zieht das Individuum zu stark aus sich heraus, als daß es eine ausgedehntere Dichtung zusammenhängend aufbauen könnte: Der Fall Wordsworth, der die Naturpoesie geschaffen und mit zwei Ausnahmen jede ausgedehntere Dichtung verfehlt hat, ist typisch. Die nur subjektive Dichtung bewirkt, daß das Individuum innerhalb seiner selbst vom Weg abkommt: Sie ist noch mehr als die Naturpoesie in ihrem geistigen Atem verkürzt. Ich brauche Ihnen nicht den repräsentativen Fall der Symbolisten anzuführen, der reinsten Subjektivisten, die die Dichtung bis heute erlebt hat. – Wie ich schon in einem meiner Aufsätze in »A Águia« angedeutet habe, besteht der besondere Wert unserer neuesten Dichtung in dem Gleichgewicht zwischen in hohem Grade inspirierter Naturdichtung und der in ebenso hohem Grade gefühlten Dichtung der Seele. Doch es gibt noch etwas, was ich in jenen Artikeln nicht erwähnt habe, nicht mit Absicht, sondern weil es mir bei der ersten Analyse des

* Teixeira de Pascoaes, mystischer Naturdichter, Begründer der »Renascença Portuguesa«.
** António Correia de Oliveira, Lyriker und Mitarbeiter der »Renascença Portuguesa«.
*** Afonso Lopes Vieira, dem Saudosismus nahestehender volkstümlicher traditionalistischer Lyriker.

Gegenstandes entgangen war. Es gibt noch ein drittes Element, und daran mangelt es noch unserer neuen Dichtung: das ist die *Konstruktion*, das was man den organischen Zusammenhang eines Gedichtes nennen kann, das, was uns bei der Lektüre den Eindruck vermittelt, es handle sich um ein *lebendiges* Ganzes, *ein aus Teilen zusammengesetztes Ganzes*, und nicht einfach um *Teile, die ein Ganzes bilden*. Nun, woher stammt aber die *Konstruktion?* Will heißen: aus welchen Eigenschaften entsteht sie?

Ich habe schon gezeigt, daß sowohl die subjektive als auch die objektive Dichtung, weil sie einzig subjektiv oder objektiv ist, an einem Mangel leidet, oft an Gleichgewicht und immer an Atem. Wenn diese beiden ideenbildenden Formen in gleichem Grade vorhanden sind, ergibt sich mit Gewißheit Gleichgewicht, aber kein Atem. Sowohl das Gefühl der Außenwelt, so intensiv und komplex es sei (und je intensiver oder komplexer desto schlimmer), als auch das Gefühl des Geistes, so subtil es sei (und um so mehr je subtiler), sind, so weit es im vorliegenden Falle möglich ist, ihrer Natur nach *statisch;* und auch ihre Kombination ergibt, wie es nicht anders sein kann, wieder etwas *Statisches*. Nun setzt aber das Konstruieren Anstrengung voraus, ob nun diese Anstregung bewußt oder unbewußt ist, rasch oder lange anhaltend. Auf der Basis der *Konstruktion*, einer poetischen oder einer anderen, versteht man sogleich, da sie ihrer Natur nach ein *Dynamismus* ist, weshalb die statischen Gefühle, also das Naturgefühl (das nur eine komplexe *Kontemplation* ist) und das Gefühl des Geistes (das nur ein subtiles *Sich-Betrachten* ist), zum Fehlschlag der Konstruktion führen. (Dabei muß man natürlich bedenken, daß der statische Charakter des Naturgefühls gegenüber dem der Seele relativ ist; wäre er rein statisch, würde er ohne Ausdrucksgebärden in sich verbleiben und es würde nie Kunst daraus hervorgehen.)

Dies festgestellt, daß das dichterische Konstruktionsvermögen von einer ihrem Wesen nach dynamischen Fähigkeit ausgeht, erreichen wir mit einem weiteren Schritt Verständnis dafür, welches diese Fähigkeiten sind. Die Dynamik kann augenscheinlich von dreierlei Art sein. Entweder ist sie geistige Dynamik zur Außenwelt hin oder von der Außenwelt zum Geist hin oder eine Synthese dieser beiden besonderen Dynamismen. Es ergibt sich mithin, daß die Dichter, die zum Konstruieren fähig sind, eine von drei Fähigkeiten haben. Entweder haben sie das, was ich den *heroischen Impuls* nennen möchte, nämlich die Dynamik von innen nach außen, die Begierde, die Dinge zu beherrschen, der Natur die eigene Individualität überzuordnen. – Oder sie besitzen das, was ich den *religiösen Impuls* nennen möchte, nämlich die Dynamik von außen nach innen (und die man besser nicht mit dem anderen religiösen Gefühl verwechseln sollte, das die höchste Manifestation des Naturgefühls ist, dem jedoch der *Impuls* fehlt, weil es zu subjektiv und nur meditativ ist), nämlich die der anderen gegenläufige Begierde, sich zu unterwerfen, ohne sich (wie der Mystiker) einem Gott auszuliefern – ein auf andere Weise ebenfalls heroischer Impuls, denn diese Unterwerfung bringt das gegenteilige Gefühl gegenüber der Natur und den Menschen mit sich. – Oder sie haben schließlich den reinen konstruktiven Impuls, der immer mit einem gewissen Grad von Bewußtsein, wenn auch auf inspirierte Weise das Innere an das Äußere anpaßt und die Einzelheit an das Ganze. Dieser faßt die anderen zusammen und ist verschiedener Art und verschiedenen Ursprungs.

Die Menschen der Renaissance – die in der Neuzeit die großen Konstrukteure gewesen sind und darin den Romantikern weit überlegen, so groß diese auch im Natur- und Geistgefühl gewesen sind – besaßen die eine oder die andere dieser dynamischen Fähigkeiten. Die Epiker der kriegerischen Gattung besaßen die erstere: Es ist die Intensität der »heroischen Dynamik«, die die »Lusiaden« des Camões aufrechthält und belebt und sie davor rettet, zu Opfern der kleinen, rein kritischen Fähigkeiten des Camões zu werden. Milton zeigt die zweite Art von Dynamik. Die dritte meine ich bei Shakespeare zu finden, wo zum Beispiel im Falle der verschiedenen *Hamlet*-Ausgaben durch die beständigen Veränderungen, die klar geplant und vorsichtig sind, das Werk gleichzeitig mehr und mehr enttheatralisiert und immer *zusammenhängender* und *einheitlicher* gemacht wird.

Was ich nun, um schließlich auf die heimischen Verhältnisse zurückzukommen, mit großer Freude bei Ihnen bemerke und was Sie unter den neuen Dichtern hervorhebt, ist Ihre konstruktive Fähigkeit. Die *Gattung* dieser Fähigkeit ist die »*heroische Dynamik*«. Wie ich im folgenden ausführen werde, ist diese Dynamik in sich noch nicht voll entwickelt.

So haben wir nun die Beschreibung dessen, was mir Ihren Wert als Dichter auszumachen scheint. Mit dem hohen religiösen Naturgefühl und dem subtilen Geistgefühl, das die neuen Dichter charakterisiert, verbinden Sie ein heroisches Gefühl, das Sie über sie erhebt, auch wenn es unter ihnen welche gibt, die das Naturgefühl mit mehr mystischer Inbrunst und das Geist-Gefühl mit größerer Subtilität verbinden.

Sprechen wir nunmehr von Ihren Fehlern. Sie resultieren aus der Beschreibung Ihrer Qualitäten. Es sind drei. Der erste ergibt sich aus der Natur der heroischen Dynamik. Der zweite entsteht aus der nicht vollkommenen Beherrschung dieser Dynamik. Der dritte ergibt sich aus der falschen Anwendung, die Sie dann und wann mit Ihrer Art von Dynamik vornehmen.

Schauen wir uns den ersten an. Zuweilen haben Sie die Neigung, sich am Heroismus zu berauschen: Daraus resultiert, daß Ihre Stimme dann und wann *zu hoch* für den Gegenstand oder den Abschnitt ist, und die Bilder allzu heroisch für den Anlaß. In den Einschüben der »Abendsymphonie« (Sinfonia da tarde) ist das bemerkbar. Es ist kein sehr wichtiger Fehler; er gehört zu denen, die man als »Fehler der Vorzüge« zu bezeichnen pflegt.

Der zweite Fehler kann Ihnen bei einem langen Gedicht schaden. In der »Abendsymphonie« ist in den Einschüben selbst, die ich schon zitiert habe – in der Tatsache, *daß Sie Einschübe gebracht haben* –, ein Beweis für diese unvollkommene Beherrschung Ihrer hauptsächlichen Qualität zu finden. Vor diesem Mangel sollten Sie sich hüten. Ich glaube, er wird sich mit der Zeit auswachsen. Er stammt, scheint mir, von der Jugendlichkeit Ihres heroischen Impulses her, und es handelt sich nicht um einen konstitutionellen Fehler.

Vor dem dritten Fehler möchte ich Sie am meisten warnen, mit allem Freimut und der kritischen Loyalität, die ich in diese Zeilen hineinlege. Doch das letzte Gedicht, worin Sie ihn begangen haben könnten – »Diese Geschichte« (Esta História) – ist davon ganz frei, ist einzigartig verbunden, zusammenhängend und eines. Es ist eines der vollkommensten Liebesgedichte, die es in portugiesischer Sprache gibt. – Offenkundig war dieser Ihr Fehler in Ihren Sonetten im zärtlichen Ton, die Sie in der alten und neuen Nummer von »Águia« publiziert haben. Das sind – erlauben Sie mir, daß ich Ihnen das sage – absolute Fehlschläge. Dem Wesen nach heroisch, handhabt Ihr Geist das Liebesgefühl nur gut, wenn er es wie in »História« heroisieren kann. Die zärtliche Liebe ist nicht Ihr Fach. Das ist es, was ich die »falsche Anwendung« Ihrer Dynamik nenne. Ich teile Ihnen das alles aus Loyalität mit. Sie sollen aber nicht meinen, daß dieser Fehler den Wert Ihrer Gattung mindert. Die

Art des Liebesgefühls, die in der »Geschichte« auftritt, ist sogar allem überlegen, was man sich als zärtliche Liebe vorstellen kann. Ich verstehe deshalb nicht recht, wie Sie von der Höhe Ihrer Inspiration heruntersteigen konnten, um sich auf einem Niveau darzustellen, das dem Ihrigen unterlegen ist.

Meine Hand ist ermüdet, und mein Geist verliert den Zusammenhang. Dieser Brief ist aufrichtig, aber er hat einen lächerlichen Punkt. Denn obwohl ich Ihnen klagenderweise gesagt hatte, ich wolle nicht analysieren, habe ich nichts anderes getan als zu analysieren. Und wie verworren und schief und krumm habe ich analysiert! Meine Kritik an Ihrem dichterischen Geiste ist, so aufrichtig sie auch ist, weder Ihrer Individualität würdig noch der normalen Stunden meiner kritischen Überlegungen.

Entschuldigen Sie all das – von der Zusammenhanglosigkeit bis zur »Kalligraphie« – und glauben Sie mir, daß niemand mehr als ich Ihre Dichter- und Portugiesenseele bewundert oder mehr wünschen könnte, daß sie immer höher steigt, zu einer immer lusitanischeren und vollkommeneren Kunst.

Verfügen Sie immer über Ihren

ergebenen Kameraden und Bewunderer

F. P.

An Mário Beirão

Dichter und Mitarbeiter der Bewegung » Renascença Portuguesa «

Lissabon, den 1. Februar 1913

Mein lieber Mário Beirão:

Ihr Brief vom 25., den ich vor Tagen erhielt, hat mir große Freude bereitet. Es tat mir gewiß sehr leid, daß Sie mir noch nicht geschrieben hatten, aber da ich Ihnen selbst noch nicht geschrieben hatte, hatte ich kein Recht zu dieser Klage. Das schlimmste ist für mich sicherlich, daß ich den Mangel an Post schmerzlicher empfinde als Sie. Was meine geistige, unmittelbare Umgebung angeht, bin ich fast allein, falls nicht sogar vollkommen allein. Ich gehöre nicht zu den Leuten, die an der eigenen Gesellschaft nicht genug Vergnügen finden, aber selbst so – und dann und wann langweilt es mich, nur mit mir allein zu sein.

Deshalb hat mir Ihr Brief, auch wenn er nur kurz war, eine große Freude bereitet. Ich durchquere gegenwärtig eine jener Krisen, die man, wenn sie in der Landwirtschaft eintreten, als »Überflußkrise« bezeichnet.

Meine Seele befindet sich in einem Zustand so intensiver schöpferischer Geschwindigkeit, daß ich aus meiner Aufmerksamkeit ein Notizbuch machen muß, und selbst so sind es so viele Blätter, die ich auszufüllen habe, daß einige verlorengehen, weil es so viele sind und man andere hinterher nicht lesen kann, weil sie mit mehr als großer Eile niedergeschrieben wurden. Die Ideen, die ich einbüße, verursachen mir riesige Qual, sie überleben sich in dieser Qual und werden dunkel zu anderen. Sie können sich kaum vorstellen, was für eine Rua do Arsenal an Verkehrsgewühl mein armer Kopf gewesen ist. Englische und portugiesische Verse, Gedankenfolgen, Themen, Projekte, Fragmente von Dingen, die ich selbst noch nicht recht bestimmen kann, Briefe, von denen ich nicht weiß, wie sie anfangen oder aufhören, kritische Blitze, metaphysisches Gemurmel... Eine ganze Literatur, mein lieber Mário, die aus dem Nebel – durch den Nebel – in den Nebel geht...

Von den psychischen Dingen, deren Schauplatz ich gewesen bin, möchte ich folgendes Phänomen hervorheben, das mir merkwürdig erscheint. Sie wissen, glaube ich, daß mir von meinen verschiedenen Phobien einzig die ziemlich kindliche, aber schrecklich quälerische Angst vor Gewittern übriggeblieben ist. Neulich sah der Himmel nach Regen aus, ich war auf dem Nachhauseweg und, weil es schon spät war, gab es keine Elektrischen. Schließlich kam kein Gewitter, aber es stand dicht bevor, und es begann zu regnen – schwere, warme, in Abständen niedergehende Tropfen – und ich befand mich noch mitten auf dem Wege zwischen der Unterstadt und meiner Wohnung. Ich stürzte mit den schnellsten Laufschritten, die ich aufbringen konnte, nach Hause, in einer geistigen Folterung, die Sie sich vorstellen können; mein ganzes Wesen war tief verwirrt und bedrückt. In diesem Geisteszustand ertappe ich mich dabei, wie ich ein Sonett komponiere – ich beendete es einige Schritte, bevor ich das Portal meines Hauses erreichte – ein Sonett von einer sanften, ruhigen Traurigkeit komponierte, das wie bei einer Abenddämmerung mit wolkenlosem Himmel geschrieben wirkt. Und das Sonett ist nicht allein ruhig, sondern auch besser verknüpft und zusammenhängender als manche anderen Sachen, die ich geschrieben habe. Das kuriose Phänomen der Verdopplung ist mir üblicherweise geläufig, aber nie hatte ich es mit diesem Grad von Intensität gespürt. Als Beweis für die ruhige Art des Sonetts schreibe ich es hier für Sie nieder:

Abdankung

Nimm mich in deine Arme, ewige Nacht,
ich bin ein König, nenn mich deinen Sohn,
freiwillig dankt' ich ab von meinem Thron,
der Träume nur und Müdigkeit gebracht.

Mein Schwert, das meinen matten Armen schon
zu schwer ward, hab ich stärkrer Hand vermacht.
Zerbrochen ließ ich in dem Vorsaal Kron'
und Zepter liegen, Zeichen meiner Macht.

Ich hinterließ im kalten Treppenhaus
die Sporen, deren Klirren mich betrog,
mein Panzerhemd, das ohne Wert. Ich zog

mein Königtum, den Leib, die Seele, aus
und kehrte heim zur alten, stillen Nacht
wie eine Landschaft, wenn der Tag vollbracht.

Grüßen Sie den Villa-Moura von mir und schreiben Sie mir in Kürze
und so ausführlich, wie Sie können.
Eine große Umarmung von Ihrem sehr ergebenen

F. P.

Rua Passos Manuel 24, 3. links

An Álvaro Pinto

*Leiter der »Renascença Portuguesa« und Herausgeber der Zeitschrift
»A Águia«*

Lissabon, den 12. November 1914.

Mein lieber Freund:

Erst heute ist mir Ihre Postkarte vom 7. zugestellt worden. Wie das
Universum verändere ich mich ständig, und so kann es vorkommen,
daß die Korrespondenz oft erst nach fünf oder sechs Tagen meine Woh-
nungsspur verfolgt und mich dann erst zu finden vermag. Mit Ihrer
Portkarte ist es so gegangen.

Entweder habe ich die Angelegenheit Jaime Cortesão übertrieben
schlecht erläutert, oder er hat überzogene Schlüsse aus dem wenigen
gezogen, was ich zu seinem Buch gesagt habe. Es war im übrigen ganz
natürlich, daß es so geschehen ist, da ich über die Sache selber wenig
geredet habe.

Ich habe kein Buch an Sie abgeschickt. Obwohl abgeschlossen, ist die
literarische Arbeit, um die es sich handelt, noch nicht einmal ins reine
geschrieben. Vor Monaten habe ich an Sie, mein Freund, wie üblich
geschrieben und angefragt, ob die »Renascença« eine von mir verfaßte
Broschüre herausgeben würde, und erklärt, es handle sich um ein
Drama in einem Akt, von einer Gattung, die ich »statisches Drama«
nenne, und von deren Form und Charakter ich, um doch einen gewissen
Eindruck zu vermitteln, sagte, es ähnele, wie es in der Tat ähnelt, dem
Text »Im Wald der Entfremdung« (Na Floresta do Alheamento), den
ich in Ihrer Zeitschrift veröffentlicht habe.

Außerdem bat ich in besagtem Briefe, Sie möchten mir frei heraus
sagen, ob die »Renascença« diese Arbeit herausgeben könne oder wolle.
Ich stellte diese Frage, weil ich Ihre früheren Anerbieten, Arbeiten von
mir herauszugeben, auf kritische oder soziologische Arbeiten bezog,
und nicht auf eigentlich literarische Produktionen. Und ich fügte sogar
hinzu, daß mich eine Ablehnung keinesfalls kränken würde. Ich kenne
recht wohl die geringe Sympathie, die meine eigentlich literarische

Arbeit bei der Mehrheit jener Freunde und Bekannten findet, deren geistige Ausrichtung »lusitanistisch« oder »saudosistisch«* ist; und selbst wenn ich es nicht erfahren hätte, weil sie mir das selbst gesagt oder unwillentlich zu verstehen gegeben häten, wüßte ich das doch *a priori*, weil die bloße vergleichende Analyse der psychischen Zustände, die einerseits den ›Saudosismus‹ und ›Lusitanismus‹, andererseits literarische Werke in der Art des meinigen und (beispielsweise) Mário de Sá-Carneiros hervorbringen, mir die Unvereinbarkeit jener mit diesen als radikal und unvermeidlich erscheinen läßt. Sehen Sie darin, lieber Freund, nicht den geringsten Schatten von Mißachtung oder gar Enttäuschung; die oben angeführte Tatsache, daß ich von vornherein die Wirkung meiner Schriften auf dieses oder jenes Individuum abschätzen kann, sofern es nur vor mir den Schleier über seiner Richtung und Vorliebe gelüftet hat, läßt mich über diese Angelegenheit keine Illusionen hegen, die ich verlieren könnte.

Aus diesen Gründen habe ich Ihnen auch ausdrücklich mitgeteilt, als ich von meinem Drama sprach, daß es mit »Im Wald der Entfremdung« verwandt wäre. Aus den gleichen Gründen hätte mich, wie schon gesagt, auch eine Absage nicht erschreckt oder gekränkt; und diese Absage habe ich Ihnen leichtmachen wollen, als ich Sie bat, offen mit mir zu reden.

Auf diesen Brief hin bekam ich keine Antwort, und darüber habe ich mich gewundert, denn die Vermutung, daß der Brief verlorengegangen sein könnte, entfiel, da ich gerade in diesem Brief mitgeteilt hatte, daß ich in die Rua Pascoal de Melo umgezogen wäre und die nächste Nummer der »Águia« schon an meine nunmehr neue Anschrift adressiert wurde.

Ich betrachtete Ihr Schweigen als Ablehnung, und auch dieses Schweigen habe ich nicht übelgenommen, weil ich es für die mögliche Wirkung eines ausgedehnten Zögerns hielt – obwohl ich Ihnen doch eine negative Antwort erleichtert hatte –, mir klar und deutlich die Herausgabe des Werkes zu verweigern.

Dieses Wenige ist alles, was über die Angelegenheit zu sagen ist. Wenn ich es Ihnen so ausführlich dargestellt habe, so geschah es, um

---

* Die Autorengruppe um Teixeira de Pascoaes erblickte in der »Saudade« (Sehnsucht) die Eigenart der portugiesischen Mentalität und wollte mit Hilfe des »Saudosismo« eine kulturelle Erneuerung des Landes einleiten.

alles aufzuklären und nicht mit der Trockenheit weniger Worte den verfehlten, den ganz verfehlten Eindruck zu erwecken, daß ich aus diesem oder jenem Grunde wirklich beleidigt wäre.

Was nun die besagte Arbeit oder irgendwelche anderen Arbeiten anbelangt, so erlauben Sie mir die Bitte, davon nicht weiter zu reden. Ich habe aufgehört. Ich bin bis ins Mark von der völligen Nutzlosigkeit jeglicher Anstrengung und der lächerlichen Ungereimtheit des fundamentalen Aktes zu schreiben durchdrungen – den Mitmenschen Dinge auseinanderzusetzen, die entweder Meinungen oder Träume sind, als ob die Meinungen, wenn sie zufällig irgendeine Aktion ausüben, mehr bewirkten als die heilsamen und natürlichen Instinkte der armen menschlichen Gehirne aufzustören, und als ob es nicht das logische und edle Schicksal der Träume wäre, nur als geträumte in uns zu verbleiben, ohne die waghalsige Unvollkommenheit, ausgedrückt zu werden. Da ich nicht die wunderbare und natürliche Gesundheit besitze, weder eine Meinung noch Träume zu haben, strengen wir uns zumindest an, die künstliche Gesundheit des Verzichts zu erwerben.

Entschuldigen Sie, daß ich Ihre Zeit so sehr beansprucht und auf eine so unanständig literarische Art und Weise geendigt habe.

Immer Ihr sehr aufmerksamer und dankbarer Freund

F. P.

An Armando Côrtes-Rodrigues

Von den Azoren stammender Dichter

Lissabon, den 2. September 1914

Mein lieber Freund!

Ich habe Ihre Postkarte erhalten, und es war mir sehr angenehm zu erfahren, daß Ihre Reise gut verlaufen ist. Ich warte nun auf den versprochenen Brief. Schreiben Sie so ausführlich wie es Ihnen möglich ist. Damit meinerseits mein Brief nicht zu lange auf sich warten läßt, beginne ich ihn gleich heute.

Ungeachtet einer gewissen Depression, die andauert, seit dort draußen Krieg herrscht, bin ich halbwegs ruhig durch die illusionäre Abfolge der Tage gelangt. Ich habe nichts geschrieben, was sich lohnen würde, Ihnen zu schicken. Ricardo Reis und Álvaro der Futurist hüllen sich in Schweigen. Caeiro hat ein paar Zeilen zusammengebracht, die vielleicht in einem künftigen Buch ihr Asyl finden. Aber diese Linien sind Entwürfe zu Gedichten, nicht Gedichte im eigentlichen Sinne. Was ich vor allem geschrieben habe, ist Soziologie und »Unruhe«. Sie verstehen, daß sich das letzte Wort auf das mit ihr beschäftigte »Buch« bezieht; tatsächlich habe ich verschiedene Seiten dieser krankhaften Produktion ausgearbeitet. Das Werk geht mithin komplex und auf gewundenen Pfaden voran.

Was die Soziologie angeht, so habe ich, abgesehen davon, daß ich meiner »Theorie der aristokratischen Republik« einige Überlegungen und Analysen hinzugefügt habe, verschiedene Theorien über den gegenwärtigen Krieg und die in Aktion befindlichen nationalen und kulturellen Kräfte entworfen. Ich glaube, ich nähere mich einer Deutung des Konflikts an, die Anspruch auf Wahrheit erheben kann oder zumindest (seien wir immer ein wenig skeptisch) als plausibel gelten darf.

Tatsache ist, daß ich in diesem Augenblick eine kritische Phase in meinem Leben durchmache. Es bedrängt mich täglich die Notwendigkeit, der Gesamtheit meiner Orientierung, der geistigen ebenso wie der »existentiellen«, eine methodische und logische Linie zu verleihen. Ich will mein Leben (und konsequenterweise mein Werk) in Zucht nehmen wie einen anarchischen Zustand, der anarchisch ist wegen des Übermaßes in Aktion befindlicher »lebendiger Kräfte«, miteinander verbundener und doch auseinanderstrebender Konflikte und Evolutionen. Ich weiß nicht, ob ich mich mit völliger Klarheit ausdrücke. Ich glaube aber, daß ich aufrichtig bin. Zumindest spüre ich die Bitterkeit, die durch die anti-gesellschaftliche Praxis der Aufrichtigkeit vermittelt wird. Jawohl, ich bin ganz sicherlich aufrichtig.

Wundern Sie sich nicht über diese meine Haltung mir selbst gegenüber. Ich habe bis heute so viele und so erschöpfende Zeit mit mir verbracht, daß ich immer mißtrauisch bin gegen das, was ich fühle und denke. Oftmals, glaube ich fest, verbringe ich geistige Stunden damit, mich selbst zu beschwindeln. Daher die Notwendigkeit, in der ich mich befinde, mich immer bei dem, was ich sage, vorzusehen. Beachten Sie wohl, daß, wenn es einen Teil in meinem Werk gibt, der ein »Gepräge von Aufrichtigkeit« trägt, dies ... das Werk von Caeiro ist.

Nutzlos und kriminell jedoch ist es, Sie damit zu langweilen. Ich fahre fort, indem ich von mir absehe.

Sá-Carneiro* hat nun endlich beschlossen, Paris zu verlassen. Jetzt befindet er sich in Barcelona, falls er nicht schon den Entschluß gefaßt hat, nach Lissabon zu kommen, was früher oder später ohnehin geschehen wird. Ich glaube, er hat gut daran getan. Wie sich der Krieg entwickelt, erscheint eine Belagerung von Paris durch die Deutschen nicht als ausgeschlossen – was im übrigen ihre höchst wahrscheinliche schließliche Niederlage wenig verändert.

---

* Mário de Sá-Carneiro, Lyriker und Erzähler, Herausgeber des »Orpheu«, bis zu seinem Selbstmord in Paris Pessoas bester Freund und künstlerischer Weggefährte.

Lissabon, den 4. 10. 1914

Mein lieber Freund:

Ich habe Ihren Brief vom 12. bis 15. September erhalten und danke Ihnen sehr dafür. Vor allem übrigen will ich ihn beantworten.

Ich lese mit Vergnügen, daß sich die bukolische Verwandlung Ihres Wesens zu Ihrer Zufriedenheit vollzogen hat. Jawohl, nach einigen Jahren Lissaboner Lebens muß diese Rückkehr in ein dem Universum näher stehendes Leben Ihnen Ruhe und dem Geist ein Gefühl des Altseins gebracht haben. Ich verstehe das sehr gut. Ich weiß nicht, ob ich, wenn ich in Ihrem Falle wäre, dasselbe empfinden würde. Manchmal weiß ich nicht einmal, was ich überhaupt fühle.

Nebenbei bemerkt zitieren Sie mir, erfüllt von einer physischen Idee des Landlebens, die klassischen Oden von Ricardo Reis. Diese sind in der Tat von innen her gleichzeitig mit dem ewigen Alter der Natur. Übrigens habe ich in letzter Zeit nur eine geschrieben, und sie ist noch nicht verbessert. Deshalb kann ich sie Ihnen noch nicht schicken. Auch andere Kleinigkeiten, die ich in diesen Tagen geschrieben habe, schicke ich Ihnen nicht. Die einen sind es nicht wert verschickt zu werden, andere sind unvollständig; der Rest waren abgebrochene und unzusammenhängende Stücke aus dem »Buch der Unruhe«. Allerdings habe ich eine neue Art von »paulismo« entdeckt.* Ich muß das Geschriebene aber erst noch vervollständigen. Dann schicke ich es Ihnen. Wahrscheinlich mit dem nächsten Postschiff.

Ich bin vom Thema abgekommen. Ich habe nicht mehr direkt auf Ihren Brief geantwortet, sondern von meinen Arbeiten geredet. Es macht nichts: so wissen Sie es nun. Und in gewisser Hinsicht ist es ja doch eine Antwort auf Ihren Brief, da Sie mich darin bitten, Ihnen meine zuletzt entstandenen Verse zu schicken.

Ich gehe, um weitere Umwege zu vermeiden, wieder daran, wirklich auf Ihren Brief zu antworten.

Ferro habe ich nicht gesehen.** Er hält sich – wie ich sah – im Algarve

---

* Der »paulismo« war eine von Pessoa kreierte, dem späten Symbolismus nahestehende und mit kostbaren Wörtern und Bildern jonglierende lyrische Kunstrichtung.
** António Ferro, Herausgeber des »Orpheu«, Förderer der modernen Kunst, später Propagandaminister Salazars, Pessoa persönlich zugetan.

auf. Ich weiß nicht, wann er zurückkommt. Deshalb hatte ich keine Gelegenheit, ihm das mitzuteilen, was Sie mir aufgetragen haben.

Sá-Carneiro befindet sich auf seinem Gutshof. Er dürfte sich dort bis Monatsende aufhalten. Vor Tagen hat er die Novelle »Der große Schatten« (A Grande Sombra) vollendet. Er hat sie vollständig zu Ende gebracht, das heißt ins reine geschrieben und alles übrige. Meiner Meinung nach ist sie das beste, was er bisher gemacht hat. Meisterlich, mein Lieber, meisterlich.

Da ich Ihnen trotz allerbester Absichten zur letztmöglichen Stunde schreibe, kann ich nicht die »Ode an die Nacht« oder besser gesagt den Abschnitt »An die Nacht« aus der »Triumph-Ode Nr. 3« von Álvaro de Compos kopieren.

Beim letzten Postschiff habe ich Ihnen nicht geschrieben. Ich habe einen ausführlich geplanten Brief, den ich Ihnen schreiben wollte, so lange aufgeschoben, daß ich in der letzten Stunde – weil zum Überfluß plötzlich viel Arbeit im Büro zu erledigen war – keine Zeit fand, Ihnen zu schreiben. Natürlich hätte ich eine Postkarte schreiben können. Aber angesichts des ausgedehnten Briefes, den ich Ihnen zu schreiben gedacht hatte, wäre das so gemein gewesen, daß ich das Schweigen vorgezogen habe.

Auf alle Fälle entschuldigen Sie das.

Auch dieser Brief fällt eilig und kürzer aus – sehr viel kürzer – als ich es gewünscht hatte. Aber diesmal will ich doch einiges mitteilen.

Guisado* will hier drei Tage zubringen, und dann kehrt er nach Galizien zurück. Ich habe heute einen Brief von ihm bekommen.

Ehe ich es vergesse: Sá-Carneiros Adresse lautet: Quinta da Vitória, Camarate (Sacavém). Die Anschrift von Guisado kennen Sie schon.

Neuigkeiten im eigentlichen Sinne gibt es nicht. Es scheint jedoch, daß Sie nicht übel daran getan haben, auf die Azoren zu fahren. Es sollen jetzt portugiesische Truppen nach Frankreich abgehen. Angesichts der möglichen Größe des Kontingents wären Sie Gefahr gelaufen, mit dabei zu sein.

Zwei kuriose und amüsante Bemerkungen, beide zum gleichen Thema:

Vor Tagen fuhr ich mit der Straßenbahn durch die Avenida Almirante

---

* Alfred Guisado, Lyriker und (antisalazaristischer) Journalist.

54

Reis. Als ich zufällig die Augen aufhob, lese ich auf einem Ladenschild: *Apotheke A. Caeiro.*

Die zweite ist besser. Da Ferro die einzige Person war, die die Wahrheit des Falles Caeiro ahnen oder wittern konnte, habe ich mit Guisado vereinbart, er solle hier wie zufällig bei einer Gelegenheit, bei der Ferro anwesend wäre, erklären, er habe in Galizien »einen gewisen Caeiro getroffen, der mir als Dichter vorgestellt wurde, mit dem ich aber keine Zeit hatte zu sprechen« oder etwas ähnlich Vages von der gleichen Art. Guisado traf den Ferro in Begleitung eines Freundes, übrigens eines Handelsreisenden. Und er fing an, von Caeiro zu sprechen, als ob er ihm vorgestellt worden wäre, aber nur zwei Worte mit ihm gewechselt habe. »Wahrscheinlich irgendein Spießer«, sagte Ferro. »Ich habe nie von ihm gehört...« Und plötzlich erschallt unerwartet die Stimme des Handelsreisenden: »Ich habe schon von diesem Dichter reden hören, und mir scheint sogar, ich habe irgendwo Verse von ihm gelesen.« Na, was sagen Sie dazu? Um den Ferro vor allen künftigen Verdachtsmomenten zu bewahren, konnte man sich doch gar nichts besseres wünschen. Guisado erstickte fast an verhaltenem Gelächter, aber er konnte doch immer noch weiter zuhören. Und er kam auf die Sache nicht mehr zurück, da der Handelsreisende schon alles Notwendige besorgt hatte.

Jetzt das Wichtigste, was ich unter keinen Umständen vergessen durfte, Ihnen mitzuteilen.

Anstelle einer intersektionistischen Zeitschrift*, die das Manifest und unsere Werke enthalten sollte, haben wir beschlossen (und Sie sind gewiß einverstanden), um das mögliche Fiasko zu vermeiden, die Zeitschrift unter Umständen nicht fortsetzen zu können, und etwas Skandalöseres und *Endgültiges* zu erreichen, den Intersektionismus nicht in unserer Zeitschrift, sondern in einem Band als »Anthologie des Intersektionismus« erscheinen zu lassen. So würde auch der Titel lauten.

Sie sollte publiziert werden, sobald das möglich wäre, gleich nach Kriegsende vermutlich. Die Zusammensetzung des Bandes sollte mehr oder minder die folgende sein:

1. Manifest (im übrigen ein *Ultimatum*).
2. Gedichte und Prosa von Fernando Pessoa.

---

* Intersektionismus nannte sich die zweite von Pessoa kreierte Kunstrichtung.

3. Gedichte und Prosa (zumindest »Ich selbst der Andere«) von Sá-Carneiro.

4. Gedichte und Prosa von A. Côrtes-Rodrigues. (Sehen Sie zu, was Sie an bezeichnend Intersektionistischem verfügbar haben; und schikken Sie es dann, damit keine Zeit verlorengeht. Wir kennen noch nicht genau den Platz, über den jeder einzelne verfügen kann, aber da das Buch zwischen 96 und 128 Seiten haben soll, können Sie eine ungefähre Berechnung anstellen.)

5. Gedichte und Prosa von A. P. Guisado.

6. Gedichte von Álvaro de Campos (»Schräger Regen« – »König Cheops« etc.).

7. *Der Intersektionismus für Unbemittelte erläutert.* (Das ist die Erklärung des Intersektionismus mit Hilfe von graphischen Darstellungen, die ich Ihnen einmal in der »Brasileira« vorgeführt habe. Erinnern Sie sich?)

Nicht wahr, das ist eine gute Idee? Wenn das Buch einmal fertig ist, brauchen wir an die Angelegenheit nicht weiter zu denken.

Wir haben beschlossen, Ferro und Mourão etc., weil sie gesellschaftlich und »paulistisch« gesehen noch arg grün sind, nicht in die Anthologie aufzunehmen.

Jetzt der finanzielle Teil der Angelegenheit. Nach der Berechnung von Guisado wäre es gut zu wissen, ob wir, wenn der Band in Druck gehen soll, mit Ihnen und einem Beitrag von 10 000 Réis für die Produktionskosten rechnen können. Ist das möglich?

Nun ist alles gesagt. Sei wissen genau Bescheid über unsere Pläne, von denen ich hoffe, daß wir sie vollkommen als *unsere,* also auch als die Ihrigen betrachten können.

Mein gegenwärtiger Geisteszustand ist von einer tiefen ruhigen Depression bestimmt. Seit Tagen befinde ich mich auf dem Niveau des »Buchs der Unruhe«. Und ich habe wirklich einiges für dieses Werk getan. Heute noch habe ich fast ein ganzes Kapitel geschrieben.

Schreiben Sie mir immer, wenn Sie können und so viel (an Umfang) als Sie können.

Grüßen Sie Ihren Vater von mir und seien Sie herzlich umarmt von
Ihrem immerwährenden sehr ergebenen Freund
F. P.

———

Lissabon, den 19. November 1914

Mein lieber Freund:

Ich glaube, es ist schon zwei Postschiffe her, daß ich Ihnen nicht geschrieben habe. Mit Bestimmtheit eines. Entschuldigen Sie mich. Ich bin nicht mehr ich selber. Ich bin ein Fragment meiner selbst, das in einem verlassenen Museum aufbewahrt wird. Jetzt, wo meine Familie, die hier lebte, in die Schweiz abgereist ist, ist über mich jede Art von Desastern hereingebrochen, die es überhaupt nur geben kann. Deshalb befinde ich mich in einem Zustand völliger oder fast völliger Willenlosigkeit, derart, daß irgend etwas zu tun mir so schwer wird als müßte ich ein großes Gewicht aufheben oder einen Band von Teófilo Braga lesen.* Sie haben mir auch nicht geschrieben. Zumindest habe ich seit dem Brief, den Sie mir aus dem Bett geschrieben haben, keinen weiteren bekommen. Erbarmen Sie sich und schreiben Sie mir; vergessen Sie nicht, mir zu schreiben! Ich befinde mich mitten in einer unendlichen Trostlosigkeit. Ich habe Verse gemacht, das schon; ich selbst, in meiner eigenen Person, aber ich habe vergessen, sie heute in das Büro mitzubringen, von wo aus ich Ihnen schreibe. Hoffentlich vergesse ich es bei der nächsten Post nicht wieder und kann Ihnen, wie ich es vorhatte, eine Kopie von ihnen allen schicken. Ich hatte mir auch die Genealogie meines Ururgroßvaters, die damit auch die meinige ist, zurechtgelegt, um sie Ihnen zu schicken, weil sie in Beziehung steht zu der Studie, die Sie mir zugedacht haben und für die Sie Elemente erbitten. Ich habe sie in der Westentasche, aber in meinem jetzigen Zustand des Nicht-Seins kostet es mich unerhörte Mühe, sie zu kopieren, und sei es mit der Schreibmaschine, weil sie sehr ausgedehnt ist.

Unsere Idee von der »Anthologie« bleibt bestehen, aber sie kann natürlich erst in die Praxis umgesetzt werden, nachdem der Krieg zu Ende gegangen ist, da es sich um einen ästhetischen Akt von *europäischem* Charakter handelt, nicht wahr? Und wann wird das sein?

Mein geistiger Zustand zwingt mich jetzt ziemlich häufig, ohne das zu wollen, am »Buch der Unruhe« zu arbeiten. Aber alles sind Fragmente, Fragmente, Fragmente.

* Teófilo Braga, Lyriker, Literaturhistoriker und strikter Republikaner, zeitweilig Präsident der Republik Portugal.

Um meine materielle und äußere Trostlosigkeit vollständig zu machen, stellen Sie sich vor, daß die einzige Sache, mit der ich in diesem Moment rechnen konnte (oder rechnen zu können glaubte) – die fünf Pfund für die Übersetzung der Sprichwörter (ich glaube, Sie haben mich hier daran arbeiten sehen) –, schiefgegangen ist. Die Leute schicken mir das erst, wenn sie das Buch publizieren, *nach dem Kriege!* Eine Katastrophe, mein Lieber!

Übrigens, was das angeht – wenn die Bitte Ihnen ungelegen kommt, sehen Sie sie als nicht vorgebracht an –, könnten Sir mir 25 000 Réis leihen? Ich weiß nicht, wann ich sie Ihnen werde wiedergeben können, und außerdem schulde ich Ihnen schon die 5000, die Sie mir einmal auf der Avenida geliehen haben. Aber wenn ich Sie trotzdem darum bitte, mein Lieber, so geschieht es, weil ich absolut *à bout de ressources* bin. Im wörtlichen Sinne Schiffbruch erleidend, mein lieber Freund. Und keine Familie hier, niemand Bekanntes, außer Sá-Carneiro, der auch in Geldverlegenheit ist und mir höchstens mit einer sehr kleinen Summe aus der Tinte helfen könnte. Sehen Sie mal zu, ob Sie mir diesen Dienst erweisen können – was Sie entbehren können auf jeden Fall.

Ich wohne natürlich nicht mehr in der Rua Pascoal de Melo. Die beste Art, mir jetzt zu schreiben, ist:

> F. P.
> Im Hause Lavado, Pinto und C.ª
> Campo das Cebolas 43, Lissabon

Das ist das Büro, wo ich so tue, als ob ich arbeitete, und der sicherste Ort, um mir zu schreiben. Zur größeren Klarheit füge ich, weil meine Schrift sehr nervös ist, ein Papier mit der genauen maschinengeschriebenen Anschrift bei.

Entschuldigen Sie die Monotonie und den Unsinn dieses Briefes, den Sie gut verstehen werden. Und meinen Sie nicht, daß das »übrigens« einige Absätze weiter oben Freude anzeigt. Mein lieber Freund, das Freudige befindet sich auf der »fernen Insel«, auf jener, die Sie kennen, die ich kenne und die keiner von uns kennt.

Grüßen Sie Ihren Vater von mir.

Eine große Umarmung von Ihrem Freund   F. P.

––––––––––

Lissabon, den 4. Januar 1915

Mein lieber Côrtes-Rodrigues:

Vielen Dank für Ihren Brief und Ihre (unnötigen) Erklärungen. So viel brauchte ich gar nicht. Weniger hätte mir genügt, weil ich glücklicherweise gesehen habe, daß ich mit Ihrer Freundschaft, die ich hoch schätze, rechnen kann (und immer rechnen zu können hoffe), und wohl weiß, daß eine negative Antwort von Ihrer Seite einen Fall von Unmöglichekit darstellen würde. Wofür ich Ihnen sehr danke, ist der vertrauliche Charakter Ihrer Erklärungen (die im übrigen, wie ich schon sagte, unnötig sind) und der mit ihnen verbundene Freundschaftsbeweis.

Es hat mich sehr betrübt, was Sie mir über Ihren gegenwärtigen geistigen Zustand sagen. Das – wahrhaft schöne – Sonett, das Sie mir geschickt haben und für das ich sehr danke, zeigt es gut.

Was mich anbetrifft, so ist mein geistiger Zustand schlecht. Dezember war eine Sturmnacht für mich. Ich habe nicht einmal Lust gehabt, jemandem zu schreiben, selbst nicht meiner Familie. Ich durchbreche diese depressive Verzauberung, um Ihnen heute zu schreiben, und das nur, um doch auf jeden Fall auf Ihren Brief zu antworten.

Ich hoffe, während dieses Monats jene hinreichende Dosis an Heiterkeit zu erwerben, die es mir erlaubt, Ihnen die millionenfachen Dinge zu schreiben, die ich Ihnen darstellen und erzählen möchte. Denn trotz allem und bei alledem arbeite ich immer, produziere immer. Selbst in den Sümpfen meines Geistes gibt es Lotusblüten.

Jawohl, für meinen nächsten Brief muß ich auf dem Boden meiner Vorhaben hinreichende Energie gesammelt haben, um Ihnen einiges zu erzählen und Verse für Sie zu kopieren.

Für heute nur dies und meinen Dank.

Beste Grüße für Ihren Vater, und für Sie eine große, freundschaftliche Umarmung Ihres immer ergebenen

F. P.

———————

Lissabon, den 19. Januar 1915

Mein lieber Freund:

Es ist schon geraume Zeit her, daß ich Ihnen einen ausführlichen Brief versprochen habe. Ich weiß nicht, ob ich nicht noch deutlicher geworden bin und von einem Brief psychologischer Art in eigener Sache gesprochen habe. Auf jeden Fall handelt es sich genau darum.

Ich trage mich seit langem – seit ich Ihnen diesen Brief versprochen habe – mit dem Wunsch, mit Ihnen vertraulich und brüderlich von meinem »Fall« zu sprechen, von der Art der seelischen Krise, die ich seit einiger Zeit durchmache. Trotz meiner Reserviertheit spüre ich die Notwendigkeit, davon mit jemandem zu reden, und das kann mit niemand anderem als Ihnen geschehen, weil nur Sie unter allen meinen Bekannten einen Begriff von mir haben, der genau dem Niveau meiner geistigen Wirklichkeit entspricht. Sie sind imstande, mich zu verstehen, weil Sie wie ich ein von Grund auf religiöser Geist sind; und Sie wissen sehr wohl, daß die Menschen, die meine literarische Umgebung bilden (so überragend sie als Künstler sein mögen) als *Seelen* im eigentlichen Sinne nicht zählen, weil niemand von ihnen das (mir so alltägliche) Bewußtsein der schrecklichen Wichtigkeit des Lebens besitzt, dieses Bewußtsein, das es uns unmöglich macht, nur Kunst für die Kunst zu verfertigen, ohne uns einer gegen uns selbst und gegen die Menschheit zu erfüllenden Pflicht bewußt zu sein.

In dieser scheinbar vorbereitenden Erklärung ist schon ein großer Teil des Problems ausgeführt. Ich weiß nicht recht, wie ich Ihnen das im Zusammenhang und völlig eindeutig vortragen soll. Aber da es brieflich geschieht, will ich es nach bestem Vermögen auseinandersetzen, und Sie werden dann in Ihrem Geiste die zerstreuten und veränderten Elemente ordnen.

Meine Krise ist von der Art der großen seelischen Krisen, die immer Krisen der Unverträglichkeit wenn nicht mit den Mitmenschen, dann mit uns selbst sind. Bei der meinigen handelt es sich jetzt nicht um Unverträglichkeit mit mir selbst; meine schrittweise erworbene Selbstdisziplin hat in mir so viele auseinanderstrebende Elemente meines Charakters zusammenzuführen vermocht, als überhaupt zur Harmonisierung fähig waren. Noch immer bleibt mir dabei viel zu tun; noch bin ich von einer Vereinheitlichung, wie ich sie will, weit entfernt. Aber, wie schon gesagt, nicht von dieser Seite bläst der Wind meiner gegenwärtigen Trostlosigkeit.

Die Krise meiner Unverträglichkeit mit den Mitmenschen ist, um das gleich klarzustellen, keine heftige Inkompatibilität, die aus erklärten, deutlich erkennbaren Gegensätzen *beider Seiten* hervorginge. Es handelt sich um etwas anderes. Diese Unvereinbarkeit wird von mir in mir gefühlt, und in mir ruht das ganze Gewicht meiner Unvereinbarkeit mit den Menschen meiner Umgebung. Die Tatsache, daß ich jetzt allein lebe, weil ich hier keine nahen Verwandten habe (meine Tante, in deren Haus ich wohnte, ist in der Schweiz, wo sie sich bei ihrer Tochter aufhält, die vor kurzem einen Studenten, einen Staatsstipendiaten, geheiratet hat), verschlimmert noch diesen geistigen Zustand, weil ich so mit meiner Seele allein bin, ohne familiäre Zuwendung und familiäres Interesse, die meine Aufmerksamkeit von mir abziehen könnten.

So lebe ich denn seit Monaten in der andauernden Empfindung einer tiefen Unvereinbarkeit mit den Menschen meiner Umgebung – sogar mit den mir am nächsten stehenden Freunden, literarischen Freunden natürlich, weil ich zu den Übrigen kein geistiges Vertrauensverhältnis aufbauen kann und mich daher, wie mit allen Leuten, so auch mit ihnen gut gebe.

In keinem Menschen meiner Umgebung finde ich eine Lebenshaltung, die mit meinem inneren Lebensgefühl, meinen Bestrebungen und Plänen, mit allem, was den Kern meines inneren geistigen Seins ausmacht, *übereinstimmen* würde. Wohl finde ich Menschen, die meine literarische Tätigkeit bejahen, die doch nur einen Außenbezirk meiner Aufrichtigkeit bildet. Und das genügt mir nicht. So erscheint meinem allemal tieferen Empfindungsvermögen und meinem allemal größeren Bewußtsein von der schrecklichen, religiösen Mission, die jeder geniale Mensch mit seinem Genius von Gott empfängt, alles, was literarische Belanglosigkeit, was bloße Kunst ist, stufenweise immer hohler und abstoßender. Langsam, aber sicher habe ich in der göttlichen inneren Erfüllung einer Entwicklung, deren Zwecke mir verborgen sind, meine Pläne und Vorhaben immer mehr auf die Höhe der Gaben, die ich empfangen habe, erhoben. Eine Wirkung auf die Menschheit auszuüben, mit all meinen Kräften zur Zivilisation beizutragen, werden immer mehr die ernsten und beschwerlichen Ziele meines Lebens. Und so wird mir die Kunst eine immer wichtigere Angelegenheit, eine immer schrecklichere Mission, die hart und mönchisch zu erfüllen ist, ohne die Augen vom zivilisationsschaffenden Zweck jedes künstlerischen Werkes abzuwenden. Und deshalb ist mein eigener rein ästhetischer Begriff von der Kunst höher und schwieriger geworden; ich verlange jetzt von mir größere Vollkommenheit und sorgfältigere Ausarbeitung. Kunst rasch zu schaffen, auch wenn sie gut wird, erscheint mir als wenig. Ich schulde der Mission, die ich in mir fühle, absolute Vollkommenheit in der Ausführung und durchgehenden Ernst im Geschriebenen.

Abhandengekommen ist mir der grobe Ehrgeiz, um des Glanzes willen zu glänzen, und der andere allergröbste, von unerträglichem künstlerischem Plebejertum zeugende, um jeden Preis »Bürgerschreck« sein zu wollen. Ich klammere mich bereits nicht mehr mit Glut oder irgendeiner Begeisterung an die Idee, den Intersektionismus lancieren zu wollen. Das ist ein Punkt, den ich in diesem Augenblick allein mit mir immer wieder analysiere. Aber wenn ich mich doch dafür entscheiden sollte, diese »blague« zu lancieren, wird es nicht mehr die ursprünglich geplante »blague« sein, sondern etwas anderes. Ich werde das »skandalöse« Manifest nicht veröffentlichen. Das andere – mit den graphischen Darstellungen – vielleicht. Die »blague« kann mich nur einen Augenblick, vorübergehend, in einer kränklichen Übergangsperiode von (glücklicherweise uncharakteristischer) Grobheit befriedigen oder anziehen. Es wird vieleicht nützlich sein – denke ich –, diese Strömung als Strömung zu lancieren, aber nicht zu rein künstlerischen Zwecken, sondern wenn man diesen Plan zu Ende denkt, als eine Reihe von Ideen, die man dringend publik machen sollte, damit sie auf die portugiesische Psyche einwirken können, die es nötig hat, in allen Richtungen von neuen Strömungen an Ideen und Gefühlen bearbeitet und durchdrungen zu werden, die uns aus unserer Stagnation reißen könnten. Denn der immer mehr oder minder in meinen Vorhaben gegenwärtige vaterländische Gedanke wächst jetzt in mir; und ich denke nicht daran, Kunstwerke zu schaffen, ohne daß ich zugleich daran dächte, den Namen Portugals zu erhöhen durch das, was ich zu verwirklichen vermag. Das ist die Konsequenz einer ernstlichen Betrachtung von Kunst und Leben. Eine andere Haltung zu seiner eigenen Pflichtauffassung kann nicht einnehmen, wer mit Andacht auf das traurig-geheimnisvolle Schauspiel der Welt blickt.

Ich habe Ihnen das alles sehr schlecht erklärt. Ich bin beinahe versucht, diesen Brief zu zerreißen, worin ich sogar mir selbst nicht gerecht geworden bin. Aber Sie verstehen gewiß, was ich fühle, und freuen sich, meine ich, dank Ihrer Freundschaft mit mir über diese aufsteigende Entwicklung in meinem Inneren.

Ich komme auf mich zurück. Ich habe einige Jahre reisend damit zugebracht, Arten des Fühlens zu sammeln. Jetzt, da ich alles gesehen und alles gefühlt habe, habe ich die Pflicht, mich im Hause meines Geistes einzuschließen und, so viel und überall, wo ich es kann, für den Fortschritt der Zivilisation und die Erweiterung des Bewußtseins der Menschheit zu arbeiten. Gott gebe, daß mich meine gefährlich allzu vielseitige Veranlagung, die sich allem anpaßt, sich selbst immer fremd bleibt und in sich selbst unverbunden ist, nicht davon ablenkt!

Ich halte selbstredend mein Vorhaben aufrecht, das Werk Caeiro-Reis-Campos pseudonym herauszubringen. Es ist dies eine ganze Literatur, die ich geschaffen und erlebt habe, die aufrichtig ist, weil sie gefühlt ist, und eine Strömung mit möglichem, unstreitig wohltätigem Einfluß auf die Seelen der anderen darstellt. Unaufrichtig nenne ich nicht eine Literatur, die der Alberto Caeiros, Ricardo Reis' oder Álvaro de Campos' gleichsieht (letzterer ist Ihr Mann, der das Gedicht über den Abend und die Nacht geschrieben hat). Das ist in der *Person eines anderen* gefühlt; es ist *dramatisch* geschrieben, aber es ist aufrichtig (im ernsthaften Sinne des Wortes), wie das aufrichtig ist, was König Lear sagt, der nicht Shakespeare ist, wohl aber sein Geschöpf. Unaufrichtig nenne ich Dinge, die gemacht werden, um Aufsehen zu erregen, und auch diejenigen – *beachten Sie das wohl, es ist wichtig* –, die nicht eine fundamentale metaphysische Idee enthalten, das heißt durch die nicht, wenn auch nur wie ein Windhauch, eine Ahnung von Ernst und Geheimnis des Lebens hindurchgeht. Darum ist alles ernst, was ich unter den Namen Caeiros, Reis', Álvaro de Campos' geschrieben habe. In jeden von ihnen habe ich eine tiefe Auffassung des Lebens gelegt, unterschiedlich in allen dreien, aber in allen ernstlich aufmerksam für die geheimnisvolle Bedeutung des Existierens. Und deshalb sind die »Sümpfe« (Pauis I) nicht seriös, und auch das intersektionistische *Manifest* wäre das nicht, aus dem ich Ihnen einmal unzusammenhängende Abschnitte vorgelesen habe. In jeder dieser Kompositionen ist meine Haltung gegenüber dem Publikum die eines Clowns. Heute bin ich weit davon entfernt, an dieser Art von Haltung Spaß zu finden.

Wie wenig klar und deutlich ist all dies! Aber ich mußte Ihnen rasch schreiben; heute ist der 19. und ich mochte nicht aufhören, mit Ihnen geistig über diese Dinge zu reden. Wie ich schon sagte, sind Sie der einzige meiner Freunde, der zugleich mit der Würdigung meiner Qualitäten, die Ihnen erlaubt, diesen Brief nicht für das Dokument eines Megalomanen zu halten, die tiefe Religiosität und die Überzeugung vom schmerzlichen Rätsel des Lebens besitzt, um bei alledem mit mir zu sympathisieren.

Ich brauche Ihnen jetzt nicht zu erklären, wie sehr mich diese Haltung – die ich im übrigen nicht aufdecke, aus verschiedenen Gründen: weil es sich um etwas sehr Intimes handelt und weil sie für die Sensibilität der Menschen meiner Umgebung unverständlich ist – insgeheim mit meinen Mitmenschen veruneinigt. Es ist, wie schon gesagt, keine heftige Unverträglichkeit; doch es ist eine Ungeduld gegenüber allen, die zu niedrigeren Zwecken Kunstwerke schaffen, zum Spiel oder zum Vergnügen oder wie jemand ein Zimmer geschmackvoll ausstattet – eine Kunstart, die gut wiedergibt, was ich ausdrücken will, weil sie kein Darüber-hinaus oder eine andere Absicht verfolgt außer der künstlerisch-*dekorativen*. Und daher meine ganze Krise. Es ist keine Krise, bei der ich wehklagen müßte. Sie besteht darin, daß sich allein findet, wer sich zu weit von den Reisegefährten entfernt hat – die anderen unternehmen diese Reise, um sich zu zerstreuen, und ich finde sie so schwer, weil sie uns dazu zwingt, uns über ihr Ziel Gedanken zu machen, darüber nachzudenken, was wir dem Unbekannten sagen werden, zu dessen Haus unsere Unbewußtheit unsere Schritte lenkt... Diese Reise, mein lieber Freund, zwischen Seelen und Gestirnen, durch den Wald der Schrecknisse... und Gott, das Ende der unendlichen Straße, im Schweigen seiner Größe auf uns wartend...

Gut oder schlecht – schlecht sicherlich – habe ich Ihnen alles auseinandergesetzt. Ich bin zufrieden, weil ich so zu Ihnen gesprochen habe und weil ich weiß, daß Ihr Geist diese meine augenblickliche Traurigkeit mit Sympathie und Freundschaft aufnimmt. All das, ich brauche es wohl nicht zu sagen, ist geheim... Im übrigen – wem sollten Sie es wohl erzählen können?...

...

Ich schicke Ihnen einige Verse von mir... Lesen Sie sie und behalten

Sie sie für sich . . . Ihrem Vater können Sie sie vorlesen, wenn Sie wollen, aber *bringen Sie sie nicht in Umlauf*, sie sind unveröffentlicht. Ich liebe vor allem das letzte Gedicht, das von der »Schnitterin« (Ceifeira), wo ich die »paulische« Note in einfacher Sprache einzubringen vermocht habe. Ich liebe mich, weil ich schreiben konnte

> Könnte ich du sein, so unbewußt
> heiter, doch ohne mein Ich zu missen,
> du sein, aber zugleich bewußt . . .
>
> (Ah, poder ser tu, sendo eu!
> Ter a tua alegre inconsciência
> E a consciência disso! . . .)

nun, und schließlich das ganze Gedicht.

Ich habe mehr geschrieben, aber ich schicke das, was vollständig und leichter zu kopieren ist. Schade, daß alles mit der Maschine geschrieben werden mußte, die die Dichtung weniger dichterisch macht, aber so ist es rascher und deutlicher.

Schreiben Sie mir immer, mein lieber Côrtes-Rodrigues. Grüßen Sie Ihren Vater und empfangen Sie eine große brüderliche Umarmung von Ihrem

F. P.

Lissabon, den 19. Februar 1915

Mein lieber Freund:

Gewiß werde ich in wenigen Tagen endlich einen Brief von Ihnen erhalten. Diesen Brief schreibe ich Ihnen dringend; ich habe kaum Zeit, um Ihnen bei diesem Postabgang zu schreiben, aber die Dringlichkeit besteht in Folgendem, wofür ich nicht Ihre beste, sondern Ihre allergrößte Aufmerksamkeit erbitte.

Unsere Zeitschrift »Orpheu« geht *sofort* in Druck; Direktor in Portugal ist ein Dichter, Luís de Montalvor, intimer Freund von Sá-Carneiro, aber auch mein Freund, und in Brasilien einer der interessantesten und *unsrigen* unter den brasilianischen Dichtern von heute: Ronald de Carvalho*.

Morgen schon geht sie in Druck. Sie wird ungefähr 80 Seiten haben und dreimonatlich erscheinen. *Wenn Sie Beiträge schicken könnten, die hier mit dem Dampfer zu Monatsanfang eintreffen, wäre es großartig. Lassen Sie uns nicht im Stich!* Es wäre für uns eine große Enttäuschung, wenn die Zeitschrift ohne Beiträge von Ihnen erscheinen müßte.

Natürlich haben wir Gelegenheit, ungefähr sechs Seiten von Ihnen zu publizieren, jede Seite enthält entweder zwei Sonette oder sechs Vierzeiler – dies nur, damit Sie sich eine Vorstellung vom Umfang machen können. Schicken Sie so viele Originale, wie Sie können, *erheblich mehr als das Notwendige;* es macht Ihnen doch gewiß nichts aus, wenn ich hier aus diesen Gedichten die für unseren Zweck geeignetsten auswähle?

Sicherlich macht es Ihnen nichts aus. Deshalb *lassen Sie uns nicht im Stich!*

Sehen Sie, *morgen* geht die Zeitschrift in Druck und man beginnt mit dem Satz. *Sie haben Zeit,* aber verlieren Sie keinen Dampfer! Schicken Sie, was Sie können, so schnell wie möglich. *Schicken Sie das, was am intersektionistischsten ist – nicht* die »Prophetischen Oden« beispielsweise. Schicken Sie Sachen in der Art von »Anderer« (Outro) (davon habe ich hier keine Abschrift) und ähnliche Dinge. *Lassen Sie uns nicht im Stich!*

Beste Grüße an Ihren Vater. Eine große Umarmung von ganz dem Ihrigen

F. P.

...

––––––––––

Lissabon, den 4. April 1915

Mein lieber Côrtes-Rodrigues:
Ganz rasch nur.
Gestern habe ich einen »Orpheu« für Sie auf die Post gegeben. Nur

* Ronald de Carvalho, modernistischer brasilianischer Lyriker, Mitarbeiter des Präsidenten Getulio Vargas.

einen, weil wir nur über sehr wenige verfügen können. Die Edition wird rasch vergriffen sein. *Es war ein absoluter Triumph*, vor allem dank der Reklame, die »A Capital« (Lissaboner Tageszeitung, Anm. des Übersetzers) für uns gemacht hat mit einer Tracht Prügel auf der 1. Seite, einem zweispaltigen Artikel. Ich schicke Ihnen die Zeitung nicht, weil ich Ihnen eilig aus der »Brasileira do Chiado« schreibe. Für das nächste Postschiff erzähle ich Ihnen alles haarklein. Es gibt unendlich viel zu erzählen. Jetzt habe ich viel zu tun gehabt. Aus der Depotbuchhandlung gehen die Exemplare an die dortigen Abonnenten und Buchhandlungen ab. Freilich gibt es nicht Exemplare genug für alle Namen, die Sie angeben. Also gehen sie an einige. *Wir sind das Tagesgespräch von Lissabon;* das sage ich Ihnen ohne Übertreibung. Der Skandal ist riesig. Auf der Straße zeigt man mit den Fingern auf uns, und alle Leute – selbst die nicht-literarischen – sprechen von »Orpheu«.

Wir haben große Pläne. Davon beim nächsten Postschiff.

Den größten Skandal haben »16« von Sá-Carneiro und die »Triumph-Ode« (Álvaro de Campos', Anm. d. Ü.) verursacht. Sogar der Humorist André Brun hat uns eine Nummer der »Brocken« (Migalhas) gewidmet.

Beste Grüße an Ihren Vater. Eine riesige Umarmung von Ihrem

F. P.

Lissabon, den 19. April 1915

Mein lieber Freund:

Bei meinem, die Seelen aus der Disziplin reißenden Leben im Büro, vermehrt um meine jetzige journalistische Tätigkeit (ich bin Redakteur an einem neuen Blatt, das hier erscheint: »O Jornal« – ich bin vorübergehend in diesen Graben gefallen), habe ich kaum Zeit für die einfachsten Dinge des geistigen Lebens, so daß mir fast der Tag, an dem ich Ihnen schreiben mußte, entgangen wäre. Heute fiel er mir plötzlich ein und glücklicherweise beizeiten, da heute der 19. ist. Und ich habe keine Zeit mehr, zumindest einige von den Artikeln, die über »Orpheu« geschrieben worden sind, zusammenzustellen; es tut mir leid, daß ich es nicht tun kann, denn Sie würden schrecklich darüber lachen. Beim nächsten Postschiff – das verspreche ich endgültig – werde ich es nicht vergessen. Es waren so viele und so närrische Artikel, daß »Orpheu« nach drei Wochen *vergriffen war – total und vollständig vergriffen.*

Bis zur nächsten Post schreibe ich dann auch einen langen Brief über die Angelegenheit.

Es ist 12½ nachts – d. h., wie Dr. Assis sagte, »es ist schon morgen«. Deshalb halte ich hier inne.

Lissabon, den 4. Mai 1916

Mein lieber Cortes-Rodrigues:

Ich habe Ihnen nicht geschrieben. Ich habe eine gewaltige geistige Krise durchgemacht. Und jetzt bin ich noch viel schlechter dran, angesichts der riesigen Tragödie, die uns allen widerfahren ist.

Sá-Carneiro hat am 26. April in Paris Selbstmord begangen.

Ich habe keine Stimmung, um Ihnen zu schreiben, aber ich möchte nicht unterlassen, Ihnen dies mitzuteilen.

Klar ist, daß die Ursache für den Selbstmord sein Temperament war, das ihn schicksalhaft dazu bringen mußte. Es gab natürlich eine Reihe von Störungen, die die gelegentlichen Ursachen für die Tragödie gewesen sind.

Er hat sich mit Strychnin umgebracht. Ein schrecklicher Tod. Schon dreimal hatte er versucht, Selbstmord zu begehen – zum ersten Mal am dritten April.

Welch großes Unglück!

. . .

Geben Sie mir Nachricht von sich.

Grüßen Sie Ihren Vater. Eine große Umarmung von Ihrem immer ergebenen

F. P.

Lissabon, den 4. September 1916

Mein lieber Cortes-Rodrigues:

Wenn Sie verbannt gewesen sind, so bin ich es auch ohne Verbannung gewesen. Sie können sich das nicht vorstellen! Ich habe diese letzten Monate damit verbracht, diese letzten Monate zu verbringen. Weiter nichts und eine Mauer aus Überdruß mit Scherben der Wut oben drauf. Jetzt bin ich in einer besseren Phase, mit episodischen Vorzeichen für ein wahres Ich-selbst-Sein. Eine lange Geschichte der Depression, mit Einzelheiten Vergrößerungslinsen aus der Außenwelt... Nun ja...

Es fehlt mir die Zeit, Ihnen zu berichten, durch welche Abstufungen von mir-und-den-Dingen sich diese Lebensunlust eingeschlichen hat. Aber einige Fakten können Stadien in meiner Depression bezeichnen: eine schlimme Krankheit meiner Mutter, die sie bis an den Rand des Todes gebracht hat, aus welcher Gefahr sie jedoch heute glücklicherweise gerettet zu sein scheint; der Selbstmord Sá-Carneiros, die Geisteskrankheit Cunha Dias' (eines jungen Mannes, der seit langem mit mir befreundet ist, sehr gesprächig und lebhaft, den Sie mehrfach in der »Brasileira« gesehen haben) – all das und ich... Zwischendurch verschiedene Dinge von geringerer Wichtigkeit, die aber Bedeutung gewinnen, weil ich sie als bedeutsam empfunden habe; Phänomene, die weder gut noch schlecht sind, aber im Anfang bestürzend, wie das Auftreten medialer Fähigkeiten in mir... Das alles und dazu das Leben...

Derart, daß die einzigen Neuigkeiten, die ich Ihnen von mir geben kann, darin bestehen, daß nicht, aber immerhin besser. (So muß der Satz lauten wegen meines Privilegs, mich nicht auszudrücken.)

Ich komme jetzt aus einer Periode heraus, die lange genug gedauert hat. Ich bin dabei, mich wieder aufzubauen. Wenn ich Ihnen wieder schreiben werde – bei der nächsten Post –, hoffe ich, mich als *rekonstruiert im September 1916* darstellen zu können. Außerdem werde ich eine große Veränderung an meinem Leben vornehmen: Ich werde den Zirkumflex von meinem Nachnamen entfernen. Da ich (unter den im Folgenden angezeigten Umständen) einiges in englischer Sprache publizieren werde, finde ich es besser, mich von dem unnutzen ˆ zu befreien, das meinen Namen für den kosmopolitischen Gebrauch schädigt.

Bald wird »Orpheu 3« herauskommen.* Und dort veröffentliche ich am Ende der Nummer zwei meiner englischen Gedichte, die sehr indezent und deshalb in England nicht publizierbar sind. Ein weiterer Beitrag zu der Nummer: Verse von Camilo Pessanha** *(kein Sterbenswörtchen darüber zu niemandem)*, unveröffentlichte Verse von Sá-Carneiro, »Szene des Hasses« (A Cena do Ódio) von Almada Negreiros***, (der gegenwärtig ein absolut genialer Mensch ist, eine der großen Sensibilitäten der modernen Literatur), Prosa von Albino de Meneses (ich weiß nicht, ob Sie ihn kennen) und vielleicht von Carlos Perreira, dazu unterschiedliche Beiträge meines alten unglücklichen Freundes Álvaro de Campos.

»Orpheu 3« bringt außerdem vier Bildtafeln des berühmtesten avantgardistischen Malers Portugals – Amadeo de Sousa Cardoso****.

Die Zeitschrift soll zum Ende des laufenden Monats herauskommen. Beim nächsten Postschiff kann ich Ihnen schon weitere Einzelheiten mitteilen.

. . .

Grüßen Sie Ihren Vater und seien Sie umarmt von Ihrem ergebenen Freund

F. P.

Mein lieber Cortes-Rodrigues:

Ich weiß gar nicht, seit wie vielen Jahren ich Ihnen nicht mehr schreibe: Es ist so lange her, daß ich Ihnen jetzt so viel erzählen müßte, daß ich es Ihnen nicht erzählen kann. Nur indem wir miteinander reden – wenn wir bei einer Begegnung lange miteinander reden –, kann ich Ihnen erzählen, was es zu erzählen gibt, seit wir uns aus den Augen und aus dem Schreiben verloren haben.

Was haben Sie getan? Nachrichten von Ihnen habe ich in gewisser Weise immer bekommen, entweder durch Rocha (der mir gerade Ihre Grüße ausgerichtet hat) oder durch Duarte de Viveiros.

---

*   Die geplante Nr. 3 des »Orpheu« gedieh nur bis zu den Korrekturfahnen.
**   In Macau ansässiger symbolistischer Dichter von hoher Musikalität der Sprache.
***   José de Almada Negreiros, Maler und Schriftsteller des Modernismus.
**** Interessantester Vertreter der modernen portugiesischen Malerei.

Dieser Brief wird nur geschrieben, damit Sie überhaupt von mir hören – geschrieben, um irgend etwas zu sagen und wieder mit Ihnen ins Gespräch zu kommen, wenn auch nur schriftlich. Wie sehne ich mich – immer mehr! – nach den alten Zeiten des »Orpheu«, des Paulismus, der Intersektionen und nach allem übrigen, was vorüber ist! Sie können sich nicht vorstellen, wie sehr alles trotz des gewaltigen Einflusses, der von »Orpheu« übriggeblieben ist, wie sehr alles moralisch und intellektuell kleiner geworden ist.

Haben Sie schon die »Contemporânea« gesehen?* In gewisser Hinsicht ist das die Nachfolgerin des »Orpheu«. Aber welch ein Unterschied, welch ein Unterschied! Das eine oder andere erinnert an diese Vergangenheit; der Rest, das Ganze...

Schreiben Sie mir, schreiben Sie mir, so oft Sie können! Meine Adresse ist so einfach wie möglich: nur Postfach 147, Lissabon. Wenn Ihnen dieser Brief verlorengeht und Sie deshalb das 147 vergessen, so denken Sie daran, Sie brauchen nur zu schreiben: F. P. – F. P., Postfach, Lissabon. Auch ohne Nummer kommt das an.

Lassen Sie mich von sich hören, ausführlich, wenn es geht!

Eine Umarmung voller Sehnsucht von Ihrem sehr ergebenen Freund

F. P.

4. 8. 1923

* Pessoa redigierte diese Zeitschrift 1922/3.

Aus einem Brief an seine Mutter

5. 6. 1914

Mir ist es gesundheitlich gut gegangen, und geistig bin ich kurioserweise weniger mißgelaunt gewesen. Selbst so noch quält mich eine vage Beunruhigung, etwas was ich nicht anders nennen kann als intellektuellen Juckreiz, als ob ich Blattern in der Seele bekommen sollte. Nur in dieser absurden Sprache kann ich Ihnen beschreiben, was ich fühle. All das jedoch hat eigentlich nichts mit den traurigen Geisteszuständen zu tun, von denen ich Ihnen zuweilen rede und bei denen die Traurigkeit bezeichnenderweise eine grundlose Traurigkeit ist. Mein gegenwärtiger Seelenzustand hat eine Ursache. Um mich her entfernt sich alles und bricht auseinander. Ich verwende die beiden Verben nicht im betrübenden Sinne. Ich will nur sagen, daß sich bei den Menschen, mit denen ich es zu tun habe, Veränderungen ergeben und Lebensabschnitte zu Ende gehen und daß mir all dies – wie einem Greis, der rings um sich her seine Kindheitsgefährten sterben sieht, sein eigener Tod näher erscheint – auf ich weiß nicht welche geheimnisvolle Weise suggeriert, daß sich auch das meinige verändern muß und wird. Bemerken Sie wohl, daß ich nicht glaube, daß es eine Veränderung zum Schlechteren sein wird; eher im Gegenteil. Aber es ist eine Veränderung, und eine Veränderung, von einer Sache zu einer anderen übergehen, bedeutet für mich einen partiellen Tod; irgend etwas von uns stirbt, und die Traurigkeit dessen, was stirbt, und dessen, was vorübergeht, kann nicht umhin, unsere Seele zu streifen.

Sehen Sie nur: Morgen fährt mein größter und intimster Freund* nach Paris – nicht vorübergehend, sondern auf Dauer. Tante Anica (siehe ihr Brief) reist wahrscheinlich in Kürze mit ihrer dann verheirateten Tochter in die Schweiz. Ein anderer junger Mann, der mein guter

* Gemeint ist Mário de Sá-Carneiro.

72

Freund ist, fährt nach Galizien und wird dort geraume Zeit verweilen. Ein anderer junger Mann, der nächst dem ersten, den ich Ihnen zitiert habe, mein engster Freund ist, zieht nach Porto um. So organisiert sich alles in meiner menschlichen Umgebung (besser gesagt, es desorganisiert sich) in einer Weise, von der ich nicht weiß, ob ich sie als Isolation oder als einen neuen Weg, den ich noch nicht sehe, ansprechen soll. Selbst der Umstand, daß ich ein Buch veröffentlichen werde, wird mein Leben verändern. *Ich verliere etwas – das Unveröffentlicht-Sein.* Und so bedeutet eine Veränderung zum Besseren, weil eine Veränderung schlecht ist, *immer* eine Veränderung zum Schlechteren. Und einen Fehler, eine Schwäche oder eine Negation verlieren, *heißt doch immer verlieren.* Wie sollte ein Wesen, Mama, das auf diese Weise empfindet, nicht tagaus, tagein schmerzliche Empfindungen erleben!

Was wird aus mir in zehn Jahren – oder auch nur in fünf Jahren? Meine Freunde sagen, ich werde einer der großen zeitgenössischen Dichter sein – sie sagen das im Hinblick auf das, was ich schon gemacht habe, nicht auf das, was ich machen kann (wenn dem nicht so wäre, würde ich nicht zitieren, was sie sagen...). Aber weiß ich denn genau, was das zu bedeuten hat, selbst wenn es Wahrheit wird? Weiß ich, *wonach das schmeckt?* Vielleicht schmeckt der Ruhm nach Tod und Nutzlosigkeit, und der Triumph nach Verwesung.

An einen jungen Dichter

1914

Mein lieber Dichter:

Ich schreibe Ihnen zur Unzeit des Zartgefühls. Vor Monaten schon hat mir Luís de Montalvor Ihr Buch vor die Augen gebracht. Obwohl ich es unverzüglich gelesen habe, habe ich doch mit dem Dank über die üblichen Grenzen hinaus gezögert. Die poetische Freiheit erlaubt das nicht. Ich habe das Recht mißbraucht, das den Kameraden zusteht, die Antwort absichtsvoll auf sich warten zu lassen. Ich beginne meinen Brief, indem ich Sie um die Entschuldigung bitte, zu der diese Verzögerung verpflichtet.

Ich weiß nicht, was ich zu Ihrem Buch sagen soll, um ein Gleichgewicht zwischen meiner Sensibilität und meiner Intelligenz zu erreichen. Es ist wirklich das Werk eines Dichters, aber noch nicht eines Dichters, der sich gefunden hat, sofern nicht ein Dichter grundsätzlich jemand ist, der sich niemals findet. Es gibt Unvollkommenes und Unvollendetes in Ihren Versen. Zwischen den Blumen bemerkt man noch die Spuren Ihrer Tritte. Man sollte sie nicht sehen. Zeichen des Dichters sollte sein, ohne eine andere Spur vorübergegangen zu sein als die Gegenwart der Rosen. Wozu noch die zerbrochenen Zweige und die gebrochenen Veilchenstengel?

Ich sollte Ihnen das vielleicht nicht sagen, ohne vorauszuschicken, daß ich der strengste der jemals vorhandenen Kritiker bin. Ich verlange von allen mehr als sie geben können. Warum sollte ich von ihnen fordern, was in der Reichweite ihrer Kräfte liegt? Der Dichter ist jemand, der immer über das hinausgeht, was er leisten kann.

Ihr Buch gehört zu den schönsten, die ich in letzter Zeit gelesen habe. Ich sage Ihnen das, damit Sie, da Sie mich nicht kennen, nicht meinen, ich sei auf Strenge aus ohne Aufmerksamkeit für die Schönheiten Ihres Buches. Sie haben den Stoff in sich, aus dem die großen Dichter gemacht

74

sind. Zuweilen läßt die Hand des Bildhauers die nackten Kurven seines Materials sprechen. Und dann entsteht Ihr Gedicht über den »Kai« (Cais) und Ihr »Herbst« (Outono) und dieser oder jener Vers als Geschenk der Götter wie die Bläue am Himmel in den Pausen des Sturms. Fordern Sie von sich, wovon Sie wissen, daß Sie es nicht erreichen können. Nicht anders ist der Weg der Schönheit beschaffen.

Ich komme zu den Einzelheiten.

Ich habe so viele Philosophien und so viele Poetiken durchlebt, daß ich mich schon alt fühle, und das verleiht mir das Recht, Ihnen wie Keats dem Shelley zu raten, ab und an Ihre Flügel geschlossen zu halten. Zuweilen liegt ein großes ästhetisches Vergnügen darin, ein Gefühl, dessen Erlebnis Worte von uns fordert, unausgedrückt vorübergehen zu lassen. Aus unseren inneren Gärten dürfen wir nur die entferntesten Rosen und die besten Stunden pflücken und nur jene Gelegenheiten des Sonnenuntergangs festhalten, wenn es uns allzu sehr schmerzt, uns zu fühlen. Kein Dichter besitzt das Recht, Verse zu machen, weil er die Notwendigkeit spürt, sie niederzuschreiben. Er soll nur jene Verse schreiben, deren Inspiration von Unsterblichkeit durchduftet ist.

Ich schreibe und halte inne. Ich frage mich selbst, ob Sie all dies, weil es nicht von Lobessprüchen überschäumt, für eine feindselige Kritik halten könnten. Ich kenne Sie nicht und weiß es daher nicht. Doch bedenken Sie, daß ich nur jemandem, den ich sehr schätze, solche Dinge schreibe. Sie werden mir gewiß glauben, daß ich jemandem, der keinen Wert hat, sogleich sage, daß er sehr wertvoll ist. Es lohnt sich nur, die Irrtümer derjenigen zu verzeichnen, die wirkliche Dichter sind, derjenigen, bei denen Irrtümer Irrtümer sind. Wozu die Irrtümer derjenigen verzeichnen, die in sich nur die Fähigkeit zum Irrtum haben?

Trotz allem, was im Lob zögernd klingt, wiederhole ich Ihnen, daß Ihr Buch zu den schönsten gehört, die ich letzthin gelesen habe. Ihre kränkliche zarte Phantasie ist eine Prinzessin, die aus den Fenstern heraus den fernen Luxus der Weiher betrachtet. Ich sehe, daß sie den Fontänen lauscht. Das sind wirklich die besten Stunden des Wassers, und sicherlich sind die schönsten diejenigen in Gärten aus dem 18. Jahrhundert (die wir nie werden sehen können).

Ihre Sensibilität schmerzt mich. Gewiß sind wir uns vor Zeiten begegnet und haben uns im Schatten der Alleen einander insgeheim unser gemeinsames Entsetzen vor der Wirklichkeit mitgeteilt. Erinnern

Sie sich? Man hatte uns das Spielzeug weggenommen, weil wir darauf
bestanden, daß die Bleisoldaten und die Blechschiffchen eine genauere
und glanzvollere Wirklichkeit besitzen als die leibhaftigen Soldaten und
die wirklichen Schiffe. Wir schritten für lange Stunden durch das Land-
gut. Da sie uns die Dinge weggenommen hatten, an die wir unsere
Träume gehängt hatten, sprachen wir von ihnen, um sie abermals für
uns zu haben. Und so kamen in ihrer vollen, glänzenden Wirklichkeit –
welch seidiger Lohn für unsere Opfer! – die Bleisoldaten und die Blech-
schiffe zu uns zurück; und durch unsere Seelen hindurch dauerten sie
fort, damit wir mit ihnen spielen konnten. Die Stunde (erinnern Sie sich
nicht?) war zu bestimmt und menschlich. Die Blumen besaßen Farbe
und Duft für unsere abgewendete Aufmerksamkeit. Der ganze Raum
war leicht geneigt, als ob ihn Gott aus spielerischer List von der seelischen Seite her angehoben hätte; und wir erlitten die Unbeständigkeit
des göttlichen Spiels wie Kinder, denen die Streiche gefallen, die man
ihnen spielt, weil es Zeichen der Zuneigung sind. Schön waren diese
Stunden, die wir gemeinsam verbrachten. Diese Stunden werden wir nie
wieder erleben, weder diesen Garten noch unsere Soldaten und unsere
Schiffe. Alles blieb eingehüllt in das Seidenpapier unserer Erinnerung
an all das. Die armen Soldaten durchbohren fast das Papier mit ihren
ewig an die Schulter gelehnten Gewehren. Die Bugspriets der Schiffe
möchten ständig die Hülle durchbrechen. Und zweifellos ist dies der
ganze Sinn unseres Exils – daß sie uns die Spielzeuge aus der Zeit vor
dem Leben eingepackt und auf die Ablage gestellt haben, genau aus der
Reichweite unserer Gebärden und unserer Neigung. Gibt es eine
Gerechtigkeit für die Kinder, die wir sind? Werden uns Hände, die
dorthin reichen, wohin wir nicht reichen, unsere Traumgefährten, die
Soldaten und die Schiffchen zurückerstatten? Jawohl, und sogar uns
selbst, denn wir waren nicht das, was wir jetzt sind... Wir waren von
einer göttlicheren Künstlichkeit...

Ich schreibe und schweife aus, und all das, scheint mir, war eine Wirklichkeit. Meine Sensibilität liegt so dicht bei der Einbildungskraft, daß
ich bei alledem fast weine und abermals das glückliche Kind bin, das ich
nie war, die Alleen und die Spielzeuge und nur am Ende von alledem die
überflüssige Wirklichkeit des Lebens...

Verzeihen Sie mir, daß ich Ihnen so schreibe... Das Leben ist schließlich die Mühe wert, daß man Ihnen dies sagt. Gott lauscht mir vielleicht,

aber er hört *sich,* wie alle Lauscher. Das war die Tragödie, aber es gab keinen Dramatiker, der sie aufgezeichnet hätte ...*

* Der in »Páginas de Estética e de Teoria e Crítica Literárias« erstmals publizierte Brief bricht hier ab.

An Mário de Sá-Carneiro

Lissabon, den 6. Dezember 1915

Mein lieber Sá-Carneiro:

Da ich Ihnen diesen Brief vor allem schreibe, weil ich die absolute psychische Notwendigkeit fühlte, ihn Ihnen zu schreiben, so werden Sie es mir nachsehen, daß ich die Antwort auf Ihren Brief und die Postkarte, die ich heute bekam, für den Schluß aufspare und sogleich in das Thema dieses Briefes eintrete.

Ich bin abermals die Beute aller vorstellbaren Krisen, aber diesmal ist der Ansturm total. In einem tragischen Zusammentreffen sind Krisen verschiedener Ordnung auf mich eingestürzt. Ich bin psychisch *belagert*.

Meine geistige Krise ist wieder ausgebrochen, die, von der ich Ihnen gesprochen habe, aber jetzt ist sie komplizierter wiedergekommen, weil, abgesehen davon, daß sie in den alten Bedingungen neu ausgebrochen ist, neue Faktoren sie ganz und gar kompliziert haben. Ich befinde mich daher in einer intellektuellen Verworrenheit und Angst, die Sie sich kaum vorstellen können. Ich bin nicht hinreichend Herr über meine Geistesklarheit, um Ihnen die Dinge zu erzählen. Aber da ich die Notwendigkeit spüre, sie Ihnen zu erzählen, werde ich mich so gut erklären, wie ich kann.

Der erste Teil der geistigen Krise ist Ihnen schon bekannt; er hat sich aus dem Umstand ergeben, daß ich von den theosophischen Lehren Kenntnis genommen habe. Ich habe sie, wie Sie wissen, auf höchst banale Art kennengelernt. Ich mußte theosophische Bücher übersetzen. Ich wußte nichts, absolut nichts von diesem Gegenstand. Jetzt kenne ich natürlicherweise das Wesen des Systems. Es hat mich derartig erschüttert, daß ich es heute für unmöglich halten würde, wenn es sich um irgendein religiöses System handelt. Der außerordentlich weitläufige Charakter dieser Religionsphilosophie, die Vorstellung von Stärke,

Herrschaft, *überlegener* und außermenschlicher Kenntnis, welche die theosophischen Schriften ausstrahlen, haben mich sehr verwirrt. Genau das Gleiche war mir vor längerer Zeit bei der Lektüre eines englischen Buches über »Die Riten und Mysterien der Rosenkreutzer« zugestoßen. *Die Möglichkeit, daß hier, in der Theosophie, die wirkliche Wahrheit stecken könnte, geht mir nach.* Glauben Sie nicht, ich sei auf dem Wege zum Wahnsinn; ich glaube, das bin ich nicht. Dies ist eine ernste Krise eines Geistes, der *glücklicherweise* zu solchen Krisen fähig ist. Wenn Sie nun jedoch bedenken, daß die Theosophie ein ultrachristliches System ist – in dem Sinne, daß sie die christlichen Prinzipien bis zu einem Punkt erhöht enthält, wo sie in *ich weiß nicht welchem Jenseits-von-Gott verschmelzen* – und berücksichtigen, was darin mit meinem essentiellen Paganismus grundlegend unvereinbar ist, so haben Sie die erste Erschwernis, die zu meiner Krise hinzugekommen ist. Wenn Sie ferner beachten, daß die Theosophie, weil sie alle Religionen zuläßt, einen dem Heidentum, das in seinem Pantheon alle Götter zuläßt, ganz ähnlichen Charakter besitzt, haben Sie das zweite Element meiner ernsten seelischen Krise. Die Theosophie erschreckt mich durch ihre Geheimnishaftigkeit und ihre okkultistische Größe und stößt mich ab durch den ihr wesensmäßigen Humanitarismus und Missionseifer; sie zieht mich an, weil sie so sehr einem »transzendentalen Paganismus« ähnelt (diesen Namen gebe ich der Denkart, zu der ich gelangt war), sie stößt mich ab, weil sie so sehr dem Christentum gleicht, das ich nicht anerkenne. Das sind Schrecknis und Anziehungskraft des Abgrunds, in einem seelischen Jenseits verwirklicht. Ein metaphysisches Entsetzen, mein lieber Sá-Carneiro!

Haben Sie mir in dieses intellektuelle Labyrinth folgen können? Nun gut. Beachten Sie wohl, daß da noch zwei andere Elemente sind, die die Sache noch weiter komplizieren. Ich will sehen, ob ich Ihnen das deutlich machen kann ...*

----

* Der Brief – eine Kopie – bricht hier ab. Die erhalten gebliebenen Briefe Sá-Carneiros (Pessoas Briefe an den Freund sind bei dessen Selbstmord in Paris in Verlust geraten) lassen vermuten, daß der Brief nicht abgeschickt worden ist, da Sá-Carneiro, dessen Briefe an Pessoa erhalten geblieben sind, mit keinem Wort auf das Thema Theosophie eingeht.

Lissabon, den 14. März 1916

Mein lieber Sá-Carneiro:

Ich schreibe Ihnen heute aus gefühlsmäßiger Notwendigkeit – aus dem bedrängenden Wunsch, mit Ihnen zu reden. Wie man daraus entnehmen kann, habe ich Ihnen nichts mitzuteilen. Nur dies – daß ich mich heute auf dem Grunde einer abgründigen Depression befinde. Das Absurde des Satzes spricht für mich.

Ich befinde mich an einem jener Tage, an denen *ich niemals eine Zukunft hatte*. Es ist nur eine unbewegliche Gegenwart mit einer Mauer der Angst ringsherum vorhanden. Das jenseitige Ufer des Flusses ist niemals, während es das jenseitige ist, das hiesige; und das ist der innere Grund meines ganzen Leidens. Es gibt Schiffe für viele Häfen, aber keines, wo das Leben nicht schmerzt und auch keinen Landungssteg, wo man vergessen könnte. All das geschah vor langer Zeit, aber mein Leiden ist älter.

An seelischen Tagen wie heute fühle ich wohl, in meinem ganzen Bewußtsein von meinem Körper, daß ich das traurige Kind bin, auf das das Leben eingeprügelt hat. Sie haben mich in eine Ecke gestellt, von wo aus man die anderen spielen hört. In den Händen spüre ich das zerbrochene Spielzeug, das sie mir aus blecherner Ironie gegeben haben. Heute, am 14. März um neun Uhr zehn abends, ist dies mein Lebenswert.

In dem Garten, den ich durch die verschwiegenen Fenster meines Arrests hindurch ahne, haben sie alle Schaukeln über die Zweige geworfen, an denen sie hängen; hoch oben hängen sie eingerollt; und so kann nicht einmal meine Vorstellung, auszubrechen, in meiner Phantasie Schaukeln finden, um die Stunde zu vergessen.

Mehr oder minder dies, jedoch stillos, ist mein seelischer Zustand in diesem Augenblick. Wie der Wächter in des »Seemanns« (Marinheiro)* brennen mir die Augen, weil ich daran gedacht habe zu weinen. Das Leben schmerzt mich ganz allmählich, schluckweise, mit Zwischenräumen. All dies ist in winziger Schrift in einem Buch mit zerflatternder Broschur abgedruckt.

Wenn ich Ihnen nicht gerade schriebe, müßte ich Ihnen schwören,

---

* Statisches Drama von F. Pessoa im Stile Maurice Maeterlincks aus dem Jahre 1913.

daß dieser Brief aufrichtig ist und daß die hysterischen Regungen, die darin stehen, spontan aus dem, wie ich mich fühle, hervorgegangen sind. Aber Sie werden gewiß spüren, daß diese unaufführbare Tragödie die Realität eines Bügels oder einer Tasse besitzt – voller hier und jetzt – und sich in meiner Seele abspielt wie das Grün auf den Blättern.

Deshalb konnte der Prinz nicht herrschen. Dieser Satz ist vollständig absurd. Doch in diesem Augenblick fühle ich, daß die absurden Sätze ein großes Verlangen zu weinen mitteilen.

Es kann sein, daß ich, wenn ich diesen Brief heute nicht in die morgige Post werfe, sondern neu lese, dabei verweile, sie mit der Schreibmaschine zu kopieren, um Sätze und Grimassen aus ihnen in das »Buch der Unruhe« einzubringen. Aber das schmälert die Aufrichtigkeit nicht, mit der ich sie schreibe, auch nicht die schmerzliche Unvermeidlichkeit, mit der ich sie fühle.

Dies sind die letzten Neuigkeiten. Es gibt auch den Kriegszustand mit Deutschland, aber schon vorher brachte der Schmerz Leiden mit sich. Von der anderen Seite des Lebens her gesehen muß dies die Beschriftung einer zufälligen Karikatur sein.

Dies ist noch nicht der Wahnsinn, aber der Wahnsinn muß dem, woran man leidet, ein Gefühl der Gelassenheit vermitteln, eine hinterlistige Freude an den Erschütterungen der Seele, nicht sehr verschieden von meinen jetzt empfundenen.

Von welcher Farbe mag das Fühlen sein?

Seien sie tausendfach umarmt von Ihrem immer ergebenen

F. P.

P. S. Ich habe diesen Brief in einem Wurf geschrieben. Indem ich ihn überlese, sehe ich, daß ich ihn ganz entschieden morgen abschreiben muß, bevor ich ihn Ihnen schicke. Selten habe ich meine psychische Veranlagung so vollständig beschrieben: alle ihre gefühlsmäßigen und geistigen Haltungen, all ihre fundamentale Hysteroneurasthenie, all diese Intersektionen und Winkel im Bewußtsein ihrer selbst, die für sie so charakteristisch sind...

Sie geben mir recht, nicht wahr?

Lissabon, den 26. April 1916

Mein lieber Sá-Carneiro:

Wie ich Ihnen schon auf meiner gestrigen Postkarte mitteilte, habe ich Ihre Briefe vom 17. und 18. erhalten, ebenso wie auch den Brief für Santa-Rita*, den ich gestern seinem Bruder ausgehändigt habe, als ich ihn in der Rua do Ouro traf.

Sie werden sich über die lange Zeit gewundert haben, die ich gebraucht habe, um Ihnen zu schreiben. Möglich auch, daß Sie sogar schlecht auf mich zu sprechen sind. Ich bitte um Gottes willen, daß Sie das nicht sind. Ich werde Ihnen alles erklären, und die Erklärung ist gut verständlich.

Ich habe in der Tat genug zu tun gehabt. Verschiedene kleine Ursachen haben mich viele kleine Brocken Zeit gekostet. Aber nicht aus diesem Grunde habe ich Ihnen nicht geschrieben, wie ich selbst es vorgehabt habe.

In erster Linie wird mein Geist von einer Reihe großer Sorgen zerrissen, die mir zu schaffen machen und zum Teil gleichzeitig zu schaffen machen. Sie wissen wohl, wie eine Anhäufung kleiner Ärgerlichkeiten verwirrend wirken kann. Stellen Sie sich vor, wie sich dann eine Anhäufung *großer* Sorgen auswirkt. *Eine* große Sorge, *nur eine* wiegt oft, was die Wirkung anlangt, uns zu zerstreuen und aus uns selbst zu verbannen, sieben oder acht kleine Verdrießlichkeiten nicht auf. Aber freilich macht sich eine Verbindung von großen Ärgerlichkeiten verheerender bei uns bemerkbar.

Seit Monaten bis zum heutigen Tage lastet die schlimme Krankheit meiner Mutter auf mir. Sie hatte einen Schlaganfall und ist auf der ganzen linken Körperseite paralysiert. Es geht ihr jetzt besser – nach den Briefen, die ich erhalte –, aber so langsam und so unsicher, daß ich den kalten Druck der Ungewißheit in bezug auf sie nie los werde. Schon diese Angst, die mir in Fleisch und Blut übergegangen ist, macht mich besorgt und verwirrt.

Hinzu kommt das große Leid, daß Sie mir – natürlich ohne es zu wollen – mit Ihrer schrecklichen Krise verursacht haben. Ich weiß nicht, ob

---

* Santa-Rita Pintor, durch Selbstmord geendeter Maler und Vorkämpfer des Futurismus in Portugal, von dessen Werk nur wenige Beispiele erhalten geblieben sind.

Sie richtig abschätzen, bis zu welchem Grad ich Ihr Freund bin, wie sehr ich Ihnen ergeben und zugetan bin. Tatsache ist, daß Ihre große Krise auch eine große Krise für mich gewesen ist, und ich habe sie, wie ich Ihnen schon sagte, nicht allein durch Ihre Briefe mitgefühlt, sondern schon vorher telepathisch durch die »astrale Projektion« (wie man sagt) Ihres Leidens.

Nehmen Sie zu diesen beiden ernsthaften Gründen, mir Sorgen zu machen, noch diesen weiteren hinzu – daß ich von diesem allem abgesehen eine meiner schweren geistigen Krisen durchmache. Und das ist noch nicht alles: Stellen Sie sich vor, daß diese geistige Krise gleichzeitig verschiedener Art ist, und dies aus verschiedenen Gründen.

Schichten Sie jetzt über all dies den Arbeitsdruck – nicht von einer bestimmten Art, sondern von verschiedenen Arten.

Sie können sich ausrechnen, was das Ergebnis von alledem gewesen ist . . . Ich habe alles vernachlässigt und nur die Arbeit getan, die ich unter allen Umständen tun mußte.

Meine Übersetzungsarbeit ist im Rückstand. Seit mehr als einem Monat muß ich ein Buch mit hundert kleinen Seiten übersetzen, das ich normalerweise in fünf Tagen übersetzen würde. Und ich habe noch nicht mehr als dreißig übersetzt! Meine Briefe an meine Familie gehen immer verspätet ab. Wie es Ihnen ergangen ist, haben Sie ja am eigenen Leibe erfahren. Und so ist es mit allem, in einer absurden Lust, Zeit zu verlieren, an der Küste des Nutzlosen entlangzuschiffen, und andere solche Metasätze – die alle wenig sind für das, was ich erlebe.

Dies soll die Verzögerung meines Schreibens an Sie rechtfertigen. Aber die Tatsache, daß ich dringend auf Nachrichten von Ihnen warte, um Ihnen mit größerer Ruhe zu schreiben, hat auch ein wenig zu dieser Verzögerung beigetragen. Ich bitte Sie, mein lieber Sá-Carneiro, tausendmal um Entschuldigung. Aber es hat eben gar nicht anders sein können.

An die Tante Anica

Dona Ana Luísa Pinheiro Nogueira, Schwester von Pessoas Mutter

Lissabon, den 24. Juni 1916

Meine liebe Tante:

Ich danke Ihnen sehr für Ihren Brief vom 13. und die darin enthaltenen Glückwünsche. Ich danke auch sehr für den Brief von Raul 2) vom 22. Mai, auf den ich bald antworten werde; ich glaube, ich kann das versprechen, weil ich mich jetzt ein wenig besser fühle, fähiger, nicht mehr in die gehabte Apathie zu verfallen, die, wie Sie sich denken können, mit den aufeinanderfolgenden nervösen Schocks zusammenhing, durch die ich hindurchgegangen bin.

Glücklicherweise sind nun (endlich!) aus Pretoria ausgesprochen gute Nachrichten eingetroffen. Den Arm ausgenommen, der, wie es scheint, immer noch darauf warten läßt, seine Bewegungsfähigkeit zurückzugewinnen, hat sich der Zustand der Mama sehr gebessert. Der geistige Zustand ist endlich normal. Die geistige Verwirrung, in die sie geraten war und die mich am meisten beeindruckt hatte, ist verschwunden. Und sie geht schon aus dem Schlafzimmer und verbringt etliche Tagesstunden im Eßzimmer.

Ich weiß nicht, welche Behandlung sie jetzt bekommt. Ich weiß, daß man anfangs tatsächlich Elektroschocks angewendet hat, diese Behandlung aber unterbrach, weil sie die Kranke, wie es scheint, allzu sehr belästigten. Und ich vermute, daß in dieser Krankheitsphase die natürliche Belästigung durch die Schocks nicht zuträglich wäre. Wenn es so war, haben sie vermutlich inzwischen diese Behandlung wiederaufgenommen.

Einstweilen gibt es hier keine genauen Nachrichten bezüglich des Krieges und der Truppen, die von hier nach draußen abgehen. Ich glaube sogar, daß die jungen Männer in der Situation von Raul einstweilen keine große Gefahr laufen, eingezogen zu werden. Natürlich kann ich mich dafür nicht *verbürgen*, aber so hört man hier verlauten. Wenn

Raul hier wäre, hätte er natürlich zumindest den Verdruß einer »Offiziersschule« oder einer ähnlichen Apparatur.

Über den nervösen Zustand, in dem ich gelebt habe, bin ich letzthin nicht schlecht hinweggekommen. Ich glaube, auch in der Familie hat es keine Neuigkeiten gegeben, abgesehen davon, daß es der Joaquina bald besser, bald schlechter geht. Wie ich mittels der Astrologie vorausgesehen hatte, hat sich Mários Lage nicht nur gebessert, sondern scheint zu einer immer weiter fortschreitenden Besserung zu tendieren.

Kommen wir nun zu dem mysteriösen Fall, der Sie interessiert und von dem Sie sagen, Sie könnten sich nicht vorstellen, was es wohl sei. Ja, das können Sie sich gewiß nicht vorstellen; ich selber hatte es am wenigsten erwartet.

Das Faktum ist dieses: Gegen Ende März (falls ich mich nicht irre) habe ich begonnen, Medium zu sein. Stellen Sie sich das vor! Ich, der (wie Sie sich erinnern) immer ein störendes Element bei den halbspiritistischen Sitzungen war, die wir veranstalteten, begann plötzlich mit der automatischen Niederschrift. Ich befand mich einmal abends, aus der »Brasileira« kommend, zu Hause, als ich den Wunsch verspürte, wörtlich zu einer Feder zu greifen und sie aufs Papier zu setzen. Selbstredend bin ich später auf die Tatsache gekommen, daß ich diesen Wunsch gehabt hatte. Im Augenblick selbst gab ich darauf nicht acht, ich nahm sie für das bei einem zerstreuten Menschen natürliche Faktum, nach einer Feder zu greifen, um Kritzeleien anzustellen. Bei dieser ersten Sitzung begann ich mit der (mir wohlbekannten) *Unterschrift* »Manuel Gualdino da Cunha«. Und dachte dabei nicht entfernt an den Onkel Cunha. Dann schrieb ich einiges andere, ohne Bedeutung, ohne Interesse und Wichtigkeit.

Zuweilen schreibe ich so, manchmal freiwillig, manchmal *gezwungenermaßen*. Aber nur selten sind es verständliche »Mitteilungen«. Gewisse Sätze kann man verstehen. Und vor allem gibt es da etwas äußerst Merkwürdiges – eine aufreizende Neigung, mir auf Fragen *mit Ziffern* zu antworten; so wie auch die Tendenz zum *Zeichnen* da ist. Es sind keine Zeichnungen von Dingen, sondern von kabbalistischen und freimaurerischen Zeichen, Okkultismus-Symbolen und solchen Dingen, die mich ein wenig verwirren. Es ist nichts, was sich mit Ihrer automatischen Niederschrift oder mit derjenigen Marias vergleichen ließe – einer Erzählung, einer Reihe von Antworten in gängiger Sprache. Es ist wesentlich unvollkommener, aber viel geheimnisvoller.

Ich muß sagen, daß sich der angebliche Geist von Onkel Cunha nie wieder schriftlich (oder auf andere Weise) manifestiert hat. Die gegenwärtigen Mitteilungen sind sozusagen anonym, und immer, wenn ich frage: »Wer spricht da?« macht er Zeichnungen oder schreibt mir Ziffern.

Ich schicke Ihnen beigefügt ein einfaches Beispiel, das Sie mir nicht zurückzugeben brauchen. Darin gibt es Ziffern und Kritzeleien, aber kaum Zeichnungen. Das habe ich gerade hier zur Hand. Damit Sie sehen, wie meine Mitteilungen äußerlich beschaffen sind.

Merkwürdig ist, daß ich, da ich nichts von besagten Ziffern verstehe, einen Freund von mir konsultiert habe, der Okkultist und Magnetiseur ist (einen sehr merkwürdigen und interessanten Menschen, außerdem ein ausgezeichneter Freund), und er hat mir sonderbare Dinge mitgeteilt. Ich sagte ihm beispielsweise einmal, ich hätte eine vierstellige Ziffer aufgeschrieben, an die ich mich jetzt nicht erinnere. Er antwortete mir, es gäbe fünf Personen in dem Hause, wo ich mich befand. Und so war es wirklich. Aber er sagte mir nicht, woraus er das geschlossen hatte. Er erklärte mir nur, die Tatsache, daß ich Ziffern schriebe, wäre ein Echtheitsbeweis für meine automatische Niederschrift – d. h. daß sie nicht Autosuggestion, sondern echte mediale Befähigung wäre. Die Geister – sagte er – teilen sich so mit, um diese Garantie zu geben; und diese Mitteilungen sind eben deshalb für das Medium unverständlich und derart beschaffen, daß selbst sein Unbewußtes außerstande wäre, sich das vorzustellen.

Mein Freund hat mir andere Ziffern ebenso, mit gleicher und merkwürdiger Sicherheit erläutert. Es gab nur drei Zahlen, die er nicht verstand.

Ich erzähle das hier rasch und lasse dabei notgedrungen interessante Einzelheiten aus. Ich erzähle jedoch das Wesentliche.

Meine mediale Veranlagung ist damit noch nicht zu Ende. Ich habe eine andere Art von medialer Befähigung entdeckt, die ich bislang nicht nur niemals, sondern sozusagen nur negativ gespürt hatte. Als Sá-Carneiro in Paris seine große geistige Krise durchmachte, die ihn zum Selbstmord führen sollte, *habe ich die Krise hier gespürt*, ist über mich eine plötzliche, *von außen kommende* Depression hereingebrochen, die ich in jenem Augenblick mir nicht zu erklären vermochte. Diese Form der Sensibilität hat keine Fortsetzung gehabt.

Ich spare jedoch für den Schluß das interessanteste Detail auf. Ich entwickle nicht nur Fähigkeiten zum schreibenden, sondern auch zum *sehenden Medium*. Ich fange an, »Astralvisionen« zu haben, wie die Okkultisten das nennen, und auch die sogenannte »ätherische Vision«. All dies steckt noch sehr in den Anfängen, läßt aber keinen Zweifel zu. Es ist alles einstweilen noch unvollkommen und stellt sich nur in bestimmten Augenblicken ein, aber in diesen Augenblicken *ist es vorhanden*.

Beispielsweise gibt es Momente, in denen ich vollkommene Dämmerungen (?) der »ätherischen Vision« erlebe – in denen ich die »magnetische Aura« einiger Leute sehe und vor allem meine eigene im Spiegel und im Dunkeln, wenn sie mir aus den Händen strahlt. Es ist keine Halluzination, denn was ich sehe, sehen andere auch, zumindest ein anderer, bei dem diese Fähigkeiten stärker entwickelt sind. In einem glücklichen Augenblick der ätherischen Vision konnte ich eines Morgens in der »Brasileira do Chiado« *die Rippen eines Individuums durch Anzug und Haut hindurch sehen*. Das ist die ätherische Vision in ihrem höchsten Grade. Sollte ich sie wirklich besitzen, d. h. deutlicher und immer wenn ich es will?

Die »Astralvision« ist sehr unvollkommen. Aber nachts schließe ich zuweilen die Augen, und dann zieht eine Abfolge kleiner, sehr schneller, sehr deutlicher Bilder an mir vorbei (so deutlich wie irgendein Ding aus der Außenwelt). Da gibt es sonderbare Figuren, Zeichnungen, symbolische Zeichen, Ziffern (ich habe auch schon Ziffern gesehen) usw.

Und zuweilen fühle ich mich – was eine sehr eigenartige Empfindung ist – als *Eigentum irgendeines anderen Dinges*. Mein rechter Arm beginnt mir beispielsweise in die Luft gehoben zu werden, ohne daß ich das will. (Ich kann natürlich *Widerstand leisten*, aber Tatsache ist, daß ich ihn bei dieser Gelegenheit *nicht heben wollte*. Andere Male läßt es mich auf die Seite fallen, als ob ich magnetisiert worden wäre usw.

Sie werden wissen wollen, ob mich das verwirrt und ob mir diese – im übrigen noch so rudimentären – Phänomene lästig fallen? Schrecken verursachen sie nicht. Es ist mehr Neugier als Schrecken vorhanden, auch wenn es zuweilen Dinge gibt, die mir einen gewissen Respekt ein-

87

flößen, so wenn mehrfach, wenn ich in den Spiegel schaue, mein Gesicht verschwindet und statt dessen ein bärtiges Männergesicht auftaucht oder irgendein anderer (insgesamt sind es vier, die mir so erscheinen).

Was mich etwas stört, ist, daß ich ungefähr weiß, was das zu bedeuten hat. Glauben Sie nicht, daß es Wahnsinn sei. Das ist es nicht: es ist sogar das kuriose Faktum zu verzeichnen, daß es mir in puncto geistiges Gleichgewicht so gut geht wie nie. Dies alles ist nicht die normale Entwicklung medialer Fähigkeiten. Ich weiß schon genug von den medialen Fähigkeiten, um zu erkennen, daß in mir die sogenannten höheren Sinne zu irgendeinem Zweck geweckt werden, daß der unbekannte Meister, der mich auf diese Weise einweiht, indem er mir diese höhere Existenz auferlegt, mir ein viel größeres Leid auferlegen wird als ich es bisher erlitten habe, und dazu den tiefen Verdruß an allem, der mit dem Erwerb dieser hohen Fähigkeiten einhergeht. Außerdem wird schon das Aufdämmern dieser Fähigkeiten selbst von einer geheimnisvollen Empfindung der Isolierung und der Verlassenheit begleitet, welche die Seele bis zum Grund mit Bitterkeit erfüllt.

Nun ja, es komme, was da kommen muß.

Ich sage nicht *alles,* denn alles darf man nicht sagen: Aber ich sage genug, damit Sie mich ungefähr verstehen können.

Ich weiß nicht, ob Sie wirklich meinen werden, ich sei verrückt. Ich glaube das nicht. Diese Dinge sind sicherlich anormal, aber keineswegs *antinatürlich.*

Ich möchte Sie bitten, darüber mit niemandem zu reden. Es wäre keinesfalls vorteilhaft, eher nachteilig (einige dieser Nachteile vielleicht unbekannter Art), wenn Sie das täten.

Leben Sie wohl, meine liebe Tante. Grüßen Sie Maria und Raul.* Küssen Sie den kleinen Eduardo von mir. Für Sie selbst viele, viele Umarmungen von Ihrem freundschaftlich gesonnenen und dankbaren Neffen

Fernando

---

* Raul und Maria sind Schwiegersohn und Tochter von Pessoas Patentante Anica.

An Hector und Henri Duville

(Hector Durville hat zahlreiche Studien über magnetische Therapie veröffentlicht, darunter Titel wie »Zur Bekämpfung der Neurasthenie, der Nervosität und nervöser Zustände« oder »Um Angst, Furcht, Ängstlichkeit, Schüchternheit zu bekämpfen und den Willen zu stärken«. Er lehrte an der »Ecole pratique de Magnétisme et Massage« in Paris.)

Lissabon, den 10. Juni 1919

Sehr geehrte Herren,
 ich bitte Sie um die Gefälligkeit, mir – umgehend, wenn das möglich ist – Ihre vollständigen Kataloge zuzusenden, dazu auch Informationen über das »Institut du Magnétisme et du Psychisme Expérimental« und vor allem über den Briefkurs über persönlichen Magnetismus.
 Vielleicht wird es Ihnen leichter fallen, mir genauere Informationen zu geben, wenn ich Sie zunächst meinerseits aufkläre über das, was ich will, und weshalb. Ich werde Ihnen also die vorbereitenden Elemente mitteilen, die Sie zweifellos benötigen, um mir zu antworten. Ich brauche Ihnen dabei nicht zu erklären, daß all das sich nur auf die Bitte um Auskunft über den Briefkurs bezieht, auf den ich bereits angespielt habe.
 Ich möchte so weit wie möglich meinen persönlichen Magnetismus entwickeln, und ich möchte ihn entwickeln, um, falls das möglich ist, meinem Leben eine *äußere Koordination seiner Richtungen* zu verleihen. Das klingt zunächst ein wenig kompliziert, aber ich hoffe es Ihnen mittels der folgenden Erläuterungen verdeutlichen zu können. Ich werde Sie zunächst über mein Temperament informieren, dann über meine (im übrigen sehr schwachen) Kenntnisse bezüglich des Magnetismus.
 Vom psychiatrischen Standpunkt aus bin ich ein Hysteroneurastheniker, aber zum Glück ist meine Neuropsychose ziemlich schwach; das neurasthenische Element beherrscht das hysterische Element, und das bewirkt, daß ich äußerlich keine hysterischen Züge aufweise – kein Bedürfnis zu lügen, keine morbide Unbeständigkeit in den Beziehungen zu den Mitmenschen usw. Meine Hysterie ist von innerer Art, sie

geht nur mich etwas an; in meinem Umgang mit mir selbst tritt die ganze Unbeständigkeit von Gefühlen und Empfindungen auf, das Schwanken von Gefühl und Willenskraft, das die vielgestaltige Neurose charakterisiert. Die intellektuellen Bereiche ausgenommen, wo ich zu Schlußfolgerungen gelangt bin, die ich für sicher ansehe, wechsle ich zehnmal am Tage die Ansicht; ich habe nur feste Ansichten über Dinge, bei denen es keine Möglichkeit zu fühlen gibt. Ich weiß, was ich von einer bestimmten philosophischen Lehre oder einem bestimmten literarischen Problem zu halten habe; ich habe jedoch nie eine feste Meinung über irgendeinen meiner Freunde, über irgendeine Form meiner äußeren Tätigkeit gehabt.

Ein nach innen gekehrter zerebraler Typ mithin, wie die meisten geborenen Neurastheniker, meistere ich fast immer die äußeren oder dynamischen Resultate dieser inneren Manifestationen. Ich muß sehr erschöpft oder sehr bewegt sein, damit mein Gefühlsleben nach außen dringt. *Äußerlich* bleibt meine Stimmung gleichmäßig: ich bin vor den Mitmenschen fast immer ruhig und heiter. Mein Gefühlsleben als solches fügt mir, weil es unter Kontrolle steht, keinen Schaden zu; ich habe es sogar sehr gern, weil es mir für die literarische Tätigkeit nützlich ist, die ich neben meiner praktischen Tätigkeit ausübe. Ich pflege sogar mit fast dekadenter Sorgfalt diese ebenso lebendigen wie subtilen Gefühlsregungen, aus denen mein inneres Leben besteht. Ich möchte daran nichts ändern. Das Übel liegt nicht dort.

Sie haben zweifellos schon bemerkt, wo der schwache Punkt liegt; eine Veranlagung, wie ich sie Ihnen beschrieben habe, leidet nicht im Gefühl, nicht in der Intelligenz, sondern in der Willensstärke. Dieser Wille leidet durch das Gefühl und durch die Intelligenz hindurch; ich beziehe mich auf das Gefühl, so wie ich es habe, und auf die Intelligenz, so wie ich sie besitze. Die übermäßige Gefühlserregbarkeit verwirrt die Willenskraft; die übermäßige Zerebralität – die zu sehr auf Analyse und Schlußfolgerungen versessene Intelligenz – erstickt und mindert den Willen, den das Gefühl verwirrt hat. Daher Para- und Abulie. Ich möchte immer drei oder vier Dinge zur gleichen Zeit tun; aber im Grunde tue ich nicht eines davon, und ich möchte es nicht einmal tun. Die Aktion lastet auf mir wie eine Verdammnis; handeln heißt für mich, mir Gewalt antun.

Alles, was bei mir ausschließlich intellektuell ist, ist sehr stark und sogar sehr gesund. Der hemmende Wille, der der intellektuelle Wille ist, ist bei mir sehr stark entwickelt; ich habe selbst bei starken Belastungen des Gefühlslebens die Kraft, *dem nicht nachzugeben.* Der Wille zu handeln, der Wille, auf die Außenwelt einzuwirken, geht mir ab; das *Tun* fällt mir schwer.

Sehen wir uns das Problem genauer an. Die Konzentration ist die Substanz jeder Willenskraft. Ich besitze nur eine intellektuelle Konzentration, d. h. innerhalb der Urteilskraft. Wenn ich urteile, bin ich absoluter Meister: keine Gefühlsregung, kein fremder Gedanke, keine Abschweifung von den Schlußfolgerungen trübt ihren festen, kühlen Gang. Aber jede andere Art der Konzentration fällt mir schwer, ist mir unmöglich.

So gelange ich nur durch die zentrifugale Anwendung dieses zentripetalen Willens normalerweise dazu, kontinuierlich zu handeln. Aber dieses Verfahren ist offenkundig nur für bestimmte Typen des Handelns brauchbar. Nehmen Sie an, es gehe darum, einen ziemlich langen Brief, einen komplizierten Geschäftsbrief zu schreiben; da ich Geschäftsführer für den Verkehr mit dem Ausland bei einem portugiesischen Handelshaus bin, ist das etwas, was ich fast jeden Tag zu tun habe. Ich kann das nur durch eine geistige Klassifizierung des Briefinhalts erreichen, durch die überlegte Anordnung der mitzuteilenden Materie. Ich verrichte diese Arbeit sehr rasch, und in einem Fall wie diesem hat das Verfahren den Vorzug, das beste zu sein, denn der Brief wird desto klarer und überzeugender. Stellen Sie sich jedoch vor, man versuche, dieses Verfahren auf eine Aktion, die nur Aktion und nicht rein literarisch wie diese ist, anzuwenden! Das Resultat ist nur deshalb nicht absurd, weil es nichtig ist. Das koordinierende Handeln wird hier ganz und gar hemmend, und das Ergebnis ist, daß das Handeln unterbleibt. Es gibt keine Strategie der kleinen Handlungen; man spielt nicht Schach in der alltäglichen Wirklichkeit.

Man darf jedoch nicht die Reichweite dieser Beobachtungen überschätzen. Ich bin nicht ganz und gar ein bewußter Kadaver. Aber mein Wille zum Handeln ist unzureichend; er ist es vor allem, wenn man ihn mit meinem hemmenden Willen vergleicht.

Dieser Zustand des Geistes, oder besser des Temperaments, wirkt (ich muß es kaum noch sagen) ungewöhnlich entmagnetisierend. Mein psychisches Leben ist eine Art Kurs in persönlicher Entmagnetisierung.

Sie sehen nun auch den Grund, der mich zum Schreiben bewogen hat, weshalb ich Sie diesen recht langen und recht langweiligen Betrachtungen aussetze. Ich möchte meinen Willen zum Handeln entwickeln, aber ich möchte das so tun, daß sich mein Gefühlsleben oder meine Intelligenz darüber nicht zu beklagen haben. Soweit ich weiß, gibt es nur ein Verfahren, um den Willen zu entwickeln, das das Gefühlsleben nicht erstickt und auch die Intelligenz nicht in Mitleidenschaft zieht: das ist die magnetische Kultur...*

* Ob der (unvollständige) Brief abgesandt worden ist, ist nicht bekannt.

An Ophélia Queiroz

Die einzige Frau, die in Pessoas Leben eine Rolle gespielt hat

Kleine Ophélia:
Um mir Ihre Verachtung zu bezeigen oder zumindest Ihre gänzliche Gleichgültigkeit, bedurfte es nicht der durchsichtigen Verkleidung einer so langen Rede, auch nicht der Reihe von ebenso wenig aufrichtigen wie überzeugenden »Gründen«, die Sie mir geschrieben haben. Es hätte genügt, wenn Sie es mir gesagt hätten. So verstehe ich ebenfalls, aber es schmerzt mich mehr.

Wenn Sie mir den jungen Mann vorziehen, mit dem Sie Ihre Liebschaft haben und den Sie natürlich sehr gern mögen, wie sollte ich Ihnen das übelnehmen? Sie können vorziehen, wen Sie wollen: Sie sind – glaube ich – nicht verpflichtet, mich zu lieben, und brauchen auch wirklich (sofern Sie sich nicht vergnügen wollen) nicht so zu tun, als ob Sie mich liebten.

Wer wirklich liebt, schreibt keine Briefe, die Anträgen von Rechtsanwälten ähneln. Die Liebe geht den Dingen nicht derartig auf den Grund und behandelt die anderen nicht wie Angeklagte, die man »festnageln« muß.

Warum sind Sie nicht freimütig gegen mich? Warum drängt es Sie so, jemanden leiden zu lassen, der Ihnen nichts Böses getan hat – weder Ihnen noch irgend jemandem –, dem als Last und zulänglicher Schmerz das eigene, isolierte, traurige Leben genügt, und der es nicht nötig hat, daß man zusätzlich falsche Hoffnungen bei ihm weckt, indem man ihm gespielte Zuneigung bezeugt, und dies ohne daß man erkennen könnte, aus welchem auch nur dem Amüsement dienlichen Grunde, oder mit welchem Nutzen, und wäre es nur dem Sport zuliebe.

Ich gebe zu, das alles ist komisch, und der komischste Teil bei alledem bin ich.

Ich würde das auch selber lustig finden, wenn ich Sie nicht so sehr liebte, und wenn ich Zeit hätte, an etwas anderes als an das Leid zu denken, das es Ihnen so großes Vergnügen macht, mir zuzufügen, ohne daß ich es verdient hätte, es sei denn, weil ich Sie liebe, und ich glaube, Sie zu lieben, ist kein hinreichender Grund, um es zu verdienen. Nun gut...

Hier ist nun also das »schriftliche Dokument«, um das Sie mich gebeten haben. Meine Unterschrift wird vom Notar Eugénio Silva beglaubigt...

1. 3. 1920   F. P.

——————

19. 3. 1920
um vier Uhr morgens

Mein Liebchen, mein geliebtes Baby:

Es ist ungefähr vier Uhr morgens und, obwohl mein ganzer Körper schmerzt und nach Ruhe verlangt, verzichte ich endgültig darauf weiterzuschlafen. Das geht mir so seit drei Nächten, aber die heutige Nacht gehört zu den schrecklichsten, die ich in meinem Leben verbracht habe. Zum Glück für Dich, mein Liebchen, kannst Du Dir das nicht vorstellen. Es war nicht nur die Angina mit dem stupiden Zwang, alle zwei Minuten auszuspeien, die mich um den Schlaf brachte. Ohne Fieber zu haben, steckte ich im Delirium, fühlte mich wahnsinnig werden, wollte schreien, lauthals stöhnen, lauter unsinnige Dinge. Und all das nicht nur wegen dem direkten Einfluß des Unwohlseins, das von der Krankheit herrührt, sondern weil ich mich den ganzen gestrigen Tag über Dinge geärgert hatte, die auf sich warten lassen, im Zusammenhang mit der Ankunft meiner Familie; und zum Überfluß erhielt ich durch die Vermittlung meines Vetters, der hier um ½8 auftauchte, eine Reihe unangenehmer Nachrichten, die es nicht lohnt, hier aufzuzählen, denn zum Glück haben sie mit Dir, mein Liebes, nicht das Mindeste zu tun.

Und dann muß ich ausgerechnet bei einer Gelegenheit krank sein, wo ich so viel Dringendes zu tun habe, so vieles, was ich nicht auf andere Menschen abschieben kann.

Siehst Du nun, mein angebetetes Baby, in welchem Geisteszustand ich in diesen Tagen gelebt habe, vor allem an den letzten beiden Tagen? Und Du kannst dir nicht die tolle Sehnsucht, die ständige Sehnsucht vorstellen, die ich nach Dir gehabt habe. Jedesmal drückt mich Deine Abwesenheit nieder, auch wenn es nur von einem Tage auf den anderen ist; wie viel stärker mußte ich nicht empfinden, daß ich Dich, mein Liebes, seit fast drei Tagen nicht sehen konnte!

Sag mir nur etwas, Liebes: Warum zeigst Du Dich in Deinem zweiten Brief, den Du gestern durch Osório geschickt hast, so niedergeschlagen und tief traurig? Ich verstehe ja, daß auch Du Sehnsucht empfindest; aber Du zeigst Dich so nervös, so traurig, so niedergeschlagen, daß es mich ungeheuer geschmerzt hat, Dein Briefchen zu lesen und zu sehen, wie Du leidest. Was ist Dir zugestoßen, Liebe, abgesehen davon, daß wir getrennt sind? Gab es da etwas Schlimmeres, was Dir widerfahren ist? Warum sprichst Du in einem so verzweifelten Ton von meiner Liebe, als ob Du an ihr zweifeltest, wo Du doch dazu keinerlei Grund hast?

Ich bin ganz allein – so kann man sagen: denn die Hausleute, die mich wirklich gut behandelt haben, bleiben immer zeremoniös und bringen mir nur über Tage Suppe, Milch oder irgendeine Medizin; sie leisten mir keine Gesellschaft, wie das ja auch nicht anders zu erwarten war. Und nun kommt es mir in dieser nächtlichen Stunde so vor, als lebte ich in einer Wüste; ich habe Durst und habe niemanden, der mir etwas zu trinken gibt; ich bin halb verrückt durch die Isolierung, in der ich mich fühle, und habe niemanden, der hier ein wenig wachen würde, während ich einzuschlafen versuche.

Ich friere sehr und will mich im Bett ausstrecken, um so zu tun, als ob ich ruhte. Ich weiß nicht, wann ich Dir diesen Brief schicken kann und ob ich noch irgend etwas hinzufügen werde.

Ach, mein Liebchen, mein Baby, mein Püppchen, wer Dich hier haben könnte! Viele, viele, viele, viele, viele Küsse von Deinem, ewig Deinem

Fernando

---

19. 3. 1920, um 9 Uhr morgens

Mein liebes Liebchen:

Offenbar war es ein gutes Heilmittel, Dir das Obige zu schreiben. Anschließend legte ich mich hin, ohne Hoffnung, einschlafen zu können, aber tatsächlich schlief ich drei oder vier Stunden hintereinander weg – wenig, aber Du kannst Dir nicht vorstellen, wie gut es mir getan hat. Ich fühle mich erleichterter, und obwohl die Kehle noch brennt und geschwollen ist, bedeutet, daß sich das Allgemeinbefinden so gebessert hat, glaube ich, daß die Krankheit vorübergeht.

Wenn die Besserung rasch fortschreitet, gehe ich vielleicht noch heute ins Büro, freilich ohne mich lange aufzuhalten; und dann kann ich Dir diesen Brief selbst übergeben.

Ich hoffe, daß ich dorthin gehen kann; ich muß mich um bestimmte Dinge kümmern, die ich dort vom Büro aus lenken kann, auch wenn ich nicht in Person dorthin gehe; die ich aber von hier aus nicht erledigen kann.

Leb wohl, mein Baby-Engelchen. Es bedeckt Dich mit sehnsuchts- vollen Küssen Dein, immer, immer Dein

Fernando

––––––––––

19. 3. 1920

Mein liebes kleines (und jetzt sehr böses) Baby:

Der beigefügte Brief ist derjenige, den ich eben jetzt durch Osório zu Deiner Wohnung geschickt habe. Ich hoffe, Dir die beiden morgen übergeben zu können, wenn ich Dich am Ausgang des Büros Dupin erwarte.

Hinsichtlich der Information, die man Dir bezüglich meiner Person gegeben hat, will ich nur wiederholen, daß sie gänzlich falsch ist, und Dir auch sagen, daß die »Respektsperson«, die diese Information Dei- ner Schwester gegeben hat, entweder vollständig frei erfunden hat und also nicht nur lügnerisch, sondern verrückt ist; oder daß diese Person nicht einmal existiert und Deine Schwester sie erfunden hat – ich meine nicht, daß sie die Person erfunden hat, sondern erfunden hat, daß eine bestimmte Person etwas zu ihr gesagt hat, was niemand zu ihr gesagt hat.

Schau, Liebchen: es ist immer schlecht, bei diesen Dingen zu meinen, daß die anderen Dummköpfe sind.

Von dieser »Person« und dem, was Du mir über sie sagst (natürlich weil man es Dir gesagt hat), weiß ich zwei Einzelheiten: 1) daß diese Person weiß, daß ich Dich gern habe, 2) daß sie »weiß«, daß ich Dich nicht mit ernsthaften Absichten gern habe.

Nun, beginnen wir also mit dem Folgenden: *es gibt niemanden, der wissen könnte, ob ich Dich liebe oder nicht,* weil ich niemanden in dieser Angelegenheit ins Vertrauen gezogen habe. Gehen wir von dem Prinzip aus, daß die »Respektsperson« zwar nicht »weiß«, aber vermutet, daß ich Dich gern habe. Da es ja eine Basis geben muß, um das zu vermuten, so hat diese Person beobachtet, wie wir Blicke tauschten und zwischen uns (oder besser gesagt in diesem Fall von mir zu Dir) etwas bemerkt. Das heißt, es ist jemand hier aus dem Büro oder kommt hier häufig her oder aber erhält Informationen von jemandem, der hier häufig herkommt. Aber um auch nur auf Grund fremder Informationen behaupten zu können, daß ich Dich wirklich liebe, kann diese Person, wenn sie niemand ist, der hierher ins Büro kommt, nur jemand entweder aus der Familie meines Vetters sein (zu dem er von »Vermutungen« gesprochen hatte, die ihn dann und wann überkommen, daß ich Dich gern haben könnte) oder jemand aus Osórios Familie.

Das sind alles Hypothesen, und auch diese, daß es jemand aus der Familie der Leute hier im Büro sein könnte, heißt die Nachsicht mit einer Behauptung wie derjenigen, daß diese Person *wissen* könnte, daß ich Dich liebe, sehr weit treiben.

Wenn es schon kaum jemanden gibt (niemanden, der es durch vertrauliche Mitteilungen meinerseits wissen könnte, fast niemanden, der es irgendwie »vermuten« könnte), der genau wissen kann, ob ich Dich liebe, so gibt es noch weniger jemanden – hier gibt es niemanden –, der behaupten könnte, daß ich Dich nicht mit ernsten Absichten liebe. Dazu wäre es nötig, sich in meinem Herzen aufzuhalten; und selbst dann noch müßte man schlecht hinsehen, denn was man da gesehen haben will, war Blödsinn.

Was nun die Behauptung von der »Frau« angeht, die ich haben soll, falls sie nicht erfunden worden ist, damit Du Dich von mir zurückziehst, so stell der Respektsperson (falls sie existiert), die Deine Schwester informiert hat, die folgenden Fragen:

1) Was ist das für eine Frau?

2) Wo habe ich mit ihr gelebt oder lebe noch mit ihr, wo treffe ich sie (falls man annimmt, wir seien zwei Liebende, die in getrennten Wohnungen hausen), und seit wann habe ich diese Frau?

3) Irgendwelche anderen Informationen, die diese »Frau« bezeichnen oder näher definieren.

Wenn die ganze Geschichte nicht Deine Erfindung ist, garantiere ich Dir, daß du einen sofortigen »Rückzug« der informierenden Person erleben wirst, den »Rückzieher« aller derjenigen, die man beim Lügen ertappt. Und wenn besagte »Respektsperson« die Unverfrorenheit haben sollte, mit Details herauszurücken, genügt es, wenn Du ihnen nachgehst und sie unter die Lupe nimmst. Du wirst sehen, daß es von Anfang bis Ende Lügen sind.

Ach, was ist das Ganze anderes als irgendeine – infame, aber wie viele infame Dinge törichte – Intrige, um mich von Dir zu entfernen! Von wem mag die Intrige ausgegangen sein? Oder gibt es gar keine Intrige, und das ist einfach ein Vorwand, den Du arrangiert hast, um mich loszuwerden? Was weiß ich ... Es sind alles Vermutungen; ich habe *auch* das Recht, alles zu vermuten.

Aber ich hätte es offen gesagt verdient, vom Schicksal besser behandelt zu werden, als es der Fall ist – vom Schicksal und von den Leuten.

Wollen wir mal sehen, ob ich es fertigbringe, daß dieser Brief noch heute unter irgendeinem Vorwand in Deine Hände gelangt. Falls nicht, werde ich ihn Dir morgen übergeben, wenn wir uns hier um halb eins treffen.

Lies den beigefügten Brief gut, den ich Dir heute morgen geschrieben habe und der Dich verfehlt hat, denn Osório brachte ihn gerade weg, als Du hierher kamst. Schau nur, was das heißt: einen Brief schreiben und dann die Reihe von Nachrichten und »Scherzen« zu erhalten, die Du Dir mit mir herausnimmst.

P. S. Was mag wohl hinter alledem stecken? Ich fange an, allen und allem zu mißtrauen.

Weshalb wolltest Du nicht zu Dupin gehen ... und bist dann doch gegangen? Weshalb hast du *plötzlich* Deiner Schwester Vertrauliches erzählt?

Mir kommt das alles merkwürdig vor ...

Ich weiß nicht mehr recht, was ich davon denken soll.

P. S. 2: Noch etwas: Falls besagte »Respektsperson« existiert (was ich bezweifle), schau nur, was sie für *persönliche Motive* haben kann, um mich von Dir zu entfernen. Sieh zu, ob da nicht zumindest *freundschaftliches Entgegenkommen gegenüber einem anderen Bewerber von Dir* vorhanden ist. Aber diese »Respektsperson« wird wohl eine Verwandte von Herrn Crosse* sein, was ihre reale Existenz angeht. Morgen erwarte ich Dich zur vereinbarten Stunde im Büro.

Ach, mein Liebes, mein Liebes: Willst Du mich für immer fliehen, oder ist da jemand, der nicht will, daß wir uns lieben?

Dein, immer Dein

Fernando

———————

Mein Baby, mein liebes Babylein:

Ohne zu wissen, wann ich Dir diesen Brief übergeben werde, schreibe ich heute, Sonntag, zu Hause, nachdem ich alles für den Umzug von morgen früh vorbereitet habe. Meiner Kehle geht es neuerlich schlecht; es ist ein Regentag; ich bin fern von Dir – und das ist alles, womit ich mich heute unterhalten kann, den Ärger des morgendlichen Umzugs vor mir, eventuell mit Regen, und ich selber krank, in eine Wohnung, wo absolut niemand ist. Natürlich werde ich (falls ich nicht schon ganz auf dem Posten bin und die Dinge irgendwie hinbiegen kann) hier in der Unterstadt den Mariano Sant' Ana um Unterschlupf bitten, der, abgesehen davon, daß er sie mir willig geben, auch meine Kehle kompetent behandeln wird, wie er dies am 19. dieses Monats getan hat, als ich die erste Angina hatte.

Du kannst Dir nicht vorstellen, wie sehr ich mich bei diesen Gelegenheiten: Krankheit, Niedergeschlagenheit und Traurigkeit – nach Dir sehne. Anderntags, als ich mit Dir über mein Kranksein sprach, kam es mir so vor (und ich glaube mit Grund), daß das Thema Dich langweilte und Du Dir wenig daraus machtest. Ich verstehe gut, daß Du Dir, da Du ja gesund bist, wenig davon annimmst, was die anderen leiden, selbst wenn die »anderen« jemand sind wie beispielsweise ich, den Du zu lieben behauptest. Ich verstehe, daß jemand Krankes auf die Nerven geht und es schwierig ist, ihm Zärtlichkeit entgegenzubringen. Doch ich hatte Dich nur darum gebeten, diese Zärtlichkeiten zu *fingieren*, einiges

* Unter diesem Pseudonym beteiligte sich Pessoa an Londoner Scharadenwettbewerben.

99

Interesse für mich zu *simulieren*. Das würde mich zumindest nicht so schmerzen wie die Vermischung Deines Interesses für mich und Deiner Gleichgültigkeit gegenüber meinem Ergehen.

Morgen und übermorgen weiß ich angesichts der beiden Umzüge und meiner Krankheit nicht, wann ich Dich sehen kann. Ich hoffe Dich zu der für morgen vereinbarten Stunde zu sehen – um acht Uhr abends oder noch später. Ich will jedoch zusehen, ob ich Dich gegen Mittag sehen kann (obwohl mir das schwierig erscheint), denn um 8 Uhr muß, wer sich in einem Zustand befindet wie ich, im Bett liegen.

Lebwohl, Liebchen, und tu Dein Möglichstes, um mich wirklich gern zu haben, um meine Leiden mitzufühlen, um mein Wohlergehen zu wünschen; tu zumindest so, als ob Du es tätest.

Viele, viele Küsse von Deinem, immer Deinem, aber verlassenen und trostlosen

Fernando

20(?). 3. 1920

———

Mein Baby-Engelchen:

Ich habe nicht viel Zeit, um Dir zu schreiben, und es gäbe auch, schlimmes Liebchen, nicht viel mitzuteilen, was ich Dir nicht morgen viel besser mitteilen könnte, während der leider kurzen Zeit, die der Gang von der Rua do Arsenal zum Haus Deiner Schwester in Anspruch nimmt.

Ich möchte nicht, daß Du Dich grämst; ich will Dich vergnügt sehen, wie Du Deiner Natur nach bist. Versprichst Du mir, Dich nicht zu grämen – oder Dein Möglichstes zu tun, um nicht zuzulassen, daß man Dich vergrämt? Du hast gar keinen Grund Dich zu grämen, glaub mir das.

Schau, Babylein. Bei Deinen Gelübden bitte um etwas, was mir seinerzeit unmöglich vorkam, weil ich wenig Glück habe, mir jetzt aber viel eher möglich erscheint. Bitte darum, daß der Herr Crosse bei einem der großen Preise ins Schwarze trifft – einem der 1000-Pfund-Preise, um die er sich bemüht hat. Du ahnst gar nicht die Bedeutung, die das für uns beide haben könnte, wenn es Wahrheit würde! Und sieh nur, seit ich in der heute erhaltenen englischen Zeitung gesehen habe, daß er sich schon auf der Höhe von *einem Pfund* bewegt (und wie ich gerade fest-stelle, bei einem Wettbewerb, bei dem seine Scherze nicht die allerbe-sten waren), so scheint alles im Bereich des Möglichen zu liegen. Er liegt jetzt auf Platz 12 von ungefähr 20 000 (zwanzigtausend) Konkurrenten. Sollte es unmöglich sein, daß er eines Tages Platz 1 erreicht? Ja, wenn das geschehen würde, Liebchen, und das bei einem der großen Wettbe-werbe (tausend Pfund und nicht nur dreihundert, was gar nichts brin-gen würde!) Verstehst Du mich?

Ich kam vor kurzem vom Estrela-Viertel zurück, wo ich mir einen dritten Stock für 70 000 Réis angeschaut habe. (Genauer gesagt habe ich, da niemand im dritten Stockwerk war, das zweite angesehen, das natür-lich die gleiche Zimmereinteilung hat.) Ich will auf jeden Fall tauschen. Es ist eine mehr als gute, eine großartige Wohnung! Sie ist mehr als aus-reichend für meine Mutter, meine Geschwister, die Krankenpflegerin und die Tante, und auch für mich. (Aber hier gibt es noch etwas anderes mitzuteilen, was ich morgen tun werde.)

Lebwohl, Liebes; und vergiß nicht den Herrn Crosse, nicht wahr? Schau, der ist *unser sehr guter Freund* und kann uns (uns *beiden*) sehr nützlich sein.

Viele Küßchen aller Größenordnungen von Deinem, immer Deinem

Fernando

22. 3. 1920

———————

Mein kleines, ungezogenes Baby:

Ich bin bei mir zu Hause, ganz allein, außer dem Intellektuellen, der Tapeten an die Wände klebt (das fehlte noch! Wenn es an der Decke oder auf dem Boden sein müßte!); und der zählt nicht. Und wie ich es ver-sprochen habe, werde ich meinem Babylein schreiben, um ihm zumin-dest zu sagen, daß es sehr böse ist, abgesehen von einem, nämlich der Kunst, sich zu verstellen, in der ist es Meister.

Weißt Du wohl? Ich schreibe Dir, aber *ich denke dabei nicht an Dich.* Ich denke gerade an die Sehnsucht, die ich nach der Zeit *meiner Tauben-jagd* verspüre; und das ist, wie Du weißt, etwas, womit Du nun wirklich nichts zu tun hast ...

Unser heutiger Spaziergang war angenehm, nicht wahr? Du warst gut gelaunt, und ich war gut gelaunt, und der Tag war ebenfalls gut gelaunt. (Mein Freund nicht. A. A. Crosse: ist gesund – ein Pfund Sterling Gesundheit einstweilen, genug, um nicht erkältet zu sein.)

Wundere Dich nicht, daß meine Schrift ein wenig sonderbar ist. Dafür gibt es zwei Gründe. Der erste ist, daß dieses Papier (das einzige hier verfügbare) sehr glatt ist und die Feder sehr rasch darüber hinweggleitet; der zweite ist, daß ich hier im Hause großartigen Portwein entdeckt habe, von dem ich eine Flasche aufgemacht und schon zur Hälfte getrunken habe. Der dritte Grund ist, daß es nur zwei Gründe gibt und daher keinen dritten Grund mehr zu geben braucht. (Álvaro de Campos, Ingenieur.)

Wann werden wir uns irgendwo allein treffen können, mein Liebes? Mein Mund fühlt sich ganz sonderbar an, weißt Du, weil er so lange keine Küßchen mehr bekommen hat... Mein Baby, um es auf den Schoß zu nehmen! Mein Baby mit der Beißeritis! Mein Baby, um... (und dann ist das Baby böse und schlägt mich...) »Verführerisches Leibchen« habe ich Dich genannt; und so wirst Du auch bleiben, aber fern von mir.

Baby, komm zu mir; komm her zu Deinem Jüngelchen; komm in die Arme Deines Jüngelchen; drück Dein Mündchen auf den Mund vom Jüngelchen... Komm... Ich bin so allein, *so ohne Küßchen allein...*

Wer mir doch die Gewißheit gäbe, daß Du *wirklich* Sehnsucht nach mir hast. Zumindest wäre das ein Trost... Aber Du denkst womöglich weniger an mich als an den jungen Mann vom Gurgelwaser und an den D. A. F. und an den Buchahlter von C. D. & C.! Übel, übel, übel, übel, übel...!!!!

Man müßte Dir eins mit der Peitsche überziehen...

Lebwohl; ich werde mich mit dem Kopf nach unten in einen Eimer legen, um meinen Geist auszuruhen. So machen es alle großen Männer – zumindest, falls sie haben: 1. Geist, 2. Kopf, 3. einen Eimer, in den sie den Kopf hineinstecken können.

Einen einzigen langen Kuß, der so lange andauert, wie die Welt noch bestehen muß, von Deinem, immer und innig Deinem

Fernando (Jüngelchen)

5. 4. 1920

Mein reizendes Babylein:

Du ahnst gar nicht, wie hübsch ich Dich heute am Fenster der Wohnung Deiner Schwester gefunden habe! Wie gut, daß Du heiter warst und bei meinem Anblick (Álvaro de Campos) Vergnügen gezeigt hast.

Ich bin sehr traurig gewesen, und außerdem sehr müde – traurig nicht nur, weil ich Dich nicht sehen konnte, sondern auch wegen der Steine, die uns andere Leute in unseren Weg gelegt haben. Ich möchte glauben, daß der ständige, beharrliche, geschickte Einfluß dieser Leute, die mit Dir nicht schimpfen, sich nicht erklärtermaßen widersetzen, aber langsam Deinen Geist bearbeiten, Dich schließlich dazu bringt, mich nicht mehr zu mögen. Ich fühle mich schon verändert; Du bist schon nicht mehr dieselbe, die Du im Büro gewesen bist. Ich behaupte nicht, daß Dir selbst das schon aufgefallen wäre; mir aber wohl oder ich meinte das zumindest zu bemerken. Hoffentlich habe ich mich geirrt...

Sieh, mein Liebes: ich sehe gar nicht klar für die Zukunft. Soll heißen: ich sehe nicht, was es mit uns geben oder was aus uns werden wird, da Du zum Überfluß so veranlagt bist, daß Du allen Familieneinflüssen nachgibst und in allem eine andere Meinung hast wie ich. Im Büro warst du gefügiger, anschmiegsamer, liebenswürdiger.

Nun ja...

Morgen komme ich zur gleichen Zeit wieder auf dem Camões-Platz vorbei. Kannst Du Dich am Fenster zeigen?

Immer und allzeit Dein

Fernando

27. 4. 1920

———————

Mein kleines Baby, mein Mädelchen:

Eben habe ich Deinen gestrigen Brief bekommen und gelesen. Was Du mir erzählst, hat mich Deinethalben sehr beunruhigt, denn ich hatte mir schon gedacht, daß es so kommen würde, nicht nur weil Du selbst es mir erzählt hattest, sondern auch, weil mir Osório gestern mitgeteilt hat, daß der junge Mann gestern früh im Büro in der Rua da Assunção gewesen sei. Der junge Mann war dort, um nach mir zu fragen, und da ich nicht da war, stellte er Osório verschiedene Fragen, ob ich Dir den Hof machte usw. und sagte ihm, er hätte mich mit Dir gesehen usw. usw.

Natürlich, wenn er mich sprechen wollte, dann hatte das wohl mit der besagten Intrige zu tun, von der Du mir erzählt hast, daß er einem neuen Bewerber von Dir Dinge erzählen würde. Oder er ist, was noch wahrscheinlicher ist, dort ins Büro gegangen, weil er schon wußte, daß ich nicht dort war, um unter dem Vorwand, nach mir zu fragen, Osório diese Fragen zu stellen.

Sei dem, wie ihm sei, meinetwegen interessiert mich diese Angelegenheit nicht und der junge Mann noch viel weniger; aber es beunruhigt mich, daß diese Geschichten und Dummheiten Dir Verdruß machen könnten, sei es direkt, sei es weil er Deinem Vater irgend etwas gesteckt haben könnte, was Dich auf dem Umweg über Deinen Vater verdrießen könnte.

Kommen wir auf den Hauptpunkt der Angelegenheit zu sprechen:

Es ist ja sehr gut – oder beinahe –, was Deine Schwester Dir angeraten hat, Deinem Vater zu sagen. Von dieser Seite her kann ich Dir nichts raten, was Deine Schwester Dir nicht schon geraten hätte. Damit die Geschichte vollständig ist und gänzlich folgerichtig, brauchst Du dem, was Du Deinem Vater sagen wirst, nur noch Folgendes hinzuzufügen – daß Du nicht *ständig* mit mir über die Straße gegangen bist, sondern nur das eine oder andere Mal. Gib mir daran die Schuld, wenn Du willst; denn da Du mich in die gleiche Richtung gehend trafst, war es nur natürlich, daß Du, selbst wenn Du es gewollt hättest, nicht ablehnen konntest, daß ich Dich begleitete. Es ist gut, wenn Du Deinem Vater sagst, daß man Dich das ein oder andere Mal mit mir gesehen haben könnte, als Du bei Dupin warst, aber daß es zu diesem Zeitpunkt das Natürlichste von der Welt gewesen wäre, weil es nämlich häufig vorkam, daß ich in der Stunde, in der Du zum Mittagessen in der Wohnung Deiner Schwester aus dem Hause gingst, ebenfalls aus dem Hause trat und über den Cais do Sodré und durch die Rua do Arsenal ging, wo ich jeden Tag englische Zeitungen kaufe. Das mußt Du nur geschickt vortragen (für den Fall, daß der junge Mann Deinem Vater gesagt haben sollte oder noch sagen würde, daß Du schon, bevor Du in Belém warst, mit mir gegangen wärest und also vor der Gelegenheit, bei der ich mich, wie Du sagen wirst, Dir erklärt haben könnte.) Verstehst Du wohl, Baby?

Nun zu dem jungen Mann. Über diesen armen Kerl möchte ich aber eher lachen, und ich bekenne, daß mir der Geisteszustand nahezu leid tut, in dem er sich befinden muß. Der junge Mann kümmert mich nicht, aber es bekümmert mich sehr wohl, daß er Dir Ärger bereiten kann. Ich werde Dir sagen, was Du tun mußt, um dem Burschen den Wind aus den Segeln zu nehmen.

Da er Dich über Deinen Vater angreift, mußt Du Deinen Vater gegen ihn einnehmen. Dabei brauchst Du weder zu lügen noch zu intrigieren. Du sagst Deinem Vater einfach zwei Dinge, und Du mußt sie derart sagen, daß sie sich Deinem Vater gut einprägen. Das erste ist, ihm zu erzählen, was der Bursche Dir angedroht hat zu tun, nämlich jede neue Liebschaft, die Du haben könntest, durch Intrigen zu zerstören, Intrigen, die darin bestehen, daß er mit Deinem neuen Bewerber redet. Mach Deinem Vater gut klar, daß diese Intrigen nur Verleumdungen Deiner Person sein können, und frag ihn, ob er das in Ordnung findet, ob er sich an die Seite von jemandem stellen mag, der Dich verleumden will und Dich, wie Du überzeugt bist, bereits jetzt verleumdet, da er schon (mehr oder minder) mit verschiedenen Lügen begonnen hat, als er mit ihm (mit Deinem Vater) sprach, und diese Kampagne gegen Dich ungeniert bei anderen Personen, die nicht zu Deiner Familie gehören, fortsetzen wird, denen er Dinge auftischen kann, die er Deinem Vater nicht zu sagen wagen würde. Hast Du verstanden? Wenn Du das *mit Geschick* vorbringst, wird ihm das mit Bestimmtheit Eindruck machen.

Das zweite ist, Deinen Vater zu fragen, wer Dich vor irgendeiner Beleidigung schützen soll, die er Dir zufügen könnte, wenn Du *allein* über die Straße gehst, da seine Haltung und seine Drohungen Dich etwas derartiges fürchten lassen. Stell Dich, was das angeht, sehr ängstlich. In solchen Fällen und gegenüber dem eigenen Vater wirkt nichts besser als Übertreibungen, zu sagen, daß Du fast *Angst hast, aus dem Hause zu gehen,* aus lauter Furcht, er könne Dir irgendeinen Streich spielen; daß Du unmöglich in dieser Furcht leben könntest usw. usw.

Das hilft natürlich gar nichts in bezug auf mich, aber doch insofern, als es den jungen Mann bremst.

Hast Du auch verstanden, kleine Nininha?

Ich werde mein Möglichstes tun, um heute um ½8 vorbeizukommen. Aber der Tag ist dafür schlecht geeignet, denn ich muß früh zu Hause sein, um gegen 9 in die Unterstadt zurückzukehren, was ich heute unbedingt tun muß; und da wir jetzt ohne Straßenbahnen sind, muß alles mit einem großen zeitlichen Spielraum geschehen, damit ich von einer Seite auf die andere kommen kann. Ich habe nicht einmal Zeit, Dir noch anderes zu sagen, was ich Dir in diesem Brief mitteilen wollte.

So bleibt es für den nächsten Brief.

Tausend Küsse von Deinem, immer und innig Deinem

Fernando

28. 5. 1910

―――――――

Zweiter Brief

Liebes kleines Baby vom Ibis:*

Der Brief, den ich Dir eben jetzt geschrieben und schon in den Postkasten gesteckt habe, enthält, wie ich Dir schon gegen Ende sagte, nicht alles, was ich Dir schreiben wollte. Als ich schon fast fertig war (glücklicherweise nicht vorher), erschien der Vetter im Café »Arcada«, wo ich gerade schrieb und wo ich auch diesen Brief schreibe. Ich mußte den Brief unterbrechen und wurde wütend – nicht auf ihn natürlich, der weit davon entfernt war, schuld zu haben, ja sogar angekündigt hatte, um diese Stunde (sechs Uhr) zu erscheinen, sondern auf das Schicksal, das die Dinge so schlecht arrangiert hatte.

Wie ich Dir im ersten Brief sagte, mußte ich um 9 Uhr in der Unterstadt zurück sein. Wegen der Verzögerung des Gesprächs mit dem Vetter war es sehr bald ¼ vor 7. Deshalb ging ich ins »Arcada« zurück, um etwas zu essen; und aus dem »Arcada« schreibe ich Dir auch jetzt.

Mein Babylein: Was ich Dir im vorigen Brief sagen wollte und wofür ich keine Zeit mehr fand, nun aber in diesem sagen möchte, ist folgendes, und ich bitte, daß Du die Lektion lernst und, wenn Du mich liebst, diesen Ratschlag annimmst:

Das Schicksal ist eine Art von Person und hört auf, uns zu ärgern, wenn wir zeigen, daß wir uns aus dem, was es uns antut, nichts machen. Deshalb mußt Du die Willenskraft aufbringen, *nur dies eine zu denken:* Ich liebe Fernando, *etwas anderes gibt es nicht.*

Behandle den jungen Mann und das, was er sagt, mit Verachtung, aber mit echter, wahrer Verachtung: denk nicht an ihn! Findest Du das schwierig? Das ist nicht verwunderlich, weil Du sehr jung bist; aber solltest Du, *wenn ich Dich darum bitte,* nicht fähig sein, Deinen Geist

―――――――

* »Ibis« war der Spitzname, den sich der Dichter selbst für den familiären Umgang beilegte.

für alles gleichgültig zu machen, was nicht Dein Nininho ist? Wenn Du das nicht schaffst, verstehst Du noch nicht zu lieben.

Ich weiß wohl: man beunruhigt Dich von allen Seiten, man ärgert Dich, man ermüdet Dich. *Paß auf Dich selbst auf* (begreifst Du?) und nimm Dir nichts von alledem an.

Magst Du mich, Deinen Ibis, Dein Jüngelchen?

Ich bin sehr nervös, aber ich habe mich dazu erzogen, das Schlimmste und Komplizierteste kaltblütig aufzunehmen. Wenn ich zehn – was sage ich? es genügen zwei Jahre – jünger wäre, würde mich, was Du mir erzählt hast, in große Verwirrung stürzen.

Ich war beunruhigt Deinethalben, aber *was mich betrifft* bin ich denkbar ruhig, gefaßt, und in meinem Kopf ist alles *in Ordnung*. Und ich mache mir ungeheuer viel aus Dir, Baby, glaub es mir; das soll nicht heißen, daß ich Dich nicht liebe; es soll heißen, daß ich bei alledem nur Dich und mich wichtig nehme und der Rest mich nicht im mindesten interessiert.

Könntest Du mir einen Gefallen erweisen? Versuche ruhig zu bleiben, Verachtung und Gleichmut zu bezeugen. Jetzt machst Du dem Burschen ein riesiges Vergnügen. Sieh: aus mir kann er keinerlei Vergnügen herausziehen...

Morgen werde ich Dich sehen. Das Beste ist, ich fahre während Deiner Mittagspause nach Belém – etwas nach 12 Uhr Mittag. Aber ich will versuchen, zur Zeit deines Fortgehens in Santos zu sein, um das mit Dir zu vereinbaren.

Du glaubst es nicht. Mich erfüllt wirklich ein Gefühl der Freude. Man behindert mich; und ich habe es gar nicht ungern, daß man mich behindert, damit ich die Hindernisse aus dem Wege räumen kann.

Trockne Deine Tränen, schlimmes Baby! Heute hast Du meinen alten Freund Álvaro de Campos an Deiner Seite, der im allgemeinen nur gegen Dich gewesen ist. Freu Dich! Nur was man mit Anstrengung erreicht, lohnt die Mühe.

Tausend Küßchen, Küsse und Umärmelungen von Deinem

Fernando

28. 5. 1920

P. S. Es kann sein, daß ich aus irgendeinem Grund und gegen meine Absicht morgen nicht erscheinen kann. In diesem Fall erwarte mich *gleich nach Mittag* in Belém. Halt nach meinem Erscheinen Ausschau und komm herauf, um mit mir zu reden. Dein Vater braucht nicht unbedingt dabei zu sein, nicht wahr? – Was den Burschen angeht, so kann er ruhig da sein, das hat keinerlei Bedeutung.

Mein liebes Babylein:

Also warst Du gestern nicht unzufrieden mit dem Ibis? Und hast gestern den Ibis sanft und Deiner Tückelein wert gefunden? Na Gott sei Dank, denn der Ibis mag es gar nicht, wenn sich die Nininha ärgert oder seinetwegen traurig ist, denn der Ibis, und sogar der Álvaro de Campos, hat sein Babylein sehr, sehr lieb.

Schau, Nininha: heute ist mir sehr fad zumute, ich bin nicht übellaunig, sondern mir ist nur *fad*. Heute würde ich mich viel besser fühlen, wenn ich damit rechnen könnte, gleich die Nininha zu sehen und unterhalb von Belém mit ihr spazieren zu gehen und ohne den Álvaro de Campos; denn sie hätte es sicherlich nicht gern, wenn dieser bemerkenswerte Ingenieur erscheinen würde.

Nininha des Ibis, mir ist sehr fad; vor allem weil meine Angelegenheiten, das, was ich für eine und sogar mehr als eine Unternehmung vorbereitet und studiert habe, in Verzug geraten. Ich sage nicht, daß es schlecht läuft; es gerät ganz einfach in Verzug, es läuft nicht vorwärts und nicht rückwärts, weder schlecht noch gut.

Dann finde ich auch unter den Kameraden, mit denen ich umgehe und die diese Unternehmung oder diese Unternehmungen ebenso angehen wie mich, keinerlei Unterstützung; will sagen, ich finde keinen guten Willen, ihre Anstrengungen mit den meinigen zur Verwirklichung dieser Vorstellungen zu verbinden. Im allgemeinen wollen sie, daß ich alles allein machen soll – daß ich nicht nur die Ideen habe und die Organisationsweise vorschlage, sondern mich auch darum kümmere, das Kapital zusammenzubringen und alles zu tun, was nötig ist, damit das Unternehmen in Gang kommt. Sie erscheinen dann nur, um in dem Unternehmen ihre Plätze einzunehmen, was wirklich bequem ist, aber nicht gerade große Kameradschaftlichkeit verrät.

Nun muß aber wirklich bei diesen Dingen jeder seine bestimmte Rolle übernehmen. Ich habe meine Rolle mit der Organisation der Idee und den Vorarbeiten für den Aufbau des Unternehmens erfüllt und nicht wenig getan, denn ich habe die Hauptsache geleistet, nämlich die Basis für die Arbeit geschaffen. Sie möchten aber, daß ich auch noch das Übrige mache, und das ist, als ob jemand wollte, daß das gleiche Individuum in einem Büro Bürochef, Buchhalter, Kurzschriftexperte und Botenjunge zum Einwerfen der Briefe sein sollte.

Ich weiß nicht, ob Dich diese Dinge interessieren, mein Kleines. Wenn ich sie Dir schreibe, so geschieht es, weil ich auf diese Weise, indem ich sie Dir mitteile, ein wenig mein Unbehagen verringere. Sicherlich langweile ich Dich mit alledem; aber schließlich sind es ja Dinge, die irgend etwas mit Deiner Zukunft zu schaffen haben, weil sie mit meiner eigenen zu tun haben.

Ich will damit nicht sagen, daß ich mich in etwas befinde, was man eine bedrängte Lage nennt. Nein: Wer weder Haus noch Familie hat, kann gar nicht in einer solchen Lage sein. Das Üble ist, das Leben stillstehen zu fühlen, und bezieht sich mehr auf die Zukunft als auf die Gegenwart oder, besser gesagt, nur wegen der Zukunft auf die Gegenwart.

Ich weiß wohl, daß diese Lage sich klären wird, und weiß, ebensogut wie der bewußte Mann von den Briefen, der mir eine glückliche Zukunft voraussagte, daß ich wirklich eine glückliche Zukunft haben werde, allerdings auch, daß diese glückliche Zukunft – ich sage nicht einmal in vollem, aber doch zumindest in relativem Wohlstand – erst in geraumer Zeit beginnen wird.

Es gibt jedoch Augenblicke, Tage, an denen ich stärker entmutigt bin; und der heutige Tag gehört zu diesen Tagen, und der gegenwärtige Augenblick ist einer dieser Augenblicke. Heute hatte ich wirklich riesige Lust, mit Dir zu sprechen, nicht um Dich mit diesen Dingen zu langweilen, sondern um Dich zu sehen und mich neben Dir ruhiger zu fühlen.

Nun ja, Liebchen, es bleibt für morgen. Gegen 6 Uhr werde ich dort sein.

Viele, viele Küsse von Deinem, sehr und immer mehr Deinem

Fernando

11. 6. 1920

––––––––

Liebes Ibisweibchen:

Entschuldige das ungeeignete Papier, auf dem ich Dir schreibe; es ist das einzige, das ich in meiner Mappe fand, und hier im Café »Arcada« haben sie kein Papier. Es macht Dir nichts aus, oder?

Ich habe eben Deinen Brief mit der Postkarte bekommen, die ich sehr lustig finde.

Gestern war es – nicht wahr? – ein äußerst lustiges Zusammentreffen, daß ich und meine Schwester genau zur gleichen Zeit wie Du in die Unterstadt gingen. Weniger lustig war, daß Du verschwandest, trotz der Zeichen, die ich Dir gab. Ich wollte nur meine Schwester im Avenida Palace absetzen, wo sie Einkäufe machen und mit Mutter und Schwester des jungen Belgiers, der dort wohnt, spazierengehen wollte. Ich kam sogleich wieder aus dem Hotel heraus und hoffte Dich dort in der Nähe zu treffen, um mit Dir sprechen zu können. Du hast nicht gewollt. So große Eile hattest Du, ins Haus Deiner Schwester zurückzukehren.

Und als ich aus dem Hotel kam, sah ich obendrein das Fenster in der Wohnung Deiner Schwester in eine Theaterloge (mit zusätzlichen Stühlen) umgewandelt für das Schauspiel meines Vorübergehens! Als ich das gesehen hatte, setzte ich natürlich meinen Weg fort, als ob dort niemand wäre. Wenn ich Clown werden wollte (wozu ich im übrigen nur wenig Geschick mitbringe), würde ich mich direkt an das »Coliseu«* wenden. Das hätte mir gerade noch gefehlt! Daß ich den Spaß hinnehmen sollte, der Familie *zum Schauspiel* angeboten zu werden!

Wenn es sich nicht umgehen ließ, mit 148 Personen am Fenster zu stehen, dann lieber gar nicht. Da Du schon nicht auf mich warten wolltest, um mit mir zu reden, hättest Du wenigstens so höflich sein können – wenn Du schon nicht *allein* am Fenster erscheinen konntest –, *gar nicht zu erscheinen.*

Nun, ich kann Dir diese Dinge nicht weiter auseinandersetzen. Wenn Dein Herz (falls dieses Ding bei Dir existiert!) oder Deine Intuition Dich das nicht instinktiv lehren, kann ich mich meinerseits nicht zu ihrem Lehrer aufwerfen.

Wenn Du mir sagst, daß es Dein größter Wunsch ist, daß ich Dich heirate, ist es schade, daß du mir nicht erklärst, daß ich gleichzeitig

---

* Das »Coliseu« ist ein großes Lissaboner Theater für volkstümliche Gesangs- und Zirkusveranstaltungen.

Deine Schwester, Deinen Schwager, Deinen Neffen und ich weiß nicht wie viele Kundinnen Deiner Schwester mitheiraten muß.

Immer und innig Dein

Fernando

31. 7. 1920

Als ich diesen Brief schrieb, vergaß ich, daß Du meine Briefe allen Leuten zu zeigen pflegst. Wenn ich mich daran erinnert hätte – glaube mir –, hätte ich ihn etwas sanfter abgefaßt. Aber jetzt ist es schon zu spät; es ist auch gleichgültig. Im übrigen ist alles gleichgültig. F.

———————

Liebes Baby:

Du hast mehr als tausend – hast Millionen – Gründe, um ärgerlich, gereizt und beleidigt mit mir zu sein. Aber mich trifft kaum Schuld; schuld hat jenes Schicksal, das mir das Gehirn, ich will nicht sagen endgültig, aber doch zumindest derart zerrüttet, daß es pflegliche Behandlung verlangt, von der ich nicht weiß, ob ich sie bekommen kann.

Ich beabsichtige (ohne jetzt das berühmte Dekret vom 11. Mai in Anspruch zu nehmen)*, im kommenden Monat in ein Erholungsheim zu gehen, um zu sehen, ob ich dort eine gewisse Behandlung finde, die mir erlaubt, der schwarzen Welle zu widerstehen, die über meinen Geist hereinbricht. Ich kenne das Ergebnis der Behandlung nicht – d. h. ich sehe nicht recht, welches Ergebnis sie haben könnte.

Warte nie auf mich; falls ich auftauche, dann morgens, wenn Du ins Büro gehst, am Poço Novo.

Mach Dir keine Sorgen.

Was war es im Grunde? Man hat mich mit Álvaro de Campos vertauscht!

Immer Dein

Fernando

———————

* Dieses Dekret sah vor, daß Interessenten von sich aus die Einweisung in eine Heilanstalt verlangen konnten.

15.10.1920

Ophelinha:

Ich danke sehr für Ihren Brief. Er hat mir Betrübnis und Erleichterung gleichzeitig gebracht. Betrübnis, weil diese Dinge immer betrüben; Erleichterung, weil dies in Wahrheit die einzige Lösung ist – daß wir nicht mehr eine Situation verlängern, die weder auf der einen noch auf der anderen Seite mehr die Rechtfertigung der Liebe hat. Auf meiner Seite zumindest bleibt eine tiefe Schätzung, eine unveränderliche Freundschaft zurück. Sie verweigern mir eben dasselbe nicht, nicht wahr?

Weder Sie, Ophelinha, noch ich tragen Schuld daran. Nur das Schicksal trägt die Schuld, wenn das Schicksal eine Person wäre, der man Schuld zuschreiben könnte.

Die Zeit, die Gesichter und Haare altern läßt, läßt auch – und noch rascher – die heftigen Zuneigungen altern. Die Mehrheit der Leute ist töricht und merkt das daher nicht und meint, sie liebe noch, weil sie sich die Angewohnheit zugelegt hat, sich lieben zu fühlen. Wenn es nicht so wäre, gäbe es keine glücklichen Leute auf der Welt. Die höheren Geschöpfe jedoch sind der Möglichkeit zu dieser Illusion beraubt, weil sie weder glauben können, daß die Liebe andauert, noch sich, wenn sie fühlen, daß sie zu Ende gegangen ist, betrügen, indem sie die Wertschätzung oder die Dankbarkeit, die sie hinterlassen hat, dafür halten.

Diese Dinge verursachen Leiden, aber das Leiden geht vorüber. Wenn das Leben, das alles ist, schließlich vorübergeht, wie sollten nicht Liebe und Schmerz vorübergehen und alle übrigen Dinge, die nur Teil des Lebens sind?

In Ihrem Brief sind Sie ungerecht gegen mich, aber ich begreife und entschuldige das; sicherlich haben Sie in Erregung geschrieben, vielleicht sogar im Schmerz, aber die meisten Leute – Männer oder Frauen – würden in Ihrem Falle in einem noch erbitterteren Tonfall und in noch ungerechteren Wendungen schreiben. Aber Sie, Ophelinha, haben ein wunderbares Naturell, und sogar Ihre Erbitterung vermag nicht boshaft zu werden. Wenn Sie, falls Sie heiraten, nicht das Glück finden, das Sie verdienen, wird das gewiß nicht Ihre Schuld sein.

Was mich angeht...

Die Liebe ist vorbei. Doch ich bewahre Ihnen eine unwandelbare

Zuneigung und werde nie – nie, glauben Sie mir – Ihr reizendes Figürchen und Ihre Kleinmädchenmanieren vergessen, auch nicht Ihre Zärtlichkeit, Ihre Hingabe, Ihre liebenswürdige Wesensart. Es mag sein, daß ich mich täusche und daß diese Qualitäten, die ich Ihnen zuschreibe, nur in meiner Einbildung existieren; aber ich glaube das nicht, und auch wenn es so sein sollte, wäre es keine Unhöflichkeit meinerseits, wenn ich sie Ihnen zuschreibe.

Ich weiß nicht, was Sie zurückgegeben haben möchten – Briefe oder sonst etwas. Ich würde es vorziehen, Ihnen nichts zurückzugeben und Ihre Briefchen als lebendige Erinnerung an eine Vergangenheit aufzubewahren, die so tot ist wie jede Vergangenheit; als etwas Rührendes in einem Leben wie dem meinigen, in welchem die fortschreitenden Jahre Fortschritt im Unglück und in der Enttäuschung bedeuten.

Ich bitte Sie, daß Sie nicht so handeln wie die gewöhnlichen Leute, die immer gemein sind, daß Sie nicht den Kopf abwenden, wenn ich an Ihnen vorbeigehe, und auch nicht eine Erinnerung an mich behalten, der Groll beigemischt ist. Bleiben wir füreinander wie zwei Kindheitsgespielen, die sich als Kinder ein wenig liebten und, wenn sie auch im erwachsenen Leben anderen Neigungen und anderen Wegen folgen, immer in einem Eckchen der Seele die tiefe Erinnerung an ihre alte und nutzlose Liebe behalten.

Die »anderen Neigungen« und »anderen Wege« betreffen Sie, kleine Ophélia, und nicht mich. Mein Schicksal gehorcht einem anderen Gesetz, von dessen Existenz Sie nicht wissen, und ist immer mehr dem Gehorsam gegenüber Meistern unterworfen, die nichts erlauben und nichts verzeihen.

Es ist nicht notwendig, daß Sie das verstehen. Es genügt, daß Sie mich mit Zärtlichkeit in Ihrer Erinnerung behalten, wie ich Sie unwandelbar in der meinigen bewahren werde.

Fernando

29. I. 1920

Anm. d. Ü. Mit diesem Brief endete die erste Phase der Liebelei.

An Ophélia Queiroz

Ausgewählte Briefe aus der zweiten Phase (1929–30)

Ophelinha:

Ich danke von Herzen für Ihren Brief und sehe wirklich nicht ein, weshalb die Fotografie irgendeines Taugenichts, auch wenn dieser Taugenichts der Zwillingsbruder sein sollte, den ich nicht habe, Grund zum Danken bieten könnte. Nimmt denn ein betrunkener Schatten Platz in den Erinnerungen ein?

In mein Exil, das ich selber bin, ist Ihr Brief wie eine wohlbekannte Freude eingedrungen, und ich bin es, der danken muß, meine Kleine.

Ich benutze die Gelegenheit und bitte Sie für drei Dinge um Entschuldigung, die eigentlich dasselbe Ding sind und für die ich nichts konnte. Dreimal habe ich Sie auf der Straße getroffen und nicht gegrüßt, weil ich Sie nicht richtig oder wenigstens nicht beizeiten gesehen habe. Einmal geschah das schon vor längerem in der Rua do Ouro und des Abends; Sie gingen da mit einem jungen Mann, den ich für Ihren Bräutigam oder Bewerber hielt, aber ich weiß wirklich nicht recht, ob er wirklich das war, was er von Rechts wegen sein sollte. Die beiden anderen Male sind noch nicht lange her, es war in der Elektrischen, in der wir beide in Richtung Estrela fuhren. Das eine Mal sah ich Sie nur von der Seite, und bei den Unglückswürmern, die eine Brille tragen, ist der Seitenblick unvollkommen.

Noch etwas ... Ach nein, es ist weiter nichts, süßer Mund ...

Fernando

11. 9. 1929

––––––––

Gesuch in 30 Zeilen:

Fernando Pessoa, Junggeselle, großjährig, geschrumpft, wohnhaft wo es Gott gefällt, ihm Wohnung zuzugestehen, in Gesellschaft verschiedener Spinnen, Fliegen, Mücken und anderer für den guten Zustand der Häuser und den Verlauf des Schlafes hilfreicher Elemente; nachdem er die – im übrigen nur telephonische – Mitteilung erhalten hat, daß er von einem noch zu bestimmenden Datum an als Mensch behandelt werden kann (zehn Zeilen) und daß besagte Behandlung, als ob er wirklich ein Mensch wäre, nicht aus einem Kuß bestehen wird, sondern aus dem bloßen Versprechen eines solchen, das unbegrenzt aufgeschoben würde, bis er, Fernando Pessoa, bewiesen hat, daß er 1) acht Monate alt ist, 2) hübsch ist, 3) existiert, 4) der mit der Verteilung der besagten Ware beauftragten Firma gefällt (zwanzig Zeilen) und 5) vor der Verteilung keinen Selbstmord begeht, wie es eigentlich seine Pflicht wäre; ersucht, zwecks Zufriedenstellung der mit der Verteilung der Ware beauftragten Person, daß ihm ein Attest ausgestellt wird, wonach er 1) keine acht Monate alt ist, 2) ein Einfaltspinsel ist, 3) nicht einmal existiert, 4) verachtet wird (dreißig Zeilen) von der verteilenden Firma, und 5) Selbstmord begangen hat.

—

Die 30 Zeilen sind zu Ende.

—

Hier müßte nun stehen: »Es bittet um Erledigung«, aber es erhofft gar nichts

Fernando

ABEL*, 18. 9. 29

———

Nun soll mir meine Kratzbürste**, die im übrigen eine Kratzbürste sein mag, aber nicht mein ist, mitteilen, was ihr ein Geschöpf schreiben, Angenehmes schreiben soll, dessen Intelligenz irgendwo in der Rua do Ouro zu Boden gefallen ist, dessen Geistesklarheit unter einen Lastwagen kam, als er in die Rua de S. Nicolau einbog und der Rest genauso.

Meine (?) kleine Kratzbürste mag mich wirklich gut leiden? Warum hat sie denn eine so sonderbare Vorliebe für ältere Leute? In Ihrem Brief sagen Sie, Sie hielten nur mit Mühe Tanten aus, die es gar nicht sind, Tan-

———

* In einer Niederlassung der Wein- und Spirituosen-Großhandlung Abel Pereira da Fonseca pflegte Fernando Pessoa sich alkoholisch zu stärken.
** Der Dichter spielt hier und im folgenden mit dem Doppelsinn des Wortes »avispa«, das »Wespe«, aber im übertragenen Sinne auch »Kratzbürste« bedeuten kann (Anm. d. Ü.).

ten über 80 und 50 und darüber; und wie wollen Sie mir dann weismachen, daß Sie gutwillig ein Geschöpf ähnlichen Alters aushalten, das nicht einmal Tante sein kann, denn für diesen Beruf pflegt es, bis man mich eines Besseren belehrt, unabdingbare Voraussetzung zu sein, daß man eine Frau ist. Wenn man Tante ist, muß man natürlich zwei Frauen oder mehr sein. Nun habe ich es bis jetzt aber nur geschafft, Onkel zu werden, aber nur für meine Nichte, die mich merkwürdigerweise als »Onkel Fenando« anredet, 1. aus den bereits dargelegten Gründen, weil ich ihr Onkel bin, 2. ich Fernando heiße (wissen Sie das noch?) und sie 3. den Buchstaben »r« nicht aussprechen kann.

Da Sie nun sagen, daß Sie mich nicht sehen wollen und daß es Sie etwas kostet, mich nicht sehen zu wollen, und daß Sie wollen, daß ich Sie anrufe, weil telefonieren zumindest heißt, nicht anwesend zu sein, und daß ich Ihnen schreiben soll, weil schreiben heißt, auf Distanz bleiben, nun, Kratzbürste, die nicht mein ist, habe ich Sie schon angerufen und schreibe Ihnen gerade oder, so kann ich sagen, ich habe Ihnen schon geschrieben, denn ich werde hier eben Schluß machen.

Ich bereite gerade die schwarze Aktentasche vor, um Sie einzupakken. Haben Sie gehört?

Ich möchte gleichzeitig nach Indien und nach Pombal reisen. Sonderbare Mischung, nicht wahr? Jedenfalls ist es nur ein Teil der Reise.

Erinnern Sie sich an diese Geographie, allerkratzigste Kratzbürste?

Fernando

24. 9. 1929

S. g. Frau Ophélia Queiroz:

Ein verwerfliches, elendes Individuum namens Fernando Pessoa, mein besonders lieber Freund, hat mich beauftragt, Ihnen mitzuteilen – in Anbetracht der Tatsache, daß ihn sein geistiger Zustand hindert, irgend etwas mitzuteilen, und wäre es einer trockenen Erbse (einem Beispiel für Gehorsam und Disziplin) –, daß es Ihnen verboten ist:

1) weniger Gramm zu wiegen,
2) wenig zu essen,
3) überhaupt nicht zu schlafen,
4) Fieber zu haben,

116

5) an das fragliche Individuum zu denken.

Ich meinerseits rate Ihnen als intimer und aufrichtiger Freund des Taugenichts, dessen Mitteilung ich (widerstrebend) weiterleite, das geistige Bild, das Sie sich vielleicht von dem Individuum gebildet haben, dessen Namensnennung dieses halbwegs weiße Papier beschmutzt, zu packen und in den Abfluß zu werfen, da es materiell unmöglich ist, dieses gerechte Schicksal der vorgetäuschten menschlichen Institution zuteil werden zu lassen, der es zukommen würde, wenn es auf der Welt Gerechtigkeit gäbe.

25. 9. 1929 ABEL

Álvaro de Campos
Schiffsingenieur

─────────

Kleine Ophelinha:

Da ich nicht möchte, daß Sie sagen, ich hätte Ihnen nicht geschrieben, weil ich Ihnen wirklich nicht geschrieben habe, so schreibe ich Ihnen eben jetzt. Nicht eine Zeile, wie ich versprochen habe, aber doch auch nicht viele. Ich bin krank, vor allem auf Grund einer Reihe von Sorgen und Ärgerlichkeiten, die ich gestern hatte. Wenn Sie nicht glauben wollen, daß ich krank bin, dann brauchen Sie es natürlich nicht zu glauben. Aber ich bitte darum, daß Sie mir nicht sagen, daß Sie nicht daran glauben. Es genügt mir schon, krank zu sein; es ist nicht nötig, außerdem noch Zweifel daran zu hegen und Rechenschaft über meine Gesundheit von mir zu verlangen, als ob es in meiner Macht stünde oder ich die Verpflichtung hätte, jemandem von irgend etwas Rechenschaft zu geben.

Was ich Ihnen von meiner Absicht gesagt habe, nach Cascais zu gehen (Cascais heißt irgendein Punkt außerhalb von Lissabon, aber in der Nähe, und kann ebenso gut Sintra oder Caxias heißen), ist die reinste Wahrheit: Wahrheit zumindest der Absicht nach. Ich habe ein Alter erreicht, in welchem man die eigenen Fähigkeiten völlig beherrscht und die Intelligenz, die Stärke und Geschicklichkeit erreicht hat, die sie haben können. Es ist also an der Zeit, mein literarisches Werk zu verwirklichen, einige Dinge zu vervollständigen, andere umzuordnen und

117

wieder andere, die noch zu schreiben sind, niederzuschreiben. Um dieses Werk zu verwirklichen, brauche ich Ruhe und eine gewisse Isolierung. Leider kann ich die Büros nicht aufgeben, wo ich arbeite (ich kann es nicht, selbstredend, weil ich keine Einkünfte habe), wohl aber kann ich, indem ich zwei Wochentage (die Mittwoche und die Samstage) für den Dienst in diesen Büros reserviere, die fünf verbleibenden Tage ganz für mich haben. Da haben Sie die berühmte Geschichte von Cascais.

Mein ganzes zukünftiges Leben hängt davon ab, ob ich das, und zwar in Kürze, zustande bringe oder nicht. Im übrigen kreist mein Leben um mein literarisches Werk – so gut oder schlecht, wie es ist, oder wie es sein kann. Alles übrige im Leben hat für mich ein sekundäres Interesse: Es gibt natürlich Dinge, die ich gerne haben würde, und andere, bei denen es mir gleich ist, ob ich sie erreiche oder nicht. Jeder, der mit mir zu tun hat, sollte zu der Überzeugung gelangen, daß ich so bin und daß es, wenn man von mir die im übrigen sehr ehrenwerten Gefühle eines normalen und banalen Menschen verlangt, ebenso ist, als ob man von mir verlangte, daß ich blaue Augen und blondes Haar haben sollte. Und mich so zu behandeln, als ob ich eine andere Person wäre, ist nicht die beste Art und Weise, sich meine Zuneigung zu erhalten. Es ist besser, denjenigen so zu behandeln, der wirklich entsprechend ist, und in diesem Falle heißt das »sich an jemand anderes wenden« oder etwas Ähnliches.

Ich mache mir viel – wirklich viel – aus Ihnen, Ophelinha. Ich schätze sehr – außerordentlich – Ihre Wesensart und Ihren Charakter. Falls ich heiraten sollte, werde ich nur Sie heiraten. Es bleibt offen, ob die Heirat, ein Heim (oder wie immer man dies nennen mag) Dinge sind, die sich mit meinem gedanklichen Leben vertragen. Ich bezweifle das. Einstweilen und in nächster Zeit möchte ich *mein* gedankliches Leben und meine Arbeit regeln. Wenn mir das nicht gelingen sollte, kann ich natürlich nicht entfernt daran denken zu heiraten. Wenn die Regelung so ausfallen sollte, daß ich sehe, die Heirat wäre ein Hindernis, werde ich selbstverständlich nicht heiraten. Aber wahrscheinlich wird das nicht so sein. Die Zukunft – und zwar eine nahe Zukunft – wird es lehren.

Nun, da haben Sie es, und zufällig ist es sogar die Wahrheit.

Auf Wiedersehen, Ophelinha. Schlafen Sie und essen Sie und verlieren Sie kein Gramm!

Ihr sehr ergebener

Fernando

29. 9. 1929
Sonntag

————————

Guten Tag, Baby: Sie mögen mich also wirklich? Ich komme nicht vom Abel, aber ich hätte dorther kommen müssen; und jedenfalls haben Sie, Baby, auch Einfluß auf Abels Stil. Sie haben Einfluß auf die Entfernung, aber auf dem Schoß sitzend (wo die Babys doch hingehören) haben Sie noch mehr. Und Abel hat süßen Schnaps, aber Ihr Mund ist süß und vielleicht auch recht glutvoll, aber so ist es gut. Sie mögen mich? Weshalb? Ja?

Ich bin verrückt und kann keinen Brief schreiben: ich bringe nur Eseleien zusammen. Wenn Sie mir einen Kuß geben könnten, täten Sie das? Nun, warum tun Sie es nicht? Schlimme! Der heutige Tag ist wirklich derart verwickelt, daß ich kaum Zeit habe, Ihnen in dieser kurzen Zeit schlecht zu schreiben. Kratzbürste!

Ich muß nach Hause flüchten, um gegen acht zu Abend zu essen und dann in die Wohnung meines Freundes zu gehen, wo ich samstags zu Abend zu essen pflege. Heute muß ich abends dort ein wenig hingehen. Raubtier!

Und damit Schluß, und fertig. Geben Sie mir Ihr Mündchen zum Verzehren?

Ibis
(Name eines ägyptischen Vogels,
der genau der ist und kein anderer)

2. 10. 1929

————————

Baby-Raubkatze:

Ich bitte vielmals um Entschuldigung, daß ich Sie belästige. Die Feder des alten Autos, das ich im Kopf herumtrage, ist gebrochen, und mein Verstand, der schon nicht mehr vorhanden war, machte tr-r-r-r . . .

Gleich nachdem ich Sie angerufen habe, schreibe ich Ihnen, und natürlich werde ich wieder anrufen, wenn Ihnen das nicht auf die Nerven geht, und natürlich wird das nicht irgendwann sein, sondern zu der Zeit, zu der ich Sie anrufen werde.

Mögen Sie mich, weil ich ich bin oder weil ich es nicht bin? Oder mögen Sie mich nicht ohne mich oder weil ich es nicht bin? Oder was sonst?

All diese Sätze und Arten und Weisen, nichts zu sagen, sind Zeichen, daß der Ex-Ibis, der ausgelöschte Ibis, der Ibis ohne Reparatur und auch nicht vergnügte fremde Ibis in die Heilanstalt muß, wo man eine große Manifestation wegen seiner großartigen Abwesenheit auf die Beine bringen wird.

Ich muß immer dringender nach Cascais fahren – Boca do Inferno (Höllenschlund); aber *mit Zähnen,* Kopf nach unten und Schluß und fertig, und dann gibt es keinen Ibis mehr. Und so ist es, so war es, damit dieses Vogelvieh mit seiner ausgefallenen Physiognomie den Boden fegen kann.

Aber wenn Sie, Baby, ein Küßchen geben würden, würde der Ibis das Leben ein bißchen länger aushalten. – Da ist die gesprungene Feder – r-r-r-r-r-r-r-r-

im Ernst

Fernando

9. 10. 1929

Baby:

Hier schicke ich Ihnen – um doch zumindest ein Versprechen zu erfüllen – die respektive, nicht respektable, aber doch der jetzigen vorzuziehende Nase des Ibismus vor genau vierzig Jahren. Wenn man die relativ menschliche Physiognomie des kleinen Tierchens, das das Bild zeigt, mit dem Abklatsch des beschämenden Schnäuzchens vergleicht, das gegenwärtig die Menschheit auf dem Hals des Unterzeichneten beleidigt...

Oh, Babylein, einen Kuß von

Fernando

16. 12. 1929

Anm. d. Ü.: Der Briefwechsel bricht mit diesem und einem weiteren Brief vom 11. 1. 1930 ab, der wegen des darin enthaltenen gereimten absurden Gedichtes unübersetzbar bleibt. Ophélia Queiroz bemerkt in einem Kommentar zu den im Jahre 1979 mit ihrer Billigung publizierten Briefen, sie habe auf diese letzten Briefe nichts mehr zu antworten gewußt.

An Francisco Manuel Cabral Metello

Dichter und Autor der Novelle »Sachá«

Mein lieber Francisco Manuel:
Ich habe eben mit der Lektüre Ihrer Filmnovelle »Sachá« zusammengelebt, als ob es mit Ihnen wäre. Ich habe ihre Episoden mehr vor Augen
gehabt, als daß ich sie gelesen hätte. Ich habe sie durchquert, als ob
jemand durch Leute hindurchgeht. Und ich hatte das Vergnügen, Sie bei
dieser bunten Durchquerung zu begleiten.

Von Ihrer Novelle kann ich nicht sagen, daß sie als literarisches Werk
bedeutsam sei. Ich kann jedoch sagen, daß sie bemerkenswert elegant
ist. Es war vermutlich auch nicht Ihre Absicht, daß sie etwas anderes
wäre. Sie haben daran ganz recht getan, denn die Eigenheit der Eleganz
ist es, nichts anzustreben als eben sie.

Nur wenige unter denen, die schreiben, können wahrhaft Schriftsteller sein – d. h. Schriftsteller im höheren Sinne, Künstler des geschriebenen Wortes. Die höhere literarische Tätigkeit erfordert wie jede höhere
Spezialisierung eine vielgestaltige Veranlagung und außerdem eine vielgestaltige Vorbereitung. Was die Veranlagung anbetrifft, so ist dazu nur
zu sagen, daß man mit ihr auf die Welt kommt oder sie ganz und gar
nicht hat. Was die Vorbereitung betrifft, so gibt es nur wenige, selbst
unter den in gewisser Weise so Veranlagten, die mit Ausdauer die Disziplin aushalten, die sie sich auferlegen müssen. Und selbst so noch müssen eine wenngleich große Veranlagung und eine wenngleich bestän-
dige Vorbereitung ausgeglichen sein – die erstere – und mit einer glücklichen Erziehung in der Kindheit beginnen – die zweite; was aus
Umständen hervorgeht, bei denen weder die Erbanlagen noch die Auswahl selber verursachende Elemente sind. Man darf auch nicht vergessen, daß der Einfluß des Milieus, in dem der schon erwachsene Schriftsteller lebt, bei dem Ergebnis mitwirkt. Aus so vielen und so diversen
Elementen baut das Schicksal, ebenso in der Literatur wie in jedem
anderen Bereich der Intelligenz, den endlichen Zufall auf, den man
Genie nennt.

Bei einer großen Anzahl der Schreibenden ist mithin das Schreiben ein einfaches Vermitteln von Ideen, und dann sind sie Philosophen, jedoch keine Schriftsteller; oder die Literatur ist ein Beruf, den sie ausüben, und dann sind sie keine Künstler, sondern Kunsthandwerker; oder das, was sie schreiben, ist bewußtermaßen zur Zerstreuung ihres Geistes entstanden, damit sich die anderen mit dem unterhalten können, womit sich der Autor selber unterhalten hat. Ich rede nicht von denjenigen, die zum Schreiben andere als diese drei Gründe haben und annehmen, daß sie echte Schriftsteller sind. Sie sind zwar die Mehrheit, aber sie sind nichts.

Bei diesen drei Typen von Schriftstellern, die es eigentlich nicht sind, kann uns nur *ein* literarisches Ergebnis geistig fesseln – die Annäherung an die wahre Literatur, die es in ihren Werken geben mag. Beim Denker geschieht dies, wenn die machtvolle Absicht dank ihrer Heftigkeit Satz und Wort erhitzt und als Stimme des Gedankens die Eloquenz aufkommt. Beim Kunsthandwerker der Literatur geschieht das, wenn die Geschicklichkeit des Ausführenden durch die richtige Wirkung eines nachahmenden Instinktes dem Skrupel des Künstlers simulierend nahekommt. Beim »Unterhaltsamen« ergibt sich dies, wenn seine Persönlichkeit auf intelligente Weise interessant und er imstande ist, sie unbewußt auf das, was er schreibt, zu übertragen; wenn er nicht so sehr schreibt als schriftlich zu uns redet.

Sie und Ihr »Sachá« gehören zu dieser dritten Unterart. Da Sie eine auf dekorative Weise reiche Persönlichkeit besitzen, gab es etwas, was fesseln konnte, auch wenn es nur spontan geäußert wurde. Und Sie sind spontan gewesen: Sie haben geschrieben, ohne daran zu denken, daß Sie schrieben, Sie schrieben, indem Sie nur an sich dachten. Deshalb konnten Sie den Gemälden Ihrer Novelle das subtile Geheimnis Ihrer Persönlichkeit anvertrauen. Deshalb haben Sie sie mehr gesprochen als geschrieben; und die Episoden Ihrer unbestimmten Erzählung haben Teil an Ihrer eigenen Grazie und Ihrer unnachahmlichen Eleganz.

Ihre leichtlebige Persönlichkeit, weiblich bestimmt, skandalös europäisch, auf komplizierte Weise gesellig, Pore um Pore vorherbestimmt für alle Listen der Eleganz und alle Feinheiten ihrer Kenntnis, schimmert farbig durch Ihr Buch hindurch. Und wenn Sie darin mit so großer Natürlichkeit, mit so echter organischer Kenntnis die lokale filmische Wiedergabe des eleganten Semikosmopolitismus zuwege bringen, ein

Produkt der Durchdringung der Adelsschicht durch die Hochfinanz, bei dem die Manieren allemal mehr Zufälle der Mode darstellen und die Belanglosigkeit immer mehr eine Funktion der Langeweile wird, so geschieht es, weil all dies in Ihnen lebt und weil diese gesellschaftliche Atmosphäre eine Komponente Ihres Geistes ist.

Und selbst wenn es nicht diese allgemeinen Gründe gäbe, damit Sie bezaubern können, indem Sie Ihre Persönlichkeit enthüllen, so würde es noch andere, besondere, geben, die (ironischerweise durch den Kontrast) Geister meiner Art stark beeindrucken. Diese Gründe sind gewiß nicht Motiv genug, daß alle den »Sachá« würdigen; deshalb sage ich auch, es sind besondere, und ich gebe sie nur als meine eigenen aus.

Mich, einen spekulativen, metaphysischen Kopf, der deshalb traurig und ungraziös ist, fasziniert Ihr Kontrast zu mir. Sie gehorchen Ihrem Wesen und legen Eleganz in alles; und ich würde, selbst wenn ich in irgend etwas elegant wäre, es auf eine Weise sein, daß ich es nicht sein würde. Die übermäßige, verzehrende Verwendung der Intelligenz, der Mißbrauch der Aufrichtigkeit, die skrupulöse Bemühung um Richtigkeit, die Sorge um die Analyse, die nichts so gelten läßt, wie es sich zeigt, sind Qualitäten, die mich eines Tages bemerkenswert machen können; sie berauben mich jedoch jeder Art von Eleganz, weil sie keine Illusion des Glücks zulassen.

Geister, die so beschaffen sind wie der meinige, werden alt geboren und leben als Besiegte. Die glanzvollste körperliche Jugend, falls wir sie zufällig haben sollten, erreicht niemals unseren Geist; die größte Berühmtheit behält immer für uns einen düsteren Geschmack nach Niederlage, einen grausamen Makel von Nutzlosigkeit und Irrtum. Wir sind gehalten, alles ernst zu nehmen: die Oberflächlichkeit ist uns daher fremd. Deshalb nehmen wir, sobald wir bewußt werden, ihr gegenüber, die von Natur aus ein Mädchen ist, die Haltung der Alten gegenüber der Jugend an: bei den ihrem Wesen nach übleren die Bitterkeit und die Verachtung des Ausgeschlossenen; bei den Besseren die traurige Zärtlichkeit des Sehnsüchtigen. Ich hatte, glaube ich, das einzigartige Glück, wenn ich schon zu ihnen gehören mußte, nicht zu den Übleren zu gehören. Deshalb fasziniert mich, wie ich schon sagte, Ihr Kontrast mit mir; Ihre angeborene Jugendlichkeit, Ihre triumphierende Oberflächlichkeit im Gegensatz zu der angeborenen Müdigkeit eines zur Niederlage Vorherbestimmten, auch wenn sie sich Sieg nennen sollte.

Sie sind als Sieger geboren worden, denn die Feen haben bei Ihrer Geburt die böse Fee hinters Licht geführt. Sie haben nicht gesiegt wie diejenigen, die mit einem Sieg, mit dem Vollbringen siegen, das immer lastet, weil es existiert; mit der Anstrengung, die immer gemein ist, weil sie ermüdet; mit dem Verdienst, das vernünftig ist und deshalb ohne Leben. Ihr Schicksal war kindgemäßer. Ihnen ist der Sieg als Leben, nicht als Sieg zugefallen. Man hat Ihnen liebevoll als Wiege vergönnt, was den Besten unter uns, die wir uns schinden, wider Willen als Grab zufällt.

Ich wünsche Ihnen, mein lieber Francisco Manuel, daß aus Ihrer Miene und Ihren Gebärden niemals die Jugendlichkeit verschwinden möge, die Ihnen das Schicksal vergönnt hat – wie einem jungen Gott, nicht als vorübergehende, hinfällige Episode eines Lebensalters, sondern als Lebensgeheimnis und Fleisch des eigenen Gefühls.

Ich bewahre an das, was Sie geschrieben haben, die flüchtige und dennoch deutliche Erinnerung, die von Düften übrig bleibt. Es ist nicht der vage Nachklang von etwas Geistigem, jedoch auch nicht von etwas Materiellem. Es lebt im Zwischenraum der Dinge, die man definieren kann. Es ist eine Aura, eine Atmosphäre, etwas unbestimmt Angenehmes, eine Gegenwart, der wir zulächeln. In diesem Falle sind Sie es selbst.

Alles übrige ist Philosophie.

Fernando Pessoa

Anm.: Offener Brief, in der Zeitschrift »Contemporânea« Nr. 8 vom Februar 1922 unter dem Titel »Brief an den Autor von Sachá« publiziert.

An einen nicht identifizierbaren Adressaten

vermutlich einen Rechtsanwalt

Lissabon, den 31. August 1925

Mein hochgeschätzter Freund:
Ich glaube, an einem Anfall – einem leichten, vermute ich, und wenn das so ist, heilbaren – von psychasthenischem Wahnsinn zu leiden. Da es nun, falls es richtig ist, was ich von mir annehme – und falls es nicht richtig ist, so ist es wahrscheinlich, daß meine laienhafte Diagnose milde ist –, empfehlenswert sein würde, in ein Irrenhaus eingewiesen zu werden, und das Dekret vom 11. Mai 1911 in einem seiner Paragraphen erlaubt, daß der Kranke selber diese Internierung beantragt, wollte ich Sie um die Freundlichkeit bitten, mir mitzuteilen, wie und an wen dieser Antrag gerichtet werden muß und mit welchen Dokumenten er, falls einige sofort notwendig sein sollten, unterstützt werden muß.
Schon im voraus dankt Ihnen verbindlichst für Ihre Antwort
Ihr sehr ergebener Freund

F. P.

Anm.: Es ist nicht bekannt, ob dieser im Nachlaß gefundene Briefentwurf abgeschickt worden ist.

An João Gaspar Simões

Romancier und Kritiker, Verfasser der ersten Pessoa-Biographie »Vida e Obra de F. Pessoa«, Mitherausgeber der ersten vier Bände von Pessoas posthum erschienenem dichterischem Werk.

26. Juni 1929

Mein lieber Kamerad:

Ich möchte Ihnen für Ihr Buch »Temas« danken und weiß nicht, wie ich Ihnen für die Studie danken soll, mit der Sie mich darin beehren.

Dieser Brief oder dieses Zerrbild eines Briefes ist das uncharakteristische Vorwort zu einem weiteren, den ich Ihnen in Bälde zu schreiben hoffe, worin ich Ihr Buch ausführlicher, im gehörigen kritischen Kontext, behandeln werde.

Im Augenblick schreibe ich Ihnen nur mit dem Herzen, um klarzustellen, wie sehr mich die Studie, in der Sie mich analysieren, bewegt hat. Da jeder von uns, so geistesklar er sei, sich selber im Inneren unbekannt ist, bin ich freilich außerstande, mit einem objektiven Maßstab abzuschätzen, wie groß der Anteil der abstrakten Richtigkeit ist, mit der Sie bezüglich meiner Person Ihre Schlüsse gezogen haben. Sicher ist, daß Sie mich mit wachsamer Aufmerksamkeit umschifft haben und ich viele Einzelheiten Ihrer Studie (ohne den Vorbehalt einer persönlichen Gleichung) als fotografisch getreu anerkennen muß. Über Ihr ehrenvolles Werturteil kann ich anständigerweise nicht reden.

Ihre Studie bewegte mich, wie ich schon sagte, weil Sie mich als geistige Wirklichkeit behandeln und sozusagen meine Existenz als unabhängige Nation anerkennen.

Bis zum nächsten Brief, den ich alsdann mit dem Gehirn schreiben werde! Dieser stammt aus dem Herzen, wie ich schon sagte, mit einer dankbaren Umarmung, die Ihnen Ihr sehr ergebener Kamerad

Fernando Pessoa

schickt.

———

30. September 1929

Mein lieber Kamerad:

Ich schreibe mit der Maschine, weil die Schrift auf diese Weise klar ist und die Antwort freier von den Behinderungen durch die Handschrift...

... Bevor ich auf Ihren Brief vom 26. eingehe, muß ich sagen, daß ich den Brief nicht vergessen habe, den ich Ihnen seinerzeit versprochen hatte, mit detaillierteren Beobachtungen über den Artikel aus den »Temas«, mit dem Sie meine Existenz geehrt haben. Diese Existenz war auf die elende Betrachtung der Extravaganzen des Herrn Ingenieurs Álvaro de Campos reduziert; wenn dieser metaphysische Zwischenfall vorüber ist, werde ich, vermutlich, Seele übrig haben, um schriftlich mit Ihnen zu reden. Ich gebe dafür kein Datum an, denn die Daten sind Fiktionen der Zeit; ich gebe jedoch ein Versprechen ab. Mehr kann ich im Augenblick nicht tun.

Und jetzt antworte ich auf Ihren Brief. Ich bin herzlich gern bereit, Ihre Absicht zu unterstützen, die Werke von Mário de Sá-Carneiro zu publizieren. Ich glaube meinerseits, daß die Gesamtheit seines Werkes, dem gleichen Kriterium folgend, das ich schon in der bibliographischen Notiz über ihn dargelegt habe, wie folgt gegliedert sein müßte: 1) »Zerstreuung« (Dispersão), 2) »Lúcios Bekenntnis« (A Confissão de Lúcio), 3) »Feuriger Himmel« (Céu em Fogo), 4) »Goldspuren« (Indícios de Ouro), als Gesamtwerk noch unveröffentlicht. Ich scheide den Band »Anfänge« (Princípios) aus, aus dem einfachen Grunde, weil er nichts taugt, und das gleiche Kriterium läßt mich das Theaterstück »Freundschaft« (Amizade) ausschließen, das ihm vorausging und das ich auf Wunsch von Mário de Sá-Carneiro selbst nie gelesen habe.

Ich glaube daher, daß die Ausgabe der »Sämtlichen Werke« Mários in einem einzigen Band bestehen muß, mit voraufgehendem Abonnement (nach Rundschreiben an ausgewählte Namen) und in einer streng nach dem Ergebnis dieser Rundschreiben begrenzten Auflage. Ich will noch deutlicher werden. Es empfiehlt sich für Sie in jeder Hinsicht (die finanzielle klarerweise eingeschlossen), sich im voraus auf die Anzahl von Exemplaren festzulegen, die Sie herstellen lassen wollen. Sie sollten Rundschreiben verfassen und darin einfach um die Subskription der Ausgabe bitten und eine Bezahlung gegen Übergabe des Buches vereinbaren. Verlangen Sie keine vorzeitige Bezahlung! Wenn Sie den Buchpreis auf 30 Escudos festlegen können, tun Sie das; lassen Sie es nicht teurer als 50 werden. Damit müßten Sie, wenn Sie die Verteilung der Rundschreiben richtig vornehmen, zwischen 300 und 500 Käufer erhalten. Geben Sie den Buchhandlungen keinen Rabatt; sie sollen zum gleichen Preis abonnieren und dann zu dem von ihnen gewünschten Preis weiterverkaufen.

Das Eigentumsrecht an den Werken Mário de Sá-Carneiros hat natürlich der Vater, Oberst Carlos de Sá Carneiro, den ich nicht persönlich kenne und von dem ich nicht weiß, ob er sich in Lissabon befindet, von dem ich jedoch nicht annehme, daß er sich irgendwie oder in irgendeinem Sinne der von Ihnen geplanten Publikation widersetzen würde. Ich glaube auch nicht, daß er sich meinen Vorstellungen bei der Publikation der Werke seines Sohnes widersetzen würde – was juristisch durchaus möglich wäre –, denn mehr als einmal hat er mir das künftige Schicksal dieser Werke übergeben, aber freilich mündlich oder in dem einen oder anderen Brief und immer ohne *gesetzlichen* Wert.

Was das Vorwort oder die einleitende Studie angeht, die Sie von mir erwarten, so hängt alles von der Zeit ab, die mir dafür zur Verfügung stehen würde. Bei Zeitmangel würde wohl (vielleicht mit einem kleinen Zusatz) die gleiche Studie oder Notiz genügen, mit der ich Heft 2 der »Athena« eröffnet habe. Sie besagt alles und entbindet daher davon, mehr sagen zu müssen.

Ich besitze glücklicherweise das letzte und geistig wahre Bild des Autors. Es ist ein kleines Bild, Typ Personalausweis, aber man kann es vergrößern und dann entsprechend der Vergrößerung abdrucken. Das Porträt, von dem ich spreche und von dem ich sage, daß es das geistig wahre sei, zeigt Sá-Carneiro nicht, wie er üblicherweise war, sondern einen zerquälten Sá-Carneiro (der Blick selber sagt es), einen abgemagerten Sá-Carneiro im Endstadium, und ist wahrer als die gewöhnlicheren Bilder, die bei den großformatigen Fotografien herausgekommen waren. Und eben dies gibt dieser zufälligen Fotografie den Wert, den das Zufällige oft dem Echten entlehnt – die einem plötzlichen Zwang des Schicksals folgende Festlegung des Anblicks, in welchem sich jede Seele offenbart.

Entschuldigen Sie bitte die mehrtägige Verzögerung bei dieser Antwort und die Zusammenhanglosigkeit der Antwort selber. Ich bin in diesen letzten Tagen geistigen Stürmen ausgesetzt gewesen, die ich literarisch auszuwerten hoffe, die aber, solange sie nicht ausgewertet werden, anhalten.

Wenn dieser Brief in Anbetracht der atmosphärischen Umstände meiner Seele, auf die ich oben anspielte, Informationen oder Details der Antwort, die ich Ihnen geben wollte, zu wünschen übrig läßt, zögern Sie bitte nicht, mir mitzuteilen, auf welche Punkte ich noch eingehen soll, damit ich Ihnen tatsächlich Antwort gebe.

Und glauben Sie stets an die Wertschätzung und Zuneigung Ihres befreundeten und dankbaren Kameraden

Fernando Pessoa

30. 9. 1929

———

Postfach 147
Lissabon, den 28. Juni 1930

Mein lieber Kamerad:

Wie es mein Brauch ist, schreibe ich Ihnen mit der Maschine, aber so kann man es wenigstens lesen. Ich hätte gerne länger mit Ihnen und José Régio* gesprochen, als ich die Freude hatte, Sie beide kürzlich zu sehen; aber die Eile ließ für die Gelegenheit nur das Privileg der Möglichkeit übrig. Ich sage Ihnen noch einmal, was ich Ihnen schon gesagt habe. Ich werde bis in die Einzelheiten den Text des ersten Bandes – den der Gedichte – der Werke Mário de Sá-Carneiros vorbereiten. Dem stand nicht nur im Wege, wie ich Ihnen erzählt habe, daß ich einige Zeit lang nicht das handschriftliche Buch der »Goldspuren« (Indícios de Ouro) fand; ich möchte auch diesen Text mit den verschiedenen partiellen Texten vergleichen, die ich in Briefen von Sá-Carneiro besitze, der mir aus Paris die Gedichte in der Abfolge ihrer Niederschrift zuschickte. Ich habe schon nach den Briefen gesucht und habe schon fast alle Duplikate der letzten Gedichte beisammen (nur um die letzten handelt es sich bei dieser skrupulösen Vorsicht). Ich hoffe alles bereit zu haben, um im

---

* José Régio, portugiesischer Lyriker, Erzähler und Dramatiker, Herausgeber der Zeitschrift »Presença«.

130

Juli den Gedichtband in seiner Gesamtheit mit der Maschine ins reine zu schreiben. Ich hoffe, Sie durch die Erfüllung dieses meines Gelübdes zum Glauben an die außerreligiöse Existenz eines Wunders zu bringen.

Dann ist da noch das Problem meiner Mitarbeit an der »Presença«. Ich wiederhole, was ich Ihnen schon gesagt habe: wenn ich Ihnen nicht regelmäßig Beiträge schicke, braucht Sie das nicht zu falschen Schlüssen anzuregen. Das sind Dinge zwischen mir und mir selbst. Meinen Sie niemals, auch nicht von ferne, daß ich irgendeinen *Grund* hätte, Ihnen keine Beiträge zu schicken. Es ist so leicht, Haltungsänderungen bei jemandem zu vermuten, der solchen Abweichungen nicht unterworfen ist, daß ich immer fürchte, was man denken könnte, wenngleich ich niemals das fürchte, was man wirklich denkt.

Wann wird die Nr. 27 der »Presença« veröffentlicht? Ich möchte etwas von den triumphalen Sachen Álvaro de Campos' und noch etwas von mir und nur mir einschicken. Ich frage das, weil ich nicht weiß, ob Sie jetzt bis Oktober unterbrechen oder *quand même* in den schwachen Monaten fortfahren.

Gerade habe ich – und zwar ganz wörtlich – Nr. 26 der »Presença« bekommen, und dieserhalb und wegen geistig verwandter Dinge möchte ich Sie um ein paar Auskünfte bitten, die meine Neugier wissen möchte.

1) Was war denn das für ein zum Lachen reizendes »Manifest«, das Sie despektierlich bei der Ehrung für António Correia da Oliveira publiziert haben? Ich hätte gern, daß Sie mir diese Schriften zuschickten, auch wenn Sie sie für an den Anlaß gebunden halten, sobald Sie sie produzieren und veröffentlichen. Ich hätte es gern, wenn Sie sich immer aktiver an mich erinnerten als ich mich aktiv an andere Menschen erinnere, auch wenn ich mit ihnen seelisch überreichlich verbunden bin. Vergelten Sie das scheinbare Übel mit dem gänzlichen Guten!*

2) Es läge mir viel daran, den Text des Vortrags kennenzulernen, den sie im »Salon der Unabhängigen« gehalten haben. Ich nahm an – ich weiß nicht mit welcher instinktiven Begründung –, daß er in dieser Nummer (26) der »Presença« abgedruckt sein würde. Ich sehe, daß ich

---

* Das satirische Manifest, von dem hier die Rede ist, verteilten Mitarbeiter der »Presença« bei einer eher politischen als literarischen Manifestation gelegentlich einer universitären Ehrung für den nationalistischen Dichter António Correia de Oliveira.

mich, wie immer, wenn ich etwas wittere, geirrt habe. Wollen Sie diesen Vortrag in Kürze veröffentlichen?

3) Was steckt hinter dem Manifest, das drei junge Leute, Ihre Freunde und Mitarbeiter, unterzeichnet haben und von dem man mir ein Exemplar in der Buchhandlung »Portugália« gegeben hat? Ich dachte, die Erklärung würde auf der Rückseite stehen; aber die Rückseite ist weiß.*

Bezüglich des letzteren fällt mir etwas ein, ich weiß aber nicht, ob es mir zu Recht einfällt, weil ich nicht weiß, ob da irgendeine Beziehung besteht. Ich bekam, wie Sie mir schon angekündigt hatten, das Buch »Rampe« (Rampa) von Adolfo Rocha.** Einige Tage später – später als es sein sollte – schrieb ich ihm einen Brief, dankte für das Buch und gab, zusammengefaßt, eine Meinung ab. Da ich in Eile schrieb, um die Antwort und den Dank nicht weiter zu verzögern, übertrug ich die Abfassung dem Herrn Ingenieur Álvaro de Campos, dessen Talent zur lakonischen Formulierung mein eigenes bei weitem übertrifft. Das Resümee meiner Meinung, dessen Ausdruck besagter Ingenieur übernahm, ist dieses: Das Buch ist interessant (und es ist wirklich sehr interessant) als Ausdruck einer Sensibilität, aber unvollkommen und unvollständig in ihrer Verwendung; und die Verwendung der Sensibilität, nicht die Sensibilität selber, zählt in der Kunst. Ich war des Lobes voll, so weit ich das sein konnte; jenseits dessen, was möglich war, muß ich bekennen, war ich es nicht.

Kurz darauf erhielt ich einen Brief von Adolfo Rocha, der mich eine Viertelstunde lang schwanken ließ, ob ich ihn beantworten sollte oder nicht. Der Brief stammt von jemandem, der sich im allerhöchsten Maße gekränkt fühlt. Er ist nicht eigentlich bitter, nicht eigentlich unverschämt, aber er fordert mich a) auf, meinen voraufgehenden Brief zu erläutern, erklärt b), meine Meinung sei die uninteressanteste, die er im Hinblick auf sein Buch bekommen hätte, und erklärt c) unter verschiedenen törichten Gesichtspunkten, die Intellektuellen seien lächerlich und die Zeit der Meister sei längst vorüber.

---

* Die Rede ist hier von dem »Brief an José Régio und João Gaspar Simões«, unterzeichnet von Adolfo Rocha, Edmundo de Bettencourt und Branquinho da Fonseca.
** Adolfo Rocha ist der bürgerliche Name Miguel Torgas, der sich als Dichter, Erzähler und Tagebuchschreiber in Portugal einen bekannten Namen geschaffen hat und auch ins Französische und Spanische übersetzt worden ist.

Der Brief mußte tatsächlich nicht unbedingt beantwortet werden; ich fand es daher besser, nicht zu antworten. Was zum Teufel sollte ich antworten? Erstens ist es unangebracht, sich bei einem außerjuridischen Gegenstand einschüchtern zu lassen. Zweitens hatte ich mir nicht vorgenommen, in einen Wettbewerb interessanter Meinungen einzutreten. Drittens hätte ich nur antworten können, indem ich die Bilder, deren sich, weil ich so in Eile war, der Herr Ingenieur Álvaro de Campos in meinem Namen bedient hatte, zu ausführlichen Überlegungen entfaltete; und das hätte mich in die Lage versetzt, noch intellektuellere Prosa zu schreiben und noch stärker als Meister (mit Großbuchstaben) aufzutreten als in dem voraufgehenden Brief. Davon habe ich Abstand genommen. *Patere et abstine*, empfahlen die Stoiker.

Es umarmt Sie herzlich Ihr bewundernder und dankbarer Kamerad

Fernando Pessoa

Lissabon, den 26. Oktober 1930

Mein lieber Gaspar Simões:

Vielen Dank für Ihren Brief, den ich eben, ganz wörtlich eben, empfangen habe.

Bei der Entstehung des Gedichtes »Die letzte Verzauberung« (O último sortilégio) gibt es nichts Besonderes zu erläutern. Ich schrieb es am 15. dieses Monats, am Abend, nachdem ich zuvor drei sehr einfache Vierzeiler geschrieben hatte. Ebenso sie wie das längere Gedicht waren unmittelbare und spontane Schöpfungen.

Vielleicht hat sie das Thema befremdet. Das liegt jedoch daran, daß Sie andere unveröffentlichte Gedichte von mir nicht kennen, die zur gleichen Gattung gehören. Ein unvollständiges, »Lucifer«, geht über dieses in der gleichen Richtung noch hinaus; und das ist schon alt. Die gleiche Wolke schwebt über den fünf Gedichten, deren Gesamtheit ich »Jenseits von Gott« (Além-Deus) genannt habe; sie sind vor noch längerer Zeit geschrieben worden; es sind fünf kleine, vollständige Gedichte, die in »Orpheu« Nr. 3 publiziert werden sollten (und schon gedruckt waren), was höhere Mächte verhinderten. Und außer diesen gibt es noch andere Gedichte, ein Sonett über Gomes Leal eingeschlossen*, das Sie kennen werden, zumindest aus der »Anthologie des Herbstsalons«.

Wirklich und wahrhaftig kann ich Ihnen keine Erklärung über die besondere Entstehung dieses Gedichtes geben. Über die allgemeine Entstehung dieser Art von Gedichten gäbe es vielleicht etwas zu sagen. Aber das hat weder ästhetisches noch psychologisches Interesse.

Ich bin jetzt in einer etwas dynamischeren Phase; ich hoffe, Ihnen in der allernächsten Zeit das Original für den Gedichtband innerhalb der Werke von Sá-Carneiro schicken zu können. Ich habe schon den größten Teil der Originalmanuskripte zusammengestellt, die ich mit dem Manuskript des Buches vergleichen will; diese Originalmanuskripte waren in an mich gerichteten Briefen vorhanden, und es hat mich eine gewisse Arbeit gekostet, diese Briefe herauszusuchen.

Es umarmt Sie freundschaftlich Ihr bewundernder und dankbarer Kamerad

Fernando Pessoa

Postfach 147
Lissabon, den 18. November 1930

Mein lieber Gaspar Simões:

Entschuldigen Sie, daß ich noch nicht auf Ihren Brief vom 7. geantwortet habe: ich wollte nicht antworten, ohne Ihnen die Broschüren mit meinen englischen Versen zu schicken, und erst heute habe ich das Päckchen, in dem sie sich befanden, entzaubert. Ich schicke sie Ihnen mit gleicher Post, in einem getrennten Umschlag.

Es handelt sich um die English Poems I–II (»Antinous« und »Inscriptions«) und III (»Epithalamium«) und die »35 Sonnets«; ich schicke Ihnen nicht die erste Ausgabe des »Antinous« (1918, broschiert wie die »35 Sonnets«), weil dieses Gedicht neu strukturiert und vervollkommnet wurde; in dieser Form eröffnet es die später publizierten »English Poems«. Wenn Sie jedoch ein bibliophiles Interesse

---

* Antonio Duarte Gomes Leal, spätsymbolistischer Dichter.

daran haben sollten, auch diesen Proto-»Antinous« zu besitzen, so habe ich noch Exemplare und kann Ihnen eines schicken. Sagen Sie es mir!

Ich weiß nicht, wie Ihre Kenntnisse der englischen Sprache beschaffen sind; aber ich muß darauf hinweisen, daß man sie wirklich gut kennen muß, um den komplexen und kompakten Text dieser Gedichte, insonderheit der »Sonette«, verstehen zu können. Es mag jedoch sein, daß Ihre Intuition und künstlerische Bildung sowie Ihre Kenntnis anderer meiner Schriften in portugiesischer Sprache Ihre, wie Sie vielleicht mit übertriebener Bescheidenheit sagen, schwache Kenntnis der englischen Sprache aufwiegen.

Dazu eine Erklärung. »Antinous« und »Epithalamium« sind die einzigen Gedichte (oder Kompositionen) von mir, die klar und deutlich das sind, was man obszön nennt. In jedem von uns ist, so wenig man sich instinktiv auf die Obszönität spezialisiert, ein gewisses Element dieser Art vorhanden, dessen Quantität naturgemäß von Mensch zu Mensch variiert. Da diese Elemente, so klein auch der Grad sei, in welchem sie vorhanden sind, ein gewisses Hindernis für einige höhere geistige Prozesse darstellen, habe ich zweimal beschlossen, sie durch den einfachen Vorgang des intensiven Ausdrucks auszuschalten. Darauf basiert die für Sie vielleicht unerwartete Heftigkeit der Obszönität, die in jenen Gedichten – vor allem in »Epithalamium«, das direkt und tierisch ist – zutage tritt. Ich weiß nicht, warum ich die beiden Gedichte auf englisch geschrieben habe.

Noch eine Erklärung, diesmal unnötigerweise. Die beiden erwähnten Gedichte bilden zusammen mit drei anderen ein kleines Buch, das den Kreis des Phänomens Liebe durchläuft. Und zwar in einem Zyklus durchläuft, den ich kaiserlich nennen möchte. So haben wir: 1) Griechenland, »Antinous«; 2) Rom, »Epithalamium«; 3) Christenheit, »Gebet an einen Frauenleib«; 4) Modernes Reich, »Pan-Eros«; 5) Fünftes Reich, »Anteros«. Die letzten drei Gedichte sind unveröffentlicht.

Ich will das besser erklären, wobei ich jedoch, weil es noch nicht der richtige Zeitpunkt ist, die Erklärung für die Abfolge der Imperien und ihren inneren Sinn auslasse. Der Inhalt der Gedichte definiert die Imperien nicht, auf die sie sich beziehen. So ist »Antinous« dem Gefühl nach griechisch, aber der historischen Stellung nach römisch. »Epithalamium« ist dem Gefühl nach römisch, nämlich die römische Bestialität, dem Thema nach aber eine einfache Heirat in irgendeinem christlichen Land; und das gleiche gilt auch für die drei übrigen Gedichte oder gilt besser gesagt indirekt, denn keines von ihnen hat eine genaue Stellung in der Zeit, sondern nur im Gefühl. Wenn ich sage, die beiden ersteren seien die einzigen erklärtermaßen obszönen Gedichte, die ich geschrieben habe, so ist das nicht unrichtig; die übrigen drei Gedichte haben nichts, ausgenommen den einen oder anderen zufälligen Satz im dritten, was man als obszön qualifizieren könnte.

Es interessiert mich sehr, Ihre Studie in der »Presença« kennenzulernen.*Es genügt mir, wenn ich sie dort finde; Sie brauchen sie mir nicht, wie Sie in einem anderen Brief andeuteten, vor der Publikation zuzuschicken. Der Titel alarmiert mich keineswegs, freilich kann ich ihn für sich genommen nicht klar verstehen. Die Studie wird es mir gewiß erklären. Im übrigen nehme ich zur Kenntnis, daß Sie den Titel nicht als endgültig, sondern als wahrscheinlich angeben. Wenn er die Schlußfolgerungen der Studie gut wiedergibt, müssen Sie ihn beibehalten. Gewiß wird er das Interesse auf sich ziehen.

Etwas ganz anderes. Am 13. fand ich in meinem Postfach einen Brief von Ihnen (nach Umschlag und Schrift zu schließen) für António Botto.** Gegen meine sonstigen Gepflogenheiten habe ich diesen Brief verlegt. Ich bitte Sie dafür um Entschuldigung und teile Ihnen das mit, damit Sie sich die Mühe machen können, ihn noch einmal neu zu schreiben. Ich habe dem António die Angelegenheit noch nicht erklärt, weil ich ihn seit zwei Wochen nicht zu Gesichte bekommen habe; die Korrespondenz, die für ihn in meinem Postfach eingeht – und die immer dorthin gehen kann, weil ich die Briefe nicht zu verlegen pflege –, hinterlasse ich gleich für ihn im Café »Arcada«, wohin er häufig geht, aber zu Zeiten, zu denen ich nur selten dorthin gehen kann.

Eine große Umarmung von Ihrem sicheren, bewundernden und verpflichteten Freund

Fernando Pessoa

---

* Die fragliche Studie erschien unter dem Titel »F. Pessoa und die Stimmen der Unschuld« in Nr. 29 der »Presença«.
** António Botto, Dichter der männlichen Schönheit und Autor reizvoller Kindergeschichten, mit Pessoa befreundet.

Postfach 147
Lissabon, den 6. Dezember 1930

Mein lieber Gaspar Simões:

Vielen Dank für Ihren gestrigen Brief. Ich schicke Ihnen umgehend die korrigierten Druckfahnen meines Gedichtes zurück.

Für Nr. 30 werde ich Ihnen Caeiros Gedicht und einige der »Aufzeichnungen« von Álvaro de Campos schicken. Sie sind schon geschrieben, so daß ich sie nur noch ins reine schreiben muß. Es sind lockere Aufzeichnungen, eine Art von anekdotischer geistiger Biographie Caeiros von seinem Schüler.

Sie sagen, ich solle »ein weiteres Gedicht« von Caeiro schicken. Dasjenige, von dem ich gesprochen habe, ist bereits ziemlich lang, und es gibt kein anderes, das recht zu ihm passen würde. Eine der »Anmerkungen« Álvaro de Campos' bezieht sich auf dieses Gedicht.

Mit großem Interesse habe ich die Nachrichten gelesen, die Sie mir von Hourcade* geben, und danke Ihnen dafür.

Da Sie sich für »Die letzte Verzauberung« (O Último Sortilégio) interessiert haben, schicke ich Ihnen einfach als Kuriosität die Übersetzung, die ich aus dem Englischen von einem echten »magischen Gedicht« angefertigt habe – die »Hymne an Pan«, die das Vorwort zu dem Traktat »Magie« Meister Therions** bildet. *Dieses Gedicht ist nicht für die Publikation bestimmt,* sondern nur für Ihre Lektüre. Ich bitte Sie auch, daß Sie es nicht vielen Leuten zeigen. Ich sage nicht, daß man es nicht publizieren könnte, aber dafür würde Meister Therions Erlaubnis notwendig sein; und Meister Therion ist verschwunden; man weiß nicht, ob er Selbstmord begangen hat (wie ich anfänglich selber geglaubt habe), ob er sich ganz einfach versteckt hat oder ob er ermordet wurde (sonderbare Hypothese im Prinzip, die aber, soviel mir bekannt ist, die englische Polizei vertritt oder vertreten hat, die hier war, um den Fall zu untersuchen).

---

* Pierre Hourcade war damals Direktor des Französischen Kulturinstituts in Lissabon und der erste ausländische Bewunderer (und Übersetzer) von Pessoas Werk.

** Meister Therion ist der »Künstlername« des englischen Dichters, Magiers und Satanikers Aleister Crowley. Er kam nach Lissabon, um Pessoas Bekanntschaft zu machen, und beide inszenierten dann sein »Verschwinden« im Höllenschlund (Boca do Inferno) von Cascais, das polizeiliche Nachforschungen auslöste.

Herzlich umarmt Sie Ihr Freund und ständiger Bewunderer

Fernando Pessoa

Postfach 147
Lissabon, den 4. Januar 1931

Mein lieber Gaspar Simões:

Vielen Dank für Ihren Brief, für die beiden Exemplare der »Presença«
und noch mehr für Ihren Artikel, der mir sehr gefallen hat. Es gibt darin
Punkte, die ich zutreffend finde, andere, die ich nicht zutreffend finde,
und wieder andere, bei denen ich mir selber im Ungewissen bin. Aber
auch wenn ich die ehrenvolle und angenehme Tatsache der Existenz des
Artikels selbst beiseite lasse, hat er mir wirklich in seinem Inhalt gefallen. Später einmal werde ich das mit größerer Muße für Sie auf Einzelheiten reduzieren, was hier nur summarisch gesagt wird.

Ich dachte mir schon, daß Ihnen das *Achte Gedicht aus dem »Hüter
der Herden«* gefallen würde, aber ich stelle mit neuem Vergnügen fest,
daß es Ihnen wirklich gefallen hat.* Ich lege die fünf ausgewählten
Anmerkungen aus den »Aufzeichnungen zur Erinnerung an meinen
Meister Alberto Caeiro« von Álvaro de Campos bei; ich hoffe, daß sie
Ihnen ebenfalls gefallen. Erst gestern fand ich Zeit, die Auswahl zu treffen und die Abschrift anzufertigen.

Meister Therion ist keines meiner Heteronyme; es ist ganz einfach
der »höchste Name« des englischen Dichters, Magiers, Astrologen und
»Mystagogen«, der mit bürgerlichem Namen Aleister Crowley heißt
(oder hieß) und sich auch als »Die Bestie 666« bezeichnete. Der »Hymnus an Pan« ist eine Art Vorwort zu der »Magick« (Magie) betitelten
Arbeit, die vierbändig in Paris veröffentlicht worden ist. Crowley ließ
einen dieser Traktate aus England für mich kommen; ich bekam ihn
freilich erst, nachdem Crowley unter geheimnisvollen Umständen aus
Lissabon verschwunden war.

Es fiel mir eines Tages ein, den »Hymnus an Pan« zu übersetzen, was
ich gemäß meiner Grundüberzeugung beim Übersetzen von Versen tat,

---

* Es handelt sich um das blasphemische Gedicht von Jesus, dem »ewigen Kind«; Pessoa ver-
unglimpft darin die römische Kirche.

nämlich in absoluter rhythmischer Treue gegenüber dem Original. Ich habe Ihnen das Gedicht zugeschickt, damit Sie, wie schon gesagt, sehen können, wie ein wirkliches »magisches Gedicht« beschaffen ist, verglichen mit einem einfachen »Gedicht über Magie«, wie es meine »Letzte Verzauberung« ist.

Nachdem ich Ihnen bereits geschrieben hatte, dachte ich noch einmal darüber nach, daß ich Ihnen gesagt hatte, das Gedicht sollte besser nicht publiziert werden. Ich sehe jedoch letztlich keinen Hinderungsgrund, falls Sie es interessant finden, das Gedicht zu veröffentlichen. Es hat zumindest den Vorzug der Besonderheit: ich glaube nicht, daß es im Portugiesischen (in Original oder Übersetzung) ein anderes Gedicht dieser Art gibt. Sie können es also publizieren, wenn Sie das wollen. Zu diesem Zweck sende ich Ihnen eine neue Kopie, in der ich die Orthographie (glaube ich) richtiggestellt und ein paar kleine Veränderungen vorgenommen habe.

Eine Umarmung von Ihrem Freund und sehr dankbaren Bewunderer
Fernando Pessoa

Postfach 147
Lissabon, den 11. Dezember 1931

Mein lieber Gaspar Simões:
Vielen Dank für Ihren Brief, den ich soeben erhalten habe, und für die Seite aus der Zeitung von Malaga. Es macht nichts, daß das Fragment des Buchhalters oder Álvaro de Campos' Sonett in »Presença 33« nicht gekommen sind; um so besser, daß die Übersetzung der *Hymne an Pan* gekommen ist. Es hätte mich in die Klemme gebracht, wenn sie nicht erschienen wäre. Und warum ärgern Sie sich über mich, weil ich der Zeitschrift »Entdeckung« (Descobrimento) ausgedehnte Beiträge überlassen habe? Ich bin bereit, sie im gleichen Umfang auch der »Presença« zu überlassen. Im einen wie im anderen Fall nehme ich jedoch auf die Art der Publikation Rücksicht. Ich finde es nicht gerecht, Ihnen Beiträge zu schicken, die drei Seiten in Anspruch nehmen, vor allem weil die »Presença« den besten und größten Platz für die jüngeren Dichter und Prosaschriftsteller reservieren muß und Leute meines Alters nur

aus Freundschaft uns gegenüber, als Zeichen unseres Beifalls für sie und zum Ausfüllen von Lücken einschieben kann.

Nach diesen Vorüberlegungen, die eine Antwort auf Ihren Brief darstellen, will ich zusehen, ob ich Ihr Buch »Geheimnis der Poesie« (Mistério da Poesia) kritisch beurteilen kann; dies wird die Kritik an Ihrer Studie über mich einschließen, da sie ja in dem Buch enthalten ist, obwohl ich sie Ihnen schon seit sehr langer Zeit versprochen hatte. Sie müssen vor allem anderen verstehen, daß ich die Kritik einfach so schreiben werde, indem ich sie flüssig und direkt mit der Maschine, an der ich sitze, niederschreibe, ohne die Absicht, Literatur oder Phrasen oder sonst etwas zu verfertigen, was nicht spontan beim mechanischen Vorgang des Schreibens entsteht. Da ich Ihr Buch nicht bei mir habe, muß ich mich auf Hinweise beschränken, statt zu zitieren, wo es Anlaß dazu gibt (falls es ihn direkt geben sollte). Darauf mache ich Sie aufmerksam, damit Sie nicht dort eine vage Absicht vermuten, wo nur die Tatsache vorliegt, daß ich Ihr Buch nicht mitgebracht habe.

Seit langem schon habe ich eine hohe Meinung von Ihrem Talent im allgemeinen und von Ihren kritischen Qualitäten im besonderen. Ich möchte, daß Sie das vor allem und über allem anderen zur Kenntnis nehmen; das ist meine grundsätzliche Meinung. Was sich im Verfolg dieses Briefes vielleicht als andere Ansicht entpuppt, betrifft nur Zufälligkeiten und Einzelheiten. Meine Meinung von Ihrer Intelligenz beweist Ihnen auch die Tatsache – die Ihnen vielleicht noch nicht zu Bewußtsein gekommen ist –, daß ich Ihnen gegenüber die Wörter »Bewunderung« und »Bewunderer« benutze, die ich nicht per Zufall zu verteilen pflege; »Schätzung« ist der Ausdruck, den ich dort verwende, wo ich, um mir selber treu zu bleiben, nicht darüber hinaus gehen kann.

Meines Erachtens markiert »Das Geheimnis der Poesie« in der Entwicklung Ihres Geistes und seines Ausdrucks ein mittleres Stadium zwischen »Temas« und einem künftigen Buch von Ihnen. »Das Geheimnis der Poesie« ist im wesentlichen – immer nach meiner persönlichen Ansicht – ein Buch des Zwischenstadiums: es ist tiefer und verworrener als »Temas«. Sie sind geistig gewachsen – man wächst geistig bis zum 45. Lebensjahr – und machen jetzt eine Wachstumskrise durch. Sie spüren die Notwendigkeit, mehr und tiefer zu erklären, als Sie das in »Temas« getan haben, aber zum Teil haben Sie noch nicht die Verfügungsgewalt über die Mittel zur Vertiefung erreicht, und zum anderen Teil versuchen Sie Zonen der menschlichen Seele zu vertiefen, die zu ergründen es niemals Mittel geben wird. Daher – immer nach meiner persönlichen Ansicht - das Fiebrige, Überstürzte, Atemlose, was der substantiellen Klarheit gewisser Beobachtungen im Wege steht und anderen in zentraler Weise Klarheit entzieht.

Abgesehen davon, daß ich darin einfach die Äußerung einer inneren Entwicklung sehe, glaube ich, daß Sie sich ein wenig mehr, als Sie sollten, den Einflüssen und Anregungen des intellektuellen Milieus Europas überlassen, mit allen seinen Theorien, die sich als Wissenschaft ausgeben, mit all seinen geschickten Talenten, die sich für Genies ausgeben und für solche gehalten werden. Ich mache Ihnen nicht zum Vorwurf, daß Sie das nicht *sehen;* in Ihrem Alter sieht man das nie. Ich staune heute – staune mit Entsetzen – über das, was ich – aufrichtig und mit der Intelligenz – bis zum Alter von 30 Jahren in der Vergangenheit und (damaligen) Gegenwart der internationalen Literatur bewundert habe. Das ist mir sowohl mit der Literatur als auch mit der Politik so gegangen. Ich staune heute mit nutzloser (und daher ungerechter) Beschämung darüber, wie sehr ich die Demokratie bewundert und an sie geglaubt habe, wie sehr ich glauben konnte, es wäre die Mühe wert, sich zum Wohl des inexistenten Wesens namens »Volk« anzustrengen, wie aufrichtig ich ohne Narrheit angenommen habe, dem Wort »Menschheit« entspreche eine soziologische Bedeutung und nicht die einfache biologische Bedeutung der »Gattung Mensch«.

Unter den Leitfiguren, die Sie in das relative Labyrinth eingeführt haben, in das Sie eingetreten sind, glaube ich Freud hervorheben zu können, wobei ich unter Freud ihn und seine Gefolgsleute verstehe. Ich finde das vollkommen verständlich, nicht nur wegen der allgemeinen, oben dargelegten Gründe, sondern auch aus dem besonderen, daß Freud in Wahrheit ein Mann von Genie ist, Schöpfer eines originellen und anziehenden Kriteriums, bei dem die Sendekraft, die von diesem Kriterium ausgeht, zur offenen Paranoia des deutenden Menschentyps geworden ist. Der europäische und außereuropäische Erfolg von Freud läßt sich meines Erachtens zum Teil auf die Originalität des Kriteriums zurückführen; zum Teil darauf, was dieses von der Kraft und Enge des Wahnsinns hat (so bilden sich die Religionen und die religiösen Sekten, wobei in diese, weil sie es ebenfalls sind, die Sekten des politischen Mystizismus eingeschlossen sind, wie Faschismus, Kommunismus und andere eben solche); aber vor allem, weil das Kriterium (Abweichungen bei einigen Gefolgsleuten ausgenommen) auf einer sexuellen Interpretation beruht. Das ermöglicht, daß man als angeblich wissenschaftliche Werke (die sie zuweilen auch wirklich sind) absolut obszöne Bücher schreiben kann und daß man Künstler und Schriftsteller der Vergangenheit und Gegenwart (im allgemeinen ohne irgendeine kritische Begründung) in einem herabwürdigenden und Kaffeehaus gemäßen Sinne »interpretieren« kann, indem man auf diese Weise zu dem weiten Netz von Onanismus, aus dem sich die zeitgenössische Zivilisationsmentalität zu bilden scheint, psychische Masturbationen beisteuert.

Verstehen Sie mich recht: ich möchte damit nicht einmal unterstellen, daß es diese letzte Einzelheit des Freudianismus war, die so hypnotisch auf Sie gewirkt hat. Auf ganz ähnliche Weise kamen wir in meiner Zeit dazu, Junqueiro* literarisch zu bewundern, der seine Berühmtheit dem außerliterarischen Phänomen verdankte, daß er die katholische Kirche (an die er im Inneren glaubte) und die »Bourgeois« angriff, deren überschüssiges Ornament er darstellte, und wir bewunderten ihn, obwohl wir nicht mit jedem der beiden Elemente einverstanden waren, die die Berühmtheit geschaffen hatten, um derentwillen wir ihn lasen und bewunderten.

Nun ist meines Erachtens (und immer »meines Erachtens«) der Freudianismus ein unvollkommenes, enges und dabei äußerst nützliches System. Es ist unvollkommen, wenn wir etwa meinen, daß es uns, was kein System uns geben kann, den Schlüssel für die unbestimmbare Komplexität der menschlichen Seele geben kann. Es ist eng, wenn wir dadurch veranlaßt meinen, alles lasse sich auf die Sexualität reduzieren, denn nichts läßt sich auf nur eine Sache reduzieren, nicht einmal im Leben innerhalb des Atoms. Er ist äußerst nützlich, weil es die Aufmerksamkeit der Psychologen für drei im seelischen Leben und folglich für die Interpretation der Seele hochwichtige Elemente geweckt hat: 1) das Unterbewußte und unsere daraus resultierende Beschaffenheit als unvernünftige Lebewesen; 2) die Sexualität, deren Bedeutung zuvor aus verschiedenen Gründen geschmälert oder verkannt worden war; 3) das was ich in meinem Sprachgebrauch die »*Übertragung*«

---

* Guerra Junqueiro, antiklerikaler und republikanischer Dichter und Rhetoriker aus dem Einflußbereich Victor Hugos.

(traslação) nennen möchte, nämlich die Verwandlung gewisser psychischer (nicht nur sexueller) Elemente in andere, durch die Hemmung oder Umleitung der ursprünglichen, und die Möglichkeit, die Existenz gewisser Vorzüge oder Mängel vermittels scheinbar mit ihnen unverbundener Wirkungen bestimmen zu können.

Schon bevor ich etwas von oder über Freud gelesen hatte, ja schon bevor ich überhaupt von ihm reden hörte, war ich persönlich zu dem unter 1) vermerkten Schluß gekommen und zu einigen Ergebnissen, die ich unter 3) aufgeführt habe. Im Kapitel 2) hatte ich weniger Beobachtungen gemacht, da mich die eigene oder fremde Sexualität immer wenig interessiert hat – die erstere nicht, weil ich mir als physischem und sozialem Wesen immer geringe Wichtigkeit beigemessen habe, die zweite nicht aus Scheu (innerhalb meines eigenen Kopfes), mich wenn auch nur interpretierend in das Leben anderer Menschen hineinzuversetzen. Ich habe nicht viel von Freud gelesen, auch nicht über das Freudsche System und seine Derivate; aber was ich gelesen habe, hat, ich bekenne es, außerordentlich dazu beigetragen, das psychologische Messer zu schärfen und die Linsen des kritischen Mikroskops zu reinigen oder zu ersetzen. Ich brauchte Freud nicht (und er würde mich, soweit ich das beurteilen kann, bei dieser Einzelheit auch nicht aufklären können), um die Eitelkeit vom Stolz unterscheiden zu können, bei Fällen, in denen sie vermittels Manifestationen, bei denen diese Eigenschaften indirekt auftreten, verwechselt werden können. Ich brauchte Freud auch nicht, um im Bereich der Merkmale 2) einfach am literarischen Stil den Päderasten und den Onanisten und innerhalb der Onanie den praktizierenden und den psychischen Onanisten erkennen zu können. Die drei konstitutiven Elemente für den Stil des Päderasten, die drei konstitutiven Elemente für den Stil des Onanisten (und die Divergenz bei einem von ihnen zwischen dem praktizierenden und dem psychischen) – für nichts von alledem brauchte ich Freud oder die Freudianer. Aber viele andere Dinge in diesem und in den beiden anderen Kapiteln haben mir in der Tat Freud und die seinigen aufgehellt: es wäre mir beispielsweise nie eingefallen, daß der Tabak (und, ich füge hinzu, »der Alkohol«) eine Sublimierung der Onanie ist. Nachdem ich Ausführungen in diesem Sinne in der kurzen Studie eines Psychoanalytikers gelesen hatte, stellte ich sogleich fest, daß von den fünf perfekten Onanisten-Exemplaren, die ich gekannt habe, vier weder rauchten noch tranken und derjenige, der rauchte, den Wein verabscheute.

Das Thema hat mich dazu genötigt, auf das Sexuelle zu sprechen zu kommen, aber das geschah, wie Sie verstehen werden, um ein Beispiel zu geben und um Ihnen zu sagen, wie sehr ich, auch wenn ich das kritisiere und abweichender Ansicht bin, die hypnotische Macht des Freudianismus über jedes intelligente Wesen begreife, vor allem, wenn seine Intelligenz kritischen Charakter hat. Was ich nun hervorheben möchte, ist, daß es mir scheinen will, dieses System und analoge oder abgeleitete Systeme müssen von uns als Stimulantien des kritischen Scharfsinns und nicht als wissenschaftliche Dogmen oder Naturgesetze verwendet werden. Nun ist es mir so vorgekommen, als ob Sie sich ihrer ein wenig in letzterem Sinne bedient hätten und infolgedessen von dem, was in vielen Teilen dieser Systeme pseudowissenschaftlich ist, entsprechend mitgeschleift wurden, was zur Verfälschung führt; was andernorts gewagt ist und mithin zu überstürzten Schlüssen verleitet; und was wieder anderswo übertrieben sexuell ist und zu einer automatischen Herabsetzung des kritisierten Autors führt, vor allem gegenüber dem Publikum – derart, daß die aufrichtig gesuchte und in aller Unschuld dargelegte Erläuterung sich in eine Aggression verwandelt. Weil das Publikum töricht ist? Zweifelsohne, aber was das Publikum zum Publikum macht, das kollektive Sein, beraubt es eben dadurch der Intelligenz, die nur individuell ist. Robert Browning, der nicht nur ein großer Dichter, sondern ein intellektueller, subtiler Dichter war, berichtete man einmal, was an Shakespeares Päderastie unbestreitbar ist und so klar und beständig von den »Sonetten« bestätigt wird. Wissen Sie, was Browning geantwortet hat? »Dann ist er weniger Shakespeare!« (If so the less Shakespeare he.) So ist das Publikum, mein lieber Gaspar Simões, selbst wenn das Publikum Browning heißt, der nicht einmal ein Kollektiv war.

Auf diesen Überlegungen, im Tonfall eines einsamen Gesprächs vorgetragen und der Geschwindigkeit der Schreibmaschine überantwortet, beruht der größte Teil der Kritik, die ich im ungünstigen Sinne an dem »Geheimnis der Dichtung« vorbringen muß. Sie behandeln einen der methodologischen Aspekte Ihres Buches. Aber es gibt darin auch Elemente einer unangebrachten Übereilung und kritischen Überstürzung, denen jede methodische Überlegung fremd ist. Wenn Sie zugegebenermaßen nicht die genauen biographischen Elemente besitzen, um sich ein Urteil darüber zu bilden, was Sá-Carneiros Seele gewesen sein könnte, warum fußen Sie auf dem Mangel an Elementen, um ein Urteil abzugeben? Sind Sie ganz sicher, nur weil ich es sage und wiederhole, daß ich Sehnsucht nach der Kindheit spüre und die Musik für mich – wie soll ich sagen? – das gehemmte natürliche Mittel meines inneren Ausdrucks darstellt? Und bemerken Sie wohl, daß ich nur die Studie über Sá-Carneiro anführe, die ungeachtet der fehlenden Elemente in ihrem kritischen Scharfsinn bewundernswert ist, und die Studie über mich, die nur darunter leidet, daß sie Gegebenheiten als wahr ansieht, die falsch sind, weil ich künstlerisch nicht anders kann als lügen.

Konkret gesagt: Sá-Carneiros Werk ist ganz durchzogen von einer inneren Unmenschlichkeit oder, besser gesagt, Nicht-Menschlichkeit; es besitzt weder menschliche Wärme noch menschliche Zärtlichkeit, ausgenommen eine introvertierte. Wissen Sie warum? Weil er die Mutter verlor, als er zwei Jahre alt war und mütterliche Zärtlichkeit nie kennengelernt hat. Ich habe immer wieder festgestellt, daß die vom Leben stiefmütterlich Behandelten Zärtlichkeit vermissen lassen, seien sie Künstler oder einfache Menschen; sei es, weil ihnen die Mutter gestorben ist, sei es, weil sie ihnen durch Herzenskälte oder Entfernung entzogen war. Mit einem Unterschied: diejenigen, denen die Mutter durch Todesfall fehlte (sofern sie nicht von Hause aus gemütskalt sind, was nicht Sá-Carneiros Fall war), wenden die eigene Zärtlichkeit auf sich selbst, indem sie sich selbst an die Stelle der unbekannten Mutter setzen; diejenigen, denen die Mutter aus Herzenskälte fehlte, verlieren die Zärtlichkeit, die sie sonst gehabt hätten, und werden (falls sie nicht Genies der Zärtlichkeit sind) zu unerbittlichen Zynikern, mißgestaltete Kinder der Mutterliebe, die man ihnen versagt hat.

Noch konkreter, und nunmehr mich selbst betreffend. Ich habe niemals Sehnsucht nach der Kindheit empfunden; ich habe in Wahrheit niemals nach irgend etwas Sehnsucht empfunden. Ich bin meinem Wesen nach und im direkten Sinne des Wortes ein Futurist. Ich kenne weder Pessimismus noch den Blick nach rückwärts. Soweit ich weiß oder bemerkt habe, sind nur Geldmangel (im Augenblick selbst) und Gewitter (solange sie andauern) imstande, mich deprimiert zu stimmen. Bezüglich der Vergangenheit empfinde ich nur Sehnsucht nach dahingegangenen Menschen, die ich geliebt habe; aber das ist keine Sehnsucht nach der Zeit, in der ich sie geliebt habe, sondern Sehnsucht nach ihnen selbst: ich wollte, sie lebten heute, mit dem Alter, das sie heute haben würden, wenn sie bis heute gelebt hätten. Das übrige sind literarische Attitüden, intensiv aus dramatischem Instinkt gefühlt, ob sie nun Álvaro de Campos oder Fernando Pessoa unterzeichnet. Sie sind in Tonfall und Wahrheit ausreichend repräsentiert durch mein kurzes Gedicht, das mit den Worten beginnt: »O Glocke meines Dorfes...« (Ó sino da minha aldeia...) Die Glocke meines Dorfes, Gaspar Simões, ist die Glocke der Märtyrer-Kirche (Igreja dos Mártires) hier am Chiado. Das Dorf, in dem ich auf die Welt kam, war der S. Carlos-Platz, heute Direktoriums-Platz, und das Haus, in dem ich auf die Welt kam, war dasjenige, in dem sich später (im zweiten Stock, ich bin im vierten geboren) das Republikanische Direktorium installieren sollte. (Anmerkung: das Haus war zur Berühmtheit verurteilt, aber hoffentlich erbringt der 4. Stock ein besseres Resultat als der 2.)

Nach diesen Verdeutlichungen möchte ich (falls ich noch Kraft dazu habe, denn ich bin schon ermüdet) auf einen methodologischen Punkt zurückkommen. Nach meiner Ansicht (hier stehen die drei Wörter abermals) sollte sich die Funktion des Kritikers auf drei Punkte konzentrieren: 1) den Künstler ausschließlich als Künstler zu studieren und in die Studie nicht mehr von dem Menschen eindringen zu lassen, als strenggenommen nötig ist, um den Künstler zu erklären; 2) das zu suchen, was wir als die *zentrale Erklärung* des Künstlers bezeichnen können (lyrischer Typ, dramatischer Typ, lyrisch-elegischer Typ, dramatisch-poetischer Typ usw.); 3) indem er die wesensgemäße Unerklärlichkeit der menschlichen Seele begreift, sollte er diese Studien und diese Untersuchungen mit einem leichten poetischen Hauch von Mißverstehen umgeben. Dieser dritte Punkt hat vielleicht etwas Diplomatisches an sich, aber sogar mit der Wahrheit, mein lieber Gaspar Simões, muß man diplomatisch umgehen.

Nichts von alledem, glaube ich, bedarf einer Erläuterung, außer vielleicht das, was ich unter 2) erwähnt habe. Ich möchte das – auch um abzukürzen – lieber mit einem Beispiel erklären. Ich ziehe dazu mich selbst heran, weil ich mir hier am nächsten bin. Der zentrale Punkt meiner Persönlichkeit als Künstler ist, daß ich ein dramatischer Dichter bin;

ich lege ständig in alles, was ich schreibe, den inneren Aufschwung des Dichters und die Entpersönlichung des Dramatikers. Ich fliege als anderer – das ist alles. Vom menschlichen Gesichtspunkt aus – an den der Kritiker nicht rühren sollte, weil es ihm nichts bringt, wenn er daran rührt – bin ich ein Hysteroneurastheniker mit der Vorherrschaft des hysterischen Elements im Gefühlsleben und des neurasthenischen Elements bei Intelligenz und Willen (Detailgenauigkeit der ersteren, Schwäche des zweiten). Sobald der Kritiker jedoch festhält, daß ich wesensgemäß ein dramatischer Dichter bin, besitzt er den Schlüssel zu meiner Persönlichkeit, soweit sie ihn oder irgend jemanden, der nicht gerade ein Psychiater ist, interessieren kann, und ein Psychiater muß ja der Kritiker nicht unbedingt sein. Bewehrt mit diesem Schlüssel kann er langsam alle Schlösser meines Ausdrucks aufschließen. Er weiß dann, daß ich als Dichter fühle; daß ich als dramatischer Dichter fühle, indem ich mich von mir ablöse; daß ich als Dramatiker (ohne Dichter) automatisch das, was ich fühle, in einen Ausdruck überführe, der dem, was ich fühle, fremd ist, indem ich im Gefühl eine inexistente Person konstruiere, die ihn wahrhaftig gefühlt haben und deshalb abgeleiterweise andere Gefühlsregungen empfinden könnte, die ich als reines Ich vergessen habe zu fühlen.

Ich will nun innehalten. Ich will diesen Brief überlesen, die Verbesserungen vornehmen, die allenfalls nötig sind, und ihn an Sie abschicken. Außerdem bedrängt mich ständig einer meiner Freunde, der noch betrunkener ist als ich, mit dem Maschinenschreiben aufzuhören; er ist gerade gekommen und schätzt es nicht, sich allein zu betrinken. Das »ich will den Brief überlesen« heißt also, daß ich ihn gleich oder morgen überlesen werde. Verbesserungen werde ich wohl kaum vornehmen, höchstens die Fehler tilgen, die sich zwischen mir und der Schreibmaschine zugetragen haben. Wenn Sie irgendeinen Punkt schlecht erklärt finden, sagen Sie es, und ich werde darauf eingehen. Und vergessen Sie nicht, klarerweise, daß das hier Geschriebene ohne irgendeine Vorbereitung niedergeschrieben worden ist – auf die Seiten hingeworfen mit der Geschwindigkeit, mit der die Schreibmaschine dem sich entwickelnden Gedanken folgen kann.

Nein, ich habe nicht vergessen, daß ich nicht darauf eingegangen bin, was an Ihrer Auffassung von meinem gefühlshaften Musikverständnis möglicherweise falsch ist. Ich habe dieses Detail übersprungen, weil ich nichts darüber weiß. Aber dieses Musikverlangen gehört zu den Scherzen meines dramatischen Geistes. Je nach Ort und Stunde und je nach dem Teil von mir, der für Zeit und Stunde zu fingieren aufgelegt ist.

Ich habe natürlich auch nicht vergessen, daß ich weiter oben in diesem Brief etwas von »das psychologische Messer schärfen« und »die Linsen des kritischen Mikroskops säubern oder ersetzen« geschrieben habe. Ich stelle voller Stolz fest, daß ich, indem ich von Freud sprach, ein phallisches und ein jonisches Bild produziert habe; so würde er das ohne Zweifel auffassen. Was er daraus schließen würde, weiß ich nicht. Jedenfalls soll ihn der Teufel holen!

Und nun bin ich endgültig müde und durstig. Entschuldigen Sie die Stellen, wo der Ausdruck hinter den Gedanken zurückgeblieben ist und was die Ideen etwa von der Lüge oder von der Unschlüssigkeit angenommen haben könnten.

Fernando Pessoa

P. S. Es gab einen Punkt in Ihrem Brief, auf den ich nicht geantwortet oder Bezug genommen habe. Es handelt sich um die Anmerkung der »Entdeckung« (Descobrimento) über Camilo Pessanha.

Ich möchte ganz einfach auf den Einfluß zu sprechen kommen, den Pessanha auf Sá-Carneiro gehabt haben könnte. Er hatte überhaupt keinen. Auf mich hat er Einfluß gehabt, weil alles auf mich Einfluß hat; aber es empfiehlt sich, nicht in allem, was in meinen Versen an Pessanha erinnern könnte, Pessanhas Einfluß zu sehen. Es gibt eigene Elemente bei mir, die natürlich gewissen Pessanha eigentümlichen Elementen ähneln; und gewisse dichterische Einflüsse aus England, die auf mich eingewirkt haben, bevor ich überhaupt von der Existenz von Pessanha gewußt habe, wirkten im gleichen Sinne wie er.

Was jedoch Sá-Carneiro angeht ... Ich wußte fast alle Gedichte Pessanhas auswendig, weil Carlos Amaro* sie mir mehrmals rezitiert hatte. Ich habe sie Sá-Carneiro mitgeteilt, der, wie zu erwarten stand, ganz entzückt war. Ich sehe jedoch nicht, daß sie Sá-Carneiro in irgendeiner Weise beeinflußt hätten. Eine große Bewunderung bedeutet nicht unbedingt einen großen Einfluß oder auch nur irgendeinen Einfluß. Ich hege eine große Bewunderung für Camões (den Epiker, nicht den Lyri-

---

* Carlos Amaro, Dichter und Bühnenautor.

ker), aber ich wüßte kein camonianisches Element, das auf mich, beeinflußbar wie ich bin, Einfluß ausgeübt hätte. Und das aus genau dem gleichen Grunde, der den Nicht-Einfluß von Pessanha auf Sá-Carneiro erklärt. Das nämlich, was Camões mich *gelehrt* haben könnte, hatten mich bereits andere *gelehrt*. Aufschwung und Sublimierung des vaterländischen Instinkts sind Phänomene, die man ihrer Substanz nach nicht lehren kann: entweder wir haben von Natur aus das vaterländische Empfinden, oder wir haben es nicht; entweder haben wir die Fähigkeit, unsere Gefühle zu erhöhen und zu sublimieren, oder wir haben sie nicht. (Und davon einmal abgesehen gehört das patriotische Gefühl zu den geläufigsten Dingen in allen Literaturen, da es im übrigen die konstruktive Sublimierung des Hasses ist, der für die Existenz ebenso notwendig ist wie die Liebe – und eine ebenso geläufige Sache in allen Literaturen.) Und Konstruktionsvermögen und Weite des epischen Gedichts besitzt Milton (den ich vor den »Lusiaden« gelesen hatte) in höherem Maße als Camões.

Nun hatte Sá-Carneiro alles, was Pessanha ihm hätte geben können, als er zum ersten Mal »von seinen Versen« hörte, wie er sich ausdrückte, in sich selbst oder von anderen Einflüssen empfangen. Dies erklärt gleichzeitig den Nicht-Einfluß und die große Bewunderung.

Ihr sehr ergebener

F. P.

——————

Postfach 147
Lissabon, den 28. Juli 1932

Mein lieber Gaspar Simões:

Vielen Dank für Ihren Brief. Ich antworte noch nach Coimbra, da es ja noch nicht August ist, und, falls Sie schon in Figueira (da Foz) sein sollten, der Brief nach dorthin nachgeschickt werden wird.

Ich sehe, daß mir Zeit bleibt, um einen Beitrag für die »Presença« einzuschicken. Sie können damit rechnen. Ich werde die besagte Anmerkung an Casais Monteiro schicken (sie ist sehr kurz) und dazu einen weiteren, ebenfalls kurzen Beitrag. Ich hoffe, auch etwas Unveröffentlichtes von Sá-Carneiro mitschicken zu können.

Hinsichtlich der Anmerkung ist Casais Monteiros Beobachtung zutreffend. Meinerseits lag ein Lapsus bei dem Abschnitt des Vorworts vor, auf das er sich bezieht. So wie es ist, ist es wirklich schlecht, denn man entnimmt daraus, daß das Gedicht (ich sollte vor allem »Vers« oder »poetische Form« und nicht »Gedicht« geschrieben haben) in der Tat nicht eine einfache Prosa mit künstlichen Pausen ist. Das muß man bei der Anmerkung richtigstellen; und ich bin Casais Monteiro wirklich dankbar, daß er mir die Gelegenheit gegeben hat, diese Erklärung zu geben und gleichzeitig eine Passage zu verbessern, deren Niederschrift sehr unvollkommen gewesen ist.

. . .

Ich beginne damit – langsam, weil es sich um eine Sache handelt, die man nicht eilfertig angehen darf –, meine Papiere zu ordnen und durchzusehen; und das in der Absicht, bis Ende laufenden Jahres ein oder zwei Bücher zu publizieren. Beide werden wahrscheinlich Versbände sein, denn einen anderen glaube ich nicht so rasch vorbereiten zu können, wobei ich unter vorbereiten verstehe, daß er so ausfällt, wie ich es möchte.

Ursprünglich war es meine Absicht, meine Publikationen mit drei Büchern in folgender Reihenfolge zu beginnen: 1) Portugal*, ein kleines Gedichtbuch (insgesamt 41), wovon »Portugiesisches Meer« (Mar Portugês) (»Contemporânea« Nr. 4) den zweiten Teil bildet; 2) »Das Buch der Unruhe« (Livro do Desassossego) (Bernardo Soares, aber aushilfsweise, denn B. S. ist kein Heteronym, sondern eine literarische Persönlichkeit); 3) »Sämtliche Gedichte« von Alberto Caeiro (mit dem Vorwort von Ricardo Reis und als Nachwort den »Aufzeichnungen zur Erinnerung« von Álvaro de Campos). Später im nächsten Jahr würde dann, allein oder mit einem anderen Buch, der »Liederkreis« (Cancioneiro) (oder ein anderer ebenso ausdrucksloser Titel) folgen, worin ich (in den Büchern I bis III oder I bis V) verschiedene von den verstreuten Gedichten, die ich geschrieben habe, sammeln würde, die ihrer Natur nach nicht in eine Ordnung zu bringen sind, es sei denn auf diese ausdruckslose Weise.

Es ist jedoch so, daß vieles im »Buch der Unruhe« ins Gleichgewicht gebracht und überarbeitet werden muß, wobei ich anständigerweise

---

* 1934 unter dem Titel »Botschaft« (Mensagem) publiziert.

nicht annehmen kann, daß mich dies weniger als ein Jahr beanspruchen wird. Was Caeiro angeht, so bin ich unschlüssig. Da ist auch etwas durchzusehen, aber es ist wenig. Davon abgesehen ist es, kann man sagen, vollständig, wenn auch einige der »Unverbundenen Gedichte« (Poemas Inconjuntos) und die eine oder andere verändernde Anmerkung zu dem »Hüter der Herden« verstreut unter meinen Papieren liegen. Wenn jedoch diese verstreuten Elemente aufgefunden sind, kann das Buch rasch vervollständigt werden. Es hat einen Nachteil – die Fast-Unmöglichkeit eines Erfolgs, weshalb es ein Buch sein muß, das mit materiellen Opfern publiziert wird. Das materielle Opfer hängt natürlich von meinen momentanen materiellen Möglichkeiten ab. Auf alle Fälle werde ich bei dieser Revision und Klassifizierung meiner Papiere das auffinden und in Ordnung bringen, was zu Caeiro gehört.

Ich weiß nicht, ob ich Ihnen schon je gesagt habe, daß die Heteronyme (gemäß der letzten Ansicht, die ich mir in bezug auf sie gebildet habe) von mir unter meinem eigenen Namen publiziert werden müssen (für eine absolute Verschleierung ist es spät, und daher ist sie absurd). Sie werden eine Reihe mit dem Titel »Fiktionen des Zwischenspiels« bilden oder mit einem anderen, noch besseren Titel, falls er mir einfallen sollte. So sollte der Titel des ersten Bandes mehr oder minder lauten: Fernando Pessoa – Fiktionen des Zwischenspiels – 1. Sämtliche Gedichte von Alberto Caeiro (1889–1915). Und die folgenden auf gleiche Weise, einen Band eingeschlossen, der etwas Besonderes, aber schwierig zu schreiben ist und der die ästhetische Debatte zwischen mir, Ricardo Reis und Álvaro de Campos und vielleicht auch noch anderen Heteronymen enthält, denn es gibt noch den einen oder anderen (inclusive einen Astrologen), der auftauchen könnte.

Das Wahrscheinlichste ist im übrigen, in bezug auf das erste Buch der Heteronyme, daß es nicht nur Caeiro und die »Aufzeichnungen« von Álvaro de Campos enthält, sondern auch drei oder fünf Bücher Oden von Ricardo Reis. Der Band wird auf diese Weise alles Wichtige enthalten, so daß man den Anfang der »Schule« begreifen kann: die Werke des Meisters und einige seines direkten Schülers, zuzüglich (in den »Aufzeichnungen«) bereits etwas von dem zweiten Schüler. Dabei gibt es noch ein rein organisatorisches Element, das mich dazu bringt, den Band auf diese Weise anzuordnen: allein mit Caeiro und den »Aufzeichnungen« würde das Buch weder klein (wie »Portugal«) noch nor-

mal groß (300 Seiten mehr oder weniger) ausfallen wie der »Liederkreis«. Durch die Einbeziehung von Ricardo Reis, die, wie ich schon
erklärte, logisch ist, erreicht der Band die normale Größe.

Die möglicherweise provisorische Absicht, mit der ich mich jetzt
trage, zielt darauf ab, »Portugal« und den »Liederkreis« noch dieses
Jahr oder beim Übergang von diesem zum nächsten zu veröffentlichen.
Der erste Band ist fast fertig, und es ist ein Buch, das Erfolgsmöglichkei-
ten besitzt wie keines der anderen. Das zweite ist fertig: ich muß nur
noch auswählen und einordnen.

Da ich weiß, daß diese Dinge Sie nicht langweilen, und da dies alles
eine (im übrigen ziemlich lange) Antwort auf Ihre Frage ist, wann ich
denn nun veröffentliche, habe ich mir keinen Zwang angetan, Ihnen
ausführlich zu schreiben.

Neben diesem allem muß ich wahrscheinlich noch zwei oder drei
Broschüren oder ausführliche Artikel schreiben oder vervollständigen.
Am wahrscheinlichsten ist, daß ich sie, wenn sie in portugiesisch
geschrieben sind, ins Englische übertrage und zuerst (natürlich in einer
Zeitschrift) in England publiziere. All das ist jedoch ungewiß.

Eine Umarmung von Ihrem besonderen Freund und Bewunderer

Fernando Pessoa

An Adolfo Rocha

Miguel Torga, Lyriker und Erzähler

Mein geschätzter Kamerad:

Ich habe Ihren Brief bekommen, für den ich danke, und will versuchen, in Sätzen ohne Bilder den Sinn dessen, was ich Ihnen im vorigen Brief geschrieben hatte, darzulegen. Vor allem anderen muß ich erklären, daß ich, da ich schon einige Tage gezögert hatte, für Ihr Buch zu danken, meinen Brief eilig schrieb, damit die Verzögerung nicht noch größer würde. Nun kann es passieren, daß, wenn ich eilig schreibe, d. h. ohne genügend Zeit, um, was ich sage, in Argumenten zu entfalten, und bündig schreibe, weil ich eilig schreibe, der Brief naturgemäß eine metaphorische und nicht logische Form annimmt. Das mag Ihnen die Verworrenheit oder die Dunkelheit erklären, die notwendigerweise in meinem Brief existierte. Nicht darin existent war die dogmatische Haltung, die Sie darin vermutet haben. Ich bin niemals dogmatisch, weil das jemand nicht sein kann, der von Tag zu Tag die Meinung wechselt und vom Temperament her labil und schwankend ist. Nun wohl, mit Ihnen war es noch nicht so schlimm: mit einem spanischen Dichter ist mir schon Schlimmeres passiert – wenn auch vielleicht zum Teil wegen unvollkommener Sprachkenntnisse –, daß nämlich die Bündigkeit für Trockenheit und der metaphorische Ausdruck für Ironie gehalten wurden.

In seiner Substanz und erörternd dargelegt handelt es sich bei dem Punkt, den ich Ihnen auseinandersetzte, um folgendes:

1) Alle Kunst basiert auf der Sensibilität und im wesentlichen auf der Sensibilität.

2) Die Sensibilität ist persönlich und unübertragbar.

3) Um das, was wir fühlen, an jemand anderes weiterzugeben – und das suchen wir doch in der Kunst zu erreichen –, müssen wir die Sinneswahrnehmung zerlegen und abweisen, was an ihr rein persönlich ist, und das benutzen, was nicht aufhört, individuell zu sein und dennoch zur Verallgemeinerung fähig ist, mithin nicht so sehr durch die Intelli-

genz als zumindest mit Hilfe der Sensibilität der anderen verständlich ist.

4) Diese geistige Arbeit erfolgt in zwei Zeitabschnitten: a) der direkten und instinktiven Intellektualisierung der Sensibilität, wodurch sie sich in etwas Übertragbares verwandelt (das ist es, was man im gemeinen Sprachgebrauch »Inspiration« nennt, d. h. instinktiv die Sätze und die Rhythmen finden, welche die Sinneswahrnehmung auf einen intellektuellen Satz reduzieren (1. Fassung: aus der Sinnesempfindung herausziehen, was für die anderen nicht fühlbar sein kann, und gleichzeitig zum Ausgleich das verstärken, was ihnen fühlbar sein kann); b) das kritische Nachdenken über diese Intellektualisierung, die das künstlerische, durch die »Inspiration« ausgearbeitete Produkt einem gänzlich subjektiven Prozeß unterwirft – der Konstruktion oder logischen Ordnung oder einfach den Vorstellungen einer Schule oder einer Strömung.

5) Es gibt keine intellektuelle Kunst, ausgenommen natürlich die Denkkunst. Jedoch gehen aus der Mühsal der Intellektualisierung, in deren Bewirkung das Kunstwerk als nicht nur erdachtes, sondern gemachtes Ding besteht, zwei Künstlertypen hervor: a) der inspirierte oder spontane, bei dem der kritische Reflex schwach oder null ist, was für den Wert seines Werkes gar nichts besagen will; b) der nachdenkliche und kritische, der mit organischer Notwendigkeit das bereits Ausgearbeitete noch einmal überarbeitet.

Ich möchte meinen – und bin sicher, daß Sie mit mir übereinstimmen –, daß es auf dieser Welt nichts Selteneres gibt als einen spontanen Künstler, d. h. einen Menschen, der seine Sensibilität nur in so weit intellektualisiert, daß sie für die Sensibilität seiner Mitmenschen annehmbar wird; der nicht kritisiert, was er schafft, der das, was er schafft, nicht den Vorstellungen einer Schule oder Mode oder »Manier« unterwirft, nicht wie es ist, sondern wie es »sein soll«.

Bei der Anwendung auf Ihr Buch nehmen diese Überlegungen für mich folgende Form an: 1) Ihre Sensibilität ist gut und von Natur aus intellektueller Prägung; 2) Sie können mithin ein spontaner Dichter sein, ohne übertrieben intellektualisieren oder auf eine reflektierende oder kritische Haltung zurückgreifen zu müssen; 3) dazu wäre es jedoch zweckmäßig für Sie (meiner Ansicht nach, wohlverstanden – und es war ja meine Ansicht, und nicht die irgendeines anderen, die ich Ihnen mitteilte), a) die Intellektualisierung der Sinneswahrnehmung auf einen deutlichen und universell übertragbaren Punkt einzustellen oder b) die Intellektualisierung durch die Ausweitung der Sinneswahrnehmung gleichmäßiger zu verteilen.

Das ist vielleicht nicht besonders klar; ich weiß jedoch nicht, wie ich es besser ausdrücken soll. Ich werde Beispiele heranziehen. Ein Mann, der der kurioseste kritische Kopf in Portugal gewesen ist und vermutlich noch ist (obwohl er nichts publiziert und vielleicht nicht einmal mehr schreibt), Manuel António de Almeida, hat 1912 bei der »Literarischen Umfrage« von Boavida Portugal folgende Definition der modernen Kunst gegeben: »Eine klare zentrale Darstellung, um welche herum eine Wolke evozierter Dinge schwimmt.« Das verdeutlicht sehr gut, was ich als den ersten Prozeß, den ich Ihnen angeraten habe, betrachten möchte. Der zweite wäre, um mich einer Ausdrucksweise gleicher Art zu bedienen, »eine vage zentrale Darstellung, um welche herum klar und ihre Vagheit hervorhebend alle sekundären Darstellungen glänzen.«

Hier haben Sie, mein Kamerad, die klarste Darlegung, die ich im Augenblick und um die Antwort nicht noch weiter zu verzögern, von dem geben kann, was ich Ihnen in meinem ersten Brief metaphorisch mitgeteilt habe.

Ich bitte Sie, an die wahre Wertschätzung Ihres F. P.

zu glauben.

Anm.: Dieser Brief befand sich im Nachlaß des Dichters und stellt offenbar eine Antwort auf Miguel Torgas – in der Korrespondenz mit João Gaspar Simões erwähnten – Beschwerdebrief dar. Ob er je abgeschickt worden ist, ist unbekannt.

An José Osório de Oliveira

Kritiker und Essayist

Vor fünf Minuten habe ich Ihre Anfrage erhalten: »Welche Bücher haben Sie in eine Atmosphäre von sittlicher Energie, Großzügigkeit, seelischer Größe und Idealismus eintauchen lassen?« Ich antworte, wie Sie sehen, postwendend. Sie sagen mir, die Frage sei von António Sérgio*gestellt worden, den ich nicht persönlich kenne, für den ich jedoch die größte Schätzung hege. Das ist ein weiterer Grund, um Ihnen rasch zu antworten; es ist leider kein Grund, geisteshell oder deutlich zu sein, da es sich um einen Gegenstand handelt, über den ich bis jetzt nie nachgedacht habe.

Da man jedoch bei allen Mühsalen des Lebens immer handeln sollte, bevor man nachdenkt, will ich antworten, bevor ich überhaupt weiß, was ich sagen will, und meine Antwort wird auf diese Weise das königliche Siegel der Aufrichtigkeit tragen.

Vorab möchte ich auf ein Problem aufmerksam machen. Die Termini der Frage setzen voraus, daß die sittliche Energie, die Großzügigkeit, die seelische Größe und der Idealismus abstrakte Persönlichkeiten aus meinem täglichen Umgang sind. Leider oder glücklicherweise sind sie das nicht. Ich behaupte nicht, daß ich sie nicht kenne, aber ich kenne sie nicht mit der gleichen Vertrautheit, mit der ich die Launenhaftigkeit, die Unaufrichtigkeit und die Phantasterei kenne – zuweilen sogar die logische Phantasterei, die eine meiner hauptsächlichen Äußerungsformen gewesen ist.

Ich übersetze daher die Frage folgendermaßen: Welche Bücher haben mich in mir selber in jene andersartige Person verwandelt, die wir alle zu sein wünschen? Dafür habe ich eine Antwort – die unmittelbare, ohne weiteres Nachdenken gegebene, auf die ich mich oben bezog und die wohl die richtige enthalten wird.

---

* António Sérgio, nationalistisch orientierter Essayist, salazarfeindlich und die Erneuerung Portugals auf der Basis von Kooperativen fordernd.

156

In meiner Kindheit und ersten Jugend gab es für mich, der auf englischsprachigem Gebiet lebte und erzogen wurde, ein allerhöchstes, umfassendes Buch – die »Pickwick Papers« von Dickens; noch heute und eben deshalb lese ich es immer von neuem, als ob ich nichts anderes täte, als mich zu erinnern.

In meiner zweiten Jugend beherrschten Shakespeare und Milton meinen Geist, so wie zusätzlich jene romantischen englischen Dichter, die ihre unregelmäßigen Schatten darstellen; unter ihnen war es vielleicht Shelley, mit dessen Inspiration ich am meisten verbunden gewesen bin.

Während der Zeit, die ich meine dritte Jugend nennen kann, die ich hier in Lissabon verbracht habe, lebte ich in der Atmosphäre der griechischen und deutschen Philosophen und in derjenigen der französischen »Décadents«, deren Einfluß plötzlich durch schwedische Gymnastik und die Lektüre von Max Nordaus* »Dégénerescence« aus meinem Kopf gefegt wurde.

Seither ist jedes Buch, das ich lese, sei es Prosa oder seien es Verse, Gedanken oder Gefühle, sei es eine Studie über die vierte Dimension oder ein Kriminalroman, in dem Augenblick, in dem ich es lese, das einzige, was ich gelesen habe. Sie alle besitzen allerhöchste Wichtigkeit, die am nächsten Tag vorüber ist.

Diese Antwort ist absolut aufrichtig. Wenn es in ihr scheinbar etwas Paradoxales gibt, so stammt das Paradoxale nicht von mir: ich bin es.

Fernando Pessoa

---

* Max Nordaus, österreichisch-ungarischer Psychiater und Kulturkritiker und Gegner der modernen Kunst.

An Adolfo Casais Monteiro

(Dichter, Kritiker und Codirektor der »Presença«)

Postfach 147
Lissabon, den 11. Januar 1930

Mein geschätzter Kamerad:

Ich danke Ihnen sehr für die Übersendung eines Exemplars Ihres Buches »Verwirrung« (Confusão), mit der sie mich beehrt haben, die liebenswürdigen Worte, mit der Sie das Geschenk begleiten, und für das Gedicht, womit Sie mich darin auszeichnenderweise bedenken.

Ihr Buch verrät eine ausgezeichnete Sensibilität und deren noch unvollkommene Verwendung. Damit irgendein Eindruck in Kunst verwandelt werden kann, muß er zunächst nicht *teilweise,* sondern *gänzlich* in künstlerische Materie verwandelt werden. Und »intellektuell« bedeutet hier: nicht den *überlegenen* Ausdruck der Persönlichkeit, sondern Intelligenz als ihren *abstrakten* Ausdruck. Mit anderen, einfacheren Worten: nur wenn sich das Individuum mittels der Intelligenz in ein kleines Universum verwandelt, hat es in dem Eindruck, in den es sich auf diese Weise verwandelt, Stoff, um das zu schaffen, was wir Kunst nennen.

Was wir fühlen, ist nur das, was wir fühlen. Was wir denken, ist nur das, was wir denken. Das jedoch, was wir von neuem, gefühlt oder gedacht, als *jemand anderes* denken – das verwandelt sich auf natürliche Weise in Kunst und erreicht, indem es sich abkühlt, die gehörige Form.

Vertrauen Sie nicht auf das, was Sie fühlen oder denken, es sei denn, wenn Sie aufgehört haben, es zu fühlen oder zu denken. So werden Sie zu Ihrem und zu aller Vorteil Ihre Sensibilität verwenden, die von Natur aus für diese Verwendung veranlagt ist.

Ich habe Ihr Buch aufrichtig gewürdigt. Und diese Hinweise, die notwendigerweise durch die sogenannte »persönliche Gleichung« bedingt sind, verfolgen keine andere Absicht, als Ihnen eine Kritik anzubieten, die zwar irrtümlich sein mag, aber zumindest den Vorteil hat, aufrichtig zu sein, und dazu das Vergnügen, mit Lob verbunden zu sein.

Immer Ihr herzlich verbundener und dankbarer Kamerad

Fernando Pessoa

––––––––––––

Postfach 147
Lissabon, den 13. Januar 1935

Mein geschätzter Kamerad:

Ich danke Ihnen sehr für Ihren Brief, den ich sogleich und vollständig beantworten werde. Bevor ich jedoch beginne, möchte ich Sie um Entschuldigung bitten, daß ich Ihnen auf diesem Durchschlagpapier schreibe. Das dezente Papier ist mir ausgegangen, es ist Sonntag, und ich kann mir kein anderes beschaffen. Besser, glaube ich, ist schlechtes Papier als ein Aufschub.

Zu allererst möchte ich Ihnen sagen, daß ich niemals »andere Gründe« bei irgend etwas, was Sie schreiben könnten, vermuten würde, sofern Sie anderer Meinung sind als ich. Ich gehöre zu den wenigen portugiesischen Dichtern, die nicht ihre eigene Unfehlbarkeit verkündet haben und auch nicht jede an ihnen geübte Kritik für einen Akt der Majestätsbeleidigung halten. Außerdem ist bei mir, welche geistigen Fehler ich auch sonst haben mag, die Tendenz zum Verfolgungswahn gleich null. Davon abgesehen, kenne ich bereits hinreichend Ihre geistige Unabhängigkeit, die ich, falls ich mir die Bemerkung erlauben darf, billige und lobe. Ich habe mir nie vorgenommen, Meister oder Chef zu werden – Meister nicht, weil ich nicht zu lehren verstehe und auch nicht weiß, was ich lehren sollte; Chef nicht, weil ich nicht einmal Eier in die Pfanne schlagen kann. Machen Sie sich also niemals Sorgen um das, was Sie über mich sagen möchten. Ich suche keine Kellerwohnungen in den Beletagen.

Ich bin völlig mit Ihnen einverstanden, daß es keine glückliche Idee von mir gewesen ist, mit einem Buch wie der »Botschaft« (Mensagem) die literarische Bühne zu betreten. Ich bin in der Tat ein mystischer Nationalist, ein rationaler Sebastianist. Aber ich bin, davon abgesehen, und sogar in Widerspruch dazu, noch viele andere Dinge. Und diese Dinge sind in der »Botschaft« wegen der Art dieses Buches nicht auffindbar.

Ich habe meine Publikationen mit diesem Buch aus dem einfachen Grunde begonnen, weil es das erste Buch war, das ich, ich weiß nicht warum, in eine Ordnung bringen und fertigstellen konnte. Da es fertig war, forderte man mich auf, es zu publizieren: dem habe ich entsprochen. Ich habe es wohlgemerkt nicht im Hinblick auf den möglichen Preis des Sekretariats (SNI) getan, obwohl das keine schwerwiegende geistige Sünde gewesen wäre. Mein Buch war im September fertig, und ich dachte sogar schon, ich würde mich nicht um den Preis bewerben können, denn ich wußte nicht, daß die Frist zur Einreichung der Bücher, die zunächst auf Ende Juli festgesetzt war, bis Ende Oktober verlängert worden war. Da jedoch Ende Oktober schon fertige Exemplare der »Botschaft« vorlagen, reichte ich die vom Sekretariat verlangten ein. Das Buch erfüllte genau die für den Wettbewerb gesetzten Bedingungen (Nationalismus). So bewarb ich mich.

Wenn ich zuweilen an die Reihenfolge einer künftigen Publikation meiner Werke dachte, stand niemals ein Buch von der Art der »Botschaft« an erster Stelle. Ich schwankte, ob ich mit einem großen Versband beginnen sollte – einem Buch von ungefähr 350 Seiten –, das die diversen Unterpersönlichkeiten von Fernando Pessoa in eigener Person einschlösse, oder ob ich mit einem Detektivroman beginnen sollte, den ich noch nicht zu vervollständigen vermochte.

Ich bin, wie gesagt, mit Ihnen einverstanden, daß mein Debüt mit der »Botschaft« nicht glücklich gewesen ist. Aber ich finde mich mit den Fakten ab, daß es das beste Debüt war, das ich erreichen konnte. Eben weil diese – in mancher Hinsicht zweitrangige – Facette meiner Persönlichkeit bei meiner Mitarbeit an Zeitschriften (ausgenommen »Portugiesisches Meer«, ein Teil dieses Buches) nicht hinreichend deutlich geworden war – und weil es eben darum an der Zeit war, daß sie sichtbar wurde und daß sie jetzt sichtbar wurde. Ohne daß ich es geplant oder vorausbedacht hätte (ich bin zu einer praktischen Vorausüberlegung unfähig), fiel es mit einem der kritischen (im Wortsinn kritischen) Augenblicke der Umformung des nationalen Unterbewußtseins zusammen. Was ich zufällig geschaffen und dank einem Gespräch abgeschlossen hatte, war bereits vom Großen Architekten mit Zirkel und Winkeleisen vorbereitet worden.

(Ich unterbreche hier.) Ich bin weder verrückt noch betrunken. Ich schreibe jedoch direkt in die Maschine und so rasch sie es mir erlaubt und bediene mich dabei der Ausdrücke, die mir gerade einfallen, ohne darauf zu achten, ob aus ihnen Literatur wird. Nehmen Sie an – und Sie gehen ganz recht in der Annahme, weil es die Wahrheit ist –, ich redete ganz einfach mit Ihnen.

Ich antworte nun direkt auf Ihre drei Fragen: 1) künftiger Plan für die Publikation meiner Werke, 2) Entstehung meiner Heteronyme und 3) Okkultismus.

Nachdem die Publikation der »Botschaft«, eine einseitige Manifestation, unter den geschilderten Bedingungen erfolgt ist, beabsichtige ich, auf folgende Weise fortzufahren. Ich stelle jetzt eine gänzlich umgemodelte Fassung des »Bankiers als Anarchist« (O Banqueiro Anarquista) her; diese dürfte in Kürze fertig sein, und ich möchte sie, sobald sie fertig ist, sofort veröffentlichen. Wenn ich das tun sollte, will ich diese Schrift sogleich ins Englische übersetzen und will sehen, ob ich sie in England publizieren kann. So wie sie ist, soll sie bleiben; sie könnte in ganz Europa wirken. (Fassen Sie diesen Satz nicht so auf, als ob der Nobelpreis unmittelbar ins Haus stünde.) Danach – und jetzt gehe ich direkt auf Ihre Frage ein, die sich auf die Dichtung bezieht – beabsichtige ich, während des Sommers den besagten großen Band mit den kleinen Gedichten Fernando Pessoas selbst zusammenzustellen und will zusehen, ob ich ihn Ende laufenden Jahres publizieren kann. Dies wird der Band sein, auf den Sie warten und dessen Erscheinen ich selber wünsche. Dieser wird dann alle Facetten enthalten, ausgenommen die nationalistische, die in der »Botschaft« schon deutlich geworden ist.

Wie Sie sehen, habe ich nur auf Fernando Pessoa selber Bezug genommen. Zu Caeiro, Ricardo Reis oder Álvaro de Campos habe ich keine Vorstellungen. Nichts davon kann ich publizieren, ausgenommen falls mir (siehe weiter oben) der Nobelpreis verliehen werden sollte. Und gleichwohl – das denke ich mit Betrübnis – habe ich in Caeiro meine ganze Kraft zur dramatischen Entpersönlichung hineingelegt, in Ricardo Reis meine ganze geistige Disziplin, eingehüllt in die Musik, die ihr eigen ist, und in Álvaro de Campos die gesamte Gefühlsbewegung, die ich weder mir noch dem Leben zukommen lasse. Daran zu denken, mein lieber Casais Monteiro, daß sie alle in der Praxis der Publikation von dem unreinen und simplen Fernando Pessoa übergangen werden sollen!

Ich glaube, ich habe nun Ihre erste Frage beantwortet.

Sollte ich etwas ausgelassen haben, so sagen Sie mir, was es ist. Falls ich darauf antworten kann, werde ich antworten. Weitere Pläne habe ich einstweilen nicht. Und da ich weiß, welche Pläne das sind und worauf sie hinauslaufen, ist es an der Zeit: *Gott sei Dank!* zu sagen.

Ich will nun Ihre Frage nach der Entstehung meiner Heteronyme beantworten. Ich will sehen, ob es mir gelingt, Ihnen erschöpfend zu antworten.

Ich beginne mit dem psychiatrischen Teil. Ursprung meiner Heteronyme ist meine tief verwurzelte hysterische Veranlagung. Ich kann nicht sagen, ob ich einfach hysterisch oder eher ein Hystero-Neurastheniker bin. Ich neige zur zweiten Hypothese, weil ich in mir Phänomene einer Abulie finde, die nicht im Symptomregister der eigentlichen Hysterie verzeichnet sind. Wie dem auch sei, der geistige Ursprung meiner Heteronyme beruht auf meiner angeborenen, beständigen Neigung zur Entpersönlichung und Verstellung. Diese Phänomene haben sich – zu meinem und meiner Mitmenschen Glück – in mir vergeistigt; das heißt, in meinem praktischen äußeren Leben und im Umgang mit anderen treten sie nicht in Erscheinung; sie explodieren nach innen, und ich trage sie mit mir allein aus. Wäre ich eine Frau – bei Frauen treten die Phänomene der Hysterie als Anfälle und Ähnliches auf –, so würde jedes Gedicht von Álvaro de Campos die Nachbarschaft alarmieren. Ich bin aber ein Mann – und bei Männern zeigt die Hysterie in der Hauptsache geistige Aspekte; so mündet alles in Schweigen und Dichtung ...

Dies erklärt, *tant bien que mal*, den geistigen Ursprung meiner Heteronyme. Ich will Ihnen nun die unmittelbare Geschichte meiner Heteronyme mitteilen. Ich beginne mit den bereits verstorbenen, an die ich mich teilweise gar nicht mehr erinnere, die begraben liegen in der fernen Vergangenheit meiner fast vergessenen Kindheit.

Schon als Kind neigte ich dazu, um mich her eine erfundene Welt zu erschaffen und mich mit Freunden und Bekannten zu umgeben, die nie existiert hatten. (Wohl verstanden, ich kann nicht sagen, ob sie nicht existierten oder ob ich es bin, der nicht existiert. In diesen wie in allen übrigen Dingen darf man nicht dogmatisch sein.) Seit ich mich als den Jemand kenne, den ich Ihnen nenne, entsinne ich mich, unwirkliche Gestalten im Geist in Aussehen, Bewegungen, Charakter und Geschichte so präzise ausgebildet zu haben, daß sie für mich so sichtbar und mein waren wie die Dinge des mißbräuchlicherweise sogenannten wirklichen Lebens. Diese Neigung, die mich überkommt, seit ich mich entsinne, ein Ich zu sein, hat mich immer begleitet; die Musik, mit der sie mich bezaubert, hat sich zwar ein wenig verändert, aber die Art der Bezauberung hat sich nie gewandelt.

So entsinne ich mich an denjenigen, der offenbar mein erstes Heteronym gewesen ist oder besser mein erster inexistenter Bekannter – an einen gewissen Chevalier de Pas aus meinem 6. Lebensjahr, in dessen Namen ich mir selber Briefe schrieb und dessen gar nicht völlig verschwommene Gestalt noch immer jenen Teil meiner Zuneigung erobert, welcher der Sehnsucht benachbart ist. Mit geringerer Deutlichkeit entsinne ich mich einer anderen Gestalt, deren Name mir nicht mehr einfällt, aber ebenso ausländisch war; sie war, warum weiß ich nicht mehr, ein Nebenbuhler des Chevalier de Pas ... Einfälle, die alle Kinder haben? Zweifellos – oder vielleicht. Ich habe sie in einem solchen Grade erlebt, daß ich sie noch erlebe, denn ich erinnere mich ihrer mit solcher Stärke, daß ich mich anstrengen muß, mich davon zu überzeugen, daß sie keine Wirklichkeit gewesen sind.

Diese Neigung, um mich her eine andere, der unsrigen gleiche Welt aufzubauen, jedoch mit anderen Leuten, hat meine Einbildungskraft nicht mehr verlassen. Sie durchlief verschiedene Phasen, darunter eine, die schon in die Zeit meiner Großjährigkeit fällt. Es fiel mir eine geistreiche Äußerung ein, die aus irgendeinem Grunde dem, der ich bin oder vermutungsweise bin, völlig fremd war. Ich brachte sie sogleich spontan unter dem Namen eines Freundes vor, dessen Namen ich erfand, dessen Geschichte ich hinzufügte und dessen Aussehen – Gesicht, Wuchs, Kleidung und Gebärden – ich unmittelbar vor Augen hatte. So verschaffte ich mir verschiedene Freunde und Bekannte und machte sie bekannt; sie hatten zwar nie existiert, aber noch heute, nahezu dreißig Jahre später, höre, fühle und sehe ich sie. Ich wiederhole: Ich höre, fühle und sehe sie. Und empfinde Sehnsucht nach ihnen.

(Wenn ich zu sprechen anfange – und mit der Maschine schreiben heißt für mich sprechen –, kann ich mich nur mit Mühe bremsen. Ich habe Sie jetzt lange genug gelangweilt, Casais Monteiro! Ich will nun auf die Entstehung meiner Heteronyme zu sprechen kommen, denn das ist es ja schließlich, was Sie von mir wissen wollen. Auf alle Fälle liefert Ihnen das oben Gesagte die Geschichte der Mutter, die sie geboren hat.)

Gegen 1912, wenn ich nicht irre (groß kann der Irrtum auf keinen Fall sein), kam ich auf den Gedanken, einige Gedichte heidnischer Gesinnung zu schreiben. Ich skizzierte einiges in freien Versen (nicht im Stil von Álvaro de Campos, sondern in einem Stil halber Regelmäßigkeit) und gab dann die Sache auf. Dennoch war mir in einem schlecht gewobenen Halbschatten ein ungefähres Bild der Person erschienen, die diese Verse schrieb. (Ohne mein Wissen war Ricardo Reis geboren worden.)

Anderthalb oder zwei Jahre später verfiel ich eines Tages auf den Gedanken, dem Sá-Carneiro einen Streich zu spielen – einen bukolischen Dichter komplizierter Natur zu erfinden und ihm, wie weiß ich nicht mehr, mit einem Anstrich von Wirklichkeit vorzustellen. Ich verbrachte einige Tage damit, diesen Dichter auszuarbeiten, aber es wurde nichts daraus. An dem Tage, an dem ich es endlich aufgegeben hatte – es war der 8. März 1914 –, stellte ich mich an eine hohe Kommode, nahm ein Stück Papier und begann zu schreiben, stehend, wie ich immer wenn irgend möglich schreibe. Ich schrieb über dreißig Gedichte in einem Zuge in einer Art von Ekstase, deren Besonderheit ich nie werde definieren können. Es war der triumphale Tag meines Lebens; einen zweiten dieser Art werde ich nicht erleben. Ich begann mit einem Titel: »Der Hüter der Herden«. Und dann erschien jemand in mir, dem ich sogleich den Namen Alberto Caeiro gab. Entschuldigen Sie das Absurde des Satzes: in mir war mein Meister erschienen. Dies war meine unmittelbare Empfindung. Und sie war derart mächtig, daß ich, kaum waren die über dreißig Gedichte geschrieben, sofort zu einem anderen Bogen griff und gleichfalls in einem Zuge die sechs Gedichte niederschrieb, die den »Schrägen Regen« (Chuva obliqua) Fernando Pessoas bilden. Es war die Rückkehr von Fernando Pessoa Alberto Caeiro zu Fernando Pessoa allein. Oder besser: es war die Reaktion Fernando Pessoas auf seine Nicht-Existenz als Alberto Caeiro.

Als Alberto Caeiro erschienen war, versuchte ich alsbald – instinktiv und unbewußt – Schüler für ihn zu entdecken. Ich entriß den latenten Ricardo Reis seinem falschen Heidentum, entdeckte seinen Namen und paßte ihn sich selbst an – denn in diesem Augenblick *sah* ich ihn schon. Und auf einmal stieg vor mir entgegengesetzter Herkunft zu Ricardo Reis ein neues Individuum auf. In einem Wurf kam, an der Schreibmaschine, ohne Unterbrechung oder Verbesserung, die

»Triumph-Ode« Álvaro de Campos' ans Licht – die Ode mit diesem Namen und der Mensch mit diesem Namen.

Dann erschuf ich eine inexistente Sippschaft. Ich bestimmte alles nach den Regeln der Wirklichkeit. Ich stufte die Einflüsse ab, lernte die Freundschaften kennen, vernahm in mir die Diskussionen und abweichenden Auffassungen, und bei alledem kommt es mir so vor, als sei ich selbst, der Urheber von alledem, dabei am wenigsten beteiligt gewesen. Alles scheint sich unabhängig von mir begeben zu haben. Und anscheinend begibt es sich noch heute so. Wenn ich eines Tages die ästhetische Diskussion zwischen Ricardo Reis und Álvaro de Campos publizieren kann, werden Sie sehen, wie verschieden sie sind und daß ich für diese Angelegenheit ohne jede Bedeutung bin.

Als der »Orpheu« veröffentlicht werden sollte, mußte in letzter Minute etwas besorgt werden, um die Seitenzahl zu füllen. Ich schlug damals Sá-Carneiro vor, ich wolle selbst ein »altes« Gedicht von Álvaro de Campos verfertigen – ein Gedicht, wie es Álvaro de Campos geschrieben hatte, ehe er Alberto Caeiro kennengelernt hatte und unter seinen Einfluß geraten war. Und so schrieb ich »Opiumhöhle«, wobei ich alle verborgenen Tendenzen Álvaro de Campos' wiederzugeben versuchte, wie sie sich später entpuppen sollten, jedoch noch ohne jeden Berührungspunkt mit seinem Meister Caeiro. Von allen Gedichten, die ich geschrieben habe, hat mir dieses am meisten zu schaffen gemacht, weil ich darin eine doppelte Fähigkeit zur Entpersönlichung beweisen mußte. Immerhin glaube ich, es ist nicht schlecht geworden und zeigt Álvaro de Campos in der Knospe ...

Damit habe ich, wie ich glaube, die Entstehung meiner Heteronyme erklärt. Wenn es jedoch einen Punkt geben sollte, zu dem Sie eine lichtvollere Erklärung benötigen – ich schreibe rasch, und wenn ich rasch schreibe, bin ich nicht sehr luzide –, so sagen Sie es: Ich gebe sie Ihnen gerne. Und eins noch, eine wahre, hysterische Ergänzung: als ich bestimmte Abschnitte in den »Notizen zur Erinnerung an meinen Meister Caeiro« von Álvaro de Campos niederschrieb, habe ich echte Tränen geweint. Nur damit Sie wissen, mit wem Sie es zu tun haben, mein lieber Casais Monteiro!

Noch ein paar Hinweise zu dieser Materie ... Im farblosen und dennoch wirklichen Bereich des Traumes *sehe* ich die Gesichter, die Gebärden von Caeiro, Ricardo Reis und Álvaro de Campos *vor mir.* Ich habe ihr Alter und ihren Lebenslauf festgestellt. Ricardo Reis wurde 1887 in Porto geboren (Tag und Monat fallen mir nicht mehr ein, aber ich habe sie irgendwo aufgeschrieben), ist Arzt und lebt im Augenblick in Brasilien. Alberto Caeiro wurde 1889 geboren und verstarb 1915; er kam in Lissabon auf die Welt, hat aber fast sein ganzes Leben auf dem Lande verbracht. Er hatte keinen Beruf und keine nennenswerte Bildung. Álvaro de Campos wurde am 15. Oktober 1890 in Tavira geboren (nach Ansicht von Ferreira Gomes um ein Uhr dreißig nachmittags; und das stimmt, für diese Stunde ist das Horoskop gestellt worden und ist richtig.) Er ist, wie Sie wissen, in Glasgow ausgebildeter Schiffsingenieur, lebt aber heute untätig hier in Lissabon. Caeiro war von mittlerer Statur; obwohl er in Wirklichkeit schwächlich war (er ist an Tuberkulose gestorben), wirkte er nicht so. Ricardo Reis ist ein wenig, ein klein wenig kleiner, stärker und trockener. Álvaro de Campos ist groß (1,70 m, 2 cm größer als ich), mager und geht etwas gebückt. Alle haben ein glattrasiertes Gesicht – Caeiro ist mattblond und hat blaue Augen; Reis' Hautfarbe ist ein verschwommenes Mattbraun; Campos steht zwischen weiß und braun und hat ungefähr den Typ des portugiesischen Juden, trägt aber glattes und normalerweise seitlich gescheiteltes Haar; außerdem trägt er ein Monokel. Caeiro besaß, wie schon erwähnt, kaum eine andere Bildung als gar keine: nur Volksschulbildung. Vater und Mutter waren ihm früh gestorben, und er blieb zu Hause hängen und lebte von irgendwelchen kleinen Einkünften. Er lebte mit einer alten Tante, einer Großtante, zusammen. Ricardo Reis ist auf einer Jesuitenschule erzogen worden und, wie schon gesagt, Arzt; seit 1919 lebt er in Brasilien; er ist freiwillig außer Landes gegangen, weil er Monarchist ist. Er ist Latinist dank fremder und ein halber Hellenist dank eigener Erziehung. Álvaro de Campos hat eine normale Gymnasialausbildung genossen; dann hat man ihn nach Schottland geschickt, damit er dort die Ingenieurschule besuchen sollte. In seinen Ferien unternahm er eine Orientreise, auf der das Gedicht »Opiumhöhle« entstanden ist. Ein Onkel aus der Provinz Beira, der Priester war, hat ihm Latein beigebracht.

Wie ich im Namen dieser drei schreibe? Als Caeiro schreibe ich in reiner und unerwarteter Inspiration, ohne zu wissen oder zu berechnen, daß ich schreiben werde. Als Ricardo Reis schreibe ich nach einer abstrakten Überlegung, die sich plötzlich in einer Ode konkretisiert.

Als Campos schreibe ich, wenn ich einen plötzlichen Drang zum Schreiben verspüre und nicht weiß, was ich schreiben soll. (Mein Halbheteronym Bernardo Soares, das im übrigen in vielen Dingen Álvaro de Campos ähnelt, tritt immer auf, wenn ich ermüdet oder schläfrig bin, so daß meine Fähigkeiten zu klaren Vernunftüberlegungen und meine Hemmungen ein wenig aufgehoben sind; diese Prosa ist ein ständiger Wahnwitz. Er ist ein Halbheteronym, weil seine Persönlichkeit nicht die meinige, doch nicht von ihr verschieden, wohl aber eine einfache Verstümmelung von ihr ist. Ich bin es, minus die Vernunftüberlegung und die Gefühlserregbarkeit. Seine Prosa ist dieser gleich, die *Zartheit* ausgenommen, die die Vernunftüberlegung der meinigen verleiht, und das Portugiesische ist völlig gleich; während Caeiro schlecht portugiesisch schrieb, Campos einigermaßen, jedoch mit Ausrutschern usw., Reis besser als ich, jedoch mit einem Purismus, den ich als übertrieben ansehe. Schwierig ist es für mich, die – noch unveröffentlichte – Prosa von Reis oder Campos zu schreiben. Im Vers fällt das Simulieren leichter, auch weil es spontaner ist.)

Nun bleibt noch übrig, auf ihre Frage bezüglich des Okkultismus zu antworten. Sie fragen mich, ob ich an den Okkultismus glaube. So gestellt, ist die Frage nicht ganz klar; ich verstehe jedoch die Absicht und antworte auf sie. Ich glaube an die Existenz von Welten, die höher sind als die unsrige, und von Bewohnern dieser Welten, erfahren in verschiedenen Graden von Geistigkeit, die sich verfeinern, bis man zu einem höchsten Wesen gelangt, das vermutungsweise diese Welt erschaffen hat. Es mag sein, daß es andere, ebenfalls höchste Wesen gibt, die andere Universen geschaffen haben, und daß diese Universen mit dem unsrigen koexistieren, mit ihm verbunden oder auch nicht. Aus diesen Gründen und noch anderen vermeidet der äußere Orden des Okkultismus, nämlich die Freimaurerei, (die angelsächsische Freimaurerei ausgenommen) den Ausdruck »Gott« in Anbetracht seiner theologischen und volkstümlichen Implikationen und zieht es vor, vom »Großen Architekten des Universums« zu reden, einem Ausdruck, der das Problem offen läßt, ob Er der Schöpfer oder lediglich der Gouverneur der Welt ist. Diese Leitern von Wesen vorausgesetzt, glaube ich nicht an eine direkte Verbindung zu Gott; wohl aber werden wir gemäß unserer geistigen Zurichtung mit immer höheren Wesen in Verbindung treten können. Es gibt drei Wege zum Okkulten: den magischen Weg (der

Praktiken wie jene des Spiritismus einschließt, die sich geistig auf dem Niveau der Zauberei befinden, die ja ebenfalls Magie ist), ein in jeder Hinsicht äußerst gefährlicher Weg; den mystischen Weg, der nicht eigentlich Gefahren birgt, aber unsicher und langsam ist; und das, was man den alchimistischen Weg nennt, den schwierigsten und vollkommensten von allen, weil er eine Umformung der eigenen Persönlichkeit einbezieht, die sie *vorbereitet*, ohne große Risiken, ja sogar mit Schutzvorrichtungen, welche die anderen Wege nicht besitzen. Was nun die »Einweihung« oder Nicht-Einweihung anlangt, so kann ich Ihnen nur dies sagen, wovon ich nicht weiß, ob es eine Antwort auf Ihre Frage ist: ich gehöre keinem Einweihungsorden an. Das Zitat, Motto meines Gedichtes »Eros und Psyche«, aus einem (wohlgemerkt übersetzten, das Original ist lateinisch) Abschnitt des Rituals des Dritten Grades des Templerordens von Portugal weist nur darauf hin – was eine Tatsache ist –, daß es mir erlaubt war, die Rituale der ersten drei Grade dieses Ordens zu durchblättern, der seit ungefähr 1888 erloschen ist oder ruht. Wenn er nicht ruhte, würde ich den Abschnitt des Rituals nicht zitieren, denn man soll nicht Abschnitte aus Ritualen, die noch in Kraft sind, zitieren (indem man die Herkunft angibt).

Ich glaube nun, mein lieber Kamerad, auf Ihre Fragen geantwortet zu haben, wenngleich gelegentlich etwas unzusammenhängend. Wenn es noch andere gibt, die Sie zu stellen wünschen, so zögern Sie nicht, sie zu stellen. Ich werde antworten, sobald ich kann und so gut ich kann. Durchaus möglich ist es, und das bitte ich schon heute zu entschuldigen, daß ich nicht so rasch antworten kann.

Es umarmt Sie Ihr Kamerad, der Sie sehr schätzt und bewundert.

Fernando Pessoa

P. S. (!!!)

14. I. 1935

Außer der Kopie, die ich normalerweise, wenn ich mit der Maschine schreibe, von jedem Brief anfertige, der Erklärungen von der Art der in diesem enthaltenen einschließt, habe ich eine zusätzliche Kopie angefertigt, ebenso für den Fall, daß dieser Brief verlorengehen sollte, wie für den Fall, daß Sie sie für irgendeinen anderen Zweck benötigen sollten. Diese Kopie steht immer zu Ihrer Verfügung.

Etwas anderes. Es kann sein, daß Sie für irgendeine Studie oder einen anderen analogen Zweck künftighin irgendeinen Abschnitt aus diesem

Brief zitieren müssen. Ich erteile Ihnen schon heute die Genehmigung zu solchen Zitaten, *jedoch mit einer Einschränkung,* und ich erlaube mir, sie hier zu unterstreichen. Der Absatz über Okkultismus auf Seite 7 meines Briefes darf nicht gedruckt erscheinen. Da ich so klar wie möglich auf Ihre Frage antworten wollte, bin ich absichtlich etwas über die Grenzen hinausgegangen, die bei dieser Materie naturgegeben sind.

Es handelt sich um einen Privatbrief, und deshalb habe ich nicht gezögert, das zu tun. Es steht dem nichts entgegen, daß Sie diesen Abschnitt wem immer Sie wollen vorlesen, sofern diese andere Person ebenfalls der Weisung gehorcht, nicht irgendwo abzudrucken, was in diesem Abschnitt geschrieben steht. Ich glaube, ich kann mich zu diesem negativen Zweck auf Sie verlassen.

Ich bin immer noch in Ihrer Schuld betreffend den längst fälligen Brief über Ihre letzten Bücher: Ich halte aufrecht, was ich Ihnen, glaube ich, in meinem vorigen Briefe geschrieben habe: wenn ich jetzt (ich glaube, daß es erst im Februar der Fall sein wird) ein paar Tage in Estoril verbringen sollte, werde ich meine Korrespondenz in Ordnung bringen, denn ich bin nicht nur Ihnen, sondern auch verschiedenen anderen Personen gegenüber im Rückstand.

Dabei fällt mir ein, daß ich Sie noch einmal nach etwas fragen muß, wonach ich schon gefragt habe, ohne daß Sie darauf geantwortet hätten: haben Sie meine Broschüren mit den englischen Versen, die ich Ihnen vor Zeiten geschickt habe, bekommen?

»Der Ordnung halber«, wie man in der Handelssprache sagt, würde ich bitten, daß Sie mir so rasch wie möglich bestätigen, daß Sie diesen Brief erhalten haben. Danke.
Fernando Pessoa

Postfach 147
Lissabon, den 20. Januar 1935

Mein lieber Kamerad:
Vielen Dank für Ihren Brief. Wie gut, daß ich wenigstens etwas aussagen konnte, was wirklich interessiert hat. Ich zweifelte schon daran, ob ich das wirklich getan hätte, weil ich Ihnen so überstürzt und eilig

schreiben mußte, ganz in der Art eines geistigen Gesprächs, das ich mit Ihnen führte.

Ich antworte mit gleicher Spontaneität, mithin ohne Methode und Ordnung, auf Ihren jetzt erhaltenen Brief. Ich folge einigermaßen zufällig den Punkten, auf die ich zu antworten habe.

Was die Studie über mich angeht, für die ich Ihnen schon jetzt, weil sie mich ehrt, danke: sparen Sie sie für den Zeitpunkt nach der Publikation des großen Buches, in dem ich das ausgedehnte, unter eigenem Namen geschriebene Werk Fernando Pessoas zusammenfasse. Falls keine unvorhergesehene Komplikation dazwischenkommt, werde ich dieses Buch im Oktober dieses Jahres fertig und gedruckt haben. Und dann haben Sie hinreichende Unterlagen: dieses Buch, die ergänzende, von der »Botschaft« repräsentierte Facette und genug Veröffentlichtes von den Heteronymen. Damit können Sie dann schon einen »Gesamteindruck« gewinnen, vorausgesetzt, es gibt in mir etwas so Abgerundetes wie eine Gesamtheit.

Bei alledem beziehe ich mich einfach auf die Dichtung; ich bin jedoch nicht auf dieses Lächeln der Literatur eingeschränkt. Aber was die Prosa angeht, so kennen Sie mich schon, und was publiziert worden ist, langt aus. Bis zu dem Datum, das ich als für das Erscheinen des größeren Buches wahrscheinlich angebe, sollte der »Bankier als Anarchist« (in neuer Form und Redaktion) vorliegen, ein Kriminalroman (an dem ich schreibe und der nicht mit dem identisch ist, auf den ich im vorigen Brief Bezug genommen habe) und die eine oder andere Schrift, die die Umstände hervorrufen könnten.

Außerordentlich zutreffend ist Ihre Beobachtung, daß bei mir das fehlt, was man legitimerweise als Evolution bezeichnen könnte. Es gibt bei mir Gedichte, die mit zwanzig Jahren geschrieben worden sind und an Wert – so weit ich das beurteilen kann – denjenigen, die ich heute schreibe, nicht nachstehen. Ich schreibe nicht besser als damals, die Kenntnis der portugiesischen Sprache ausgenommen, ein kulturelles und kein poetisches Phänomen. Ich schreibe auf andere Weise. Vielleicht liegt die Erklärung des Falles in folgendem:

Im wesentlichen bin ich – hinter den unfreiwilligen Masken des Dichters, des Denkspielers und was es sonst noch geben mag – Dramatiker. Das Phänomen meiner instinktiven Entpersönlichung, auf das ich in meinem vorigen Brief angespielt habe, um die Existenz der Heteronyme zu erklären, führt naturgemäß zu dieser Definition. Da dem so ist, entwickle ich mich nicht, ICH REISE. (Durch einen Lapsus bei den Großbuchstaben ist dieses Wort, ohne daß ich es gewollt hätte, in großen Lettern herausgekommen. Es ist richtig, und so lasse ich es stehen.) Ich wechsele die Persönlichkeit, ich bereichere mich (und hierbei mag es eine Evolution geben) in der Fähigkeit, neue Persönlichkeiten zu schaffen, neue Typen, um zu fingieren, daß ich die Welt begreife oder, besser noch, um zu fingieren, daß man sie begreifen kann. Deshalb erschien mir dieser Marsch in mir selbst nicht einer Evolution, wohl aber einer Reise vergleichbar: ich bin nicht von einem Stockwerk ins andere gestiegen; ich bin auf der Ebene von einem zum anderen Ort weitergezogen. Gewiß habe ich manches Einfältige und Naive abgelegt, das es in meinen Jugendgedichten gab; das hat jedoch nichts mit Evolution zu tun, sondern mit dem Älterwerden.

Mit diesen eiligen Worten glaube ich eine Ahnung von der klaren Idee vermittelt zu haben, mit der ich Ihrem Urteil zustimme, wonach es in mir keine eigentliche Evolution gegeben hat.

Ich beziehe mich jetzt auf den Fall der Publikation meiner Bücher in einer nahen Zukunft. Es gibt keinen Grund, sich darüber Sorgen zu machen. Wenn ich wirklich Caeiro, Ricardo Reis und Álvaro de Campos publizieren wollte, könnte ich es sogleich tun. Es ist freilich so, daß ich fürchte, Bücher dieser Art und dieses Typs werden sich nicht verkaufen. Nur hier liegt der Grund für mein Zögern. Was den großen Versband angeht, so ist seine Publikation wie die jedes anderen schon jetzt garantiert. Wenn ich mehr an diesen als an den anderen denke, so geschieht es, weil ich mir von seiner Publikation größeren geistigen Vorteil verspreche und trotz allem ein geringeres Risiko des Mißerfolgs bei seiner Edition.

Was die Publikation des »Bankiers als Anarchist« in englischer Sprache angeht, so wird es auch dabei, glaube ich, freilich aus anderen Gründen, keine besondere Schwierigkeit geben. Wenn das Werk geeignet ist, auf dem englischen Markt Interesse zu wecken, so wird es der literarische Agent, dem ich es schicken werde, früher oder später lancieren. Ich brauche nicht auf die Unterstützung von Richard Aldington zurückzukommen, einen Hinweis, für den ich Ihnen gleichwohl sehr danke. Die literarischen Agenten (ich antworte jetzt auf Ihre Frage nach dem, was sie eigentlich sind) sind Individuen oder Firmen, die die Bücher oder

Schriften der Autoren bei Verlegern oder Zeitungsherausgebern unterbringen, deren Auswahl sie besser treffen können als die Autoren, und das vermittels einer meistens zehnprozentigen Provision. In diesem Punkt weiß ich, was ich zu tun habe und an wen ich mich wenden muß – was ich im übrigen bei den praktischen Fragen des Lebens nur selten zu tun weiß.

Es umarmt Sie ihr befreundeter Kamerad und Bewunderer

Fernando Pessoa

Postfach 141
Lissabon, den 30. Oktober 1935

Mein lieber Casais Monteiro:

Vielen Dank für Ihre Postkarte vom 25., mit der Sie mir Ihr Interesse an meiner Mitarbeit in der »Presença« in Erinnerung rufen. Ich hatte schon hier vor Tagen Gaspar Simões persönlich versprochen, diesen Beitrag zu liefern, derart daß er, wenn er schon nicht für die im Erscheinen begriffene Nummer in Betracht käme, doch in der Weihnachtsnummer erscheinen könnte.

Es ist jedoch etwas geschehen – und zwar vor fünf Minuten geschehen –, was mich in einer bis dahin unsicheren Entscheidung bestärkt und mich hindert, der »Presença« oder irgendeiner anderen Publikation dieses Landes Beiträge zukommen zu lassen oder irgendein Buch zu publizieren.

Seit der Rede, die Salazar am 21. Februar dieses Jahres bei der Verteilung von Preisen im Nationalen Propaganda-Sekretariat gehalten hat, wußten wir, wir alle, die wir schreiben, daß die einschränkende Regel der Zensur »man darf nicht dies oder jenes sagen« durch die sowjetische Machtregel ersetzt worden ist: »man soll dieses oder jenes sagen.« In deutlicheren Worten: alles, was wir schreiben, darf nicht allein nicht den (mir ihrer Natur nach unbekannten) Prinzipien des »Neuen Staats« (Estado Novo) zuwiderlaufen, sondern es muß den Direktiven untergeordnet sein, die die geistigen Orientatoren des besagten »Neuen Staates« vorzeichnen. Das will, vermute ich, besagen, daß es legitimerweise keine literarische Äußerung in Portugal geben darf, die nicht irgendeinen Hinweis auf den ausgeglichenen Staatshaushalt, die korporative Zusammensetzung der portugiesischen Gesellschaft (von der ich auch nicht weiß, was sie bedeutet) und andere Räderwerke derselben Art einschließen würde.*

* Unabgeschlossener Brief.

Zeugnisse von Zeitgenossen

Aus dem Interview mit der Stiefschwester

Ausschnitte aus einem Interview mit der Stiefschwester des Dichters,
Dona Henriqueta Madalena Rosa Dias, für das »Jornal de Letras«,
Nr. 177, 26. 11. 1985.

JL: Führen Sie uns durch die familiäre Umwelt ihres Bruders in Durban,
die er in englischer Sprache erlebte!

Antwort: Aus dieser Zeit habe ich nur wenige Erinnerungen an Fernando. In dieser ganzen Zeit war er ein Kind, das sich allein unterhielt. Ich war noch sehr klein, ich erinnere mich nur daran, daß Fernando in der Schule war und nachmittags nach Hause kam. Später,
als schon mein Bruder Luís da war, spielte Fernando mit uns. Wir waren die Personen einer ständig von ihm erfundenen Geschichte. Ich
mußte einen französischen Leutnant darstellen und mein Bruder
eine andere Rolle, die ich inzwischen vergessen habe... Fernando
nahm den Scherz so ernst, daß ich zuweilen selbst außerhalb des
Spiels ein französischer Leutnant blieb. Im übrigen blieb ich das noch
für viele Jahre. Die Wirklichkeit wurde ständig verwandelt, und wir
waren die Darsteller seiner »Rêverie«. Es gab da auch einen »Kno-
chenbrecher«, eine Persönlichkeit, die Kinder erschreckte. Natürlich nicht uns. Wie Sie wissen, ist das alles englische Art. Fernando las
seit seiner Kinderzeit viel, und in der englischen Literatur ist das
Phantastische ebenso wie die »fairy-tales« an der Tagesordnung.

Frage: Können Sie sich daran erinnern, wie Fernando den Königin-Vic-
toria-Gedächtnis-Preis erhielt?

Antwort: Das wurde zu Hause sehr kommentiert. Sehen Sie, er war erst
15 Jahre alt und bekam einen Preis für einen Essay, den er in der
angenommenen Sprache geschrieben hatte, die er im übrigen glanz-
voll beherrschte, und das bei Hunderten von Kandidaten. Nicholas,
der Direktor, interessierte sich sehr für Fernando. Er war ein vorzüg-
licher Schüler, ausgezeichnet sogar in den klassischen Sprachen.
Aber seine bevorzugte Lektüre und ständige Studienquelle waren
Shakespeare und Milton. Vieles andere erfuhr ich erst viel später, als
sein Werk Gegenstand von Studien wurde. Und das ist verständlich,
denn zu jener Zeit war ich sehr klein.

Frage: Tut es Ihnen leid, daß Sie nicht seine Spielgefährtin gewesen sind?

Antwort: Zum Teil war ich das ja. Obwohl ich neun Jahre jünger war, nahm ich an seinem Leben teil. Wissen Sie, Fernando war etwas merkwürdig, er war kein richtiges Kind und machte sich nichts aus gewissen Dingen, die mir gefielen, aber wir verstanden uns trotzdem gut, er war ein großer Freund seiner jüngeren Geschwister. Und daß wir im Alter auseinander waren, besagte nichts, denn er riß uns in seine unvergeßliche magische Welt. Noch an etwas anderes erinnere ich mich, nämlich an seine Angst vor Gewittern; er verkroch sich an den dunkelsten Ort, auch wenn es nur ein Verschlag war. Er hatte eine schreckliche Angst vor Blitzen; wenn er den Donner rollen hörte, fühlte er sich erleichtert. Es war eine nervöse Phobie, die ihm gewaltig zu schaffen machte. Und das in Afrika, wo es so viele Gewitter gibt...

    ...

Frage: Glauben Sie, daß sich Fernando zwischen den beiden Sprachen hin und her gerissen fühlte?

Antwort: Ganz entschieden. Gerade Fernando, der so bewandert war in englischer Literatur, in englischer Lebensart... Und gleichzeitig so romanisch im Gefühlsleben.

Frage: Wie reagierten seine Eltern auf seinen Abgang aus dem Universitätskurs für Philologie?

Antwort: Das war für sie eine große Enttäuschung, ein großer Ärger. Denken Sie nur, seine Rückkehr nach Portugal geschah doch wegen der Fakultät. Mein Vater hatte ganz recht, wenn er ihn einen »sanften Eigenbrötler« nannte; er war wirklich ein folgsamer Mensch, aber er machte immer das, was er wollte. Meine Mutter machte sich die größten Sorgen. Ich vermute sogar, daß die ständige Sorge zu ihrer Krankheit beigetragen hat. Wenn er nicht den Philologie-Kurs besuchen wollte, dann solle er sich eine gute Anstellung verschaffen, dachte meine Mutter. Wo er doch so begabt war... Dieser Sohn lag ihr »schwer im Magen«. Manchmal sagte sie: »Meine anderen Kinder sind vielleicht nicht so intelligent wie Fernando, aber sie sind wenigstens normaler.«

    ...

Frage: Auf einer Seite seines »Tagebuchs« (25.7. 1905) beklagt sich

Fernando über das fehlende Verständnis seiner Familie: »In meiner Familie gibt es kein Verständnis für meinen geistigen Zustand – nein, keines. Sie lachen über mich, verspotten mich, glauben mir nicht. Sie sagen, ich wolle mich nur für ein Ausnahmewesen ausgeben.« Haben Sie etwas von diesen Klagen bemerkt?

Antwort: O ja! Er hatte immer Angst vor dem Wahnsinnigwerden. Und warum das? Wegen der Großmutter Dionísia, der Mutter seines Vaters. Sie muß ihn sehr beeindruckt haben. Sie hatte sogar Anfälle von Raserei. Sie mußte in ein Heim gebracht werden. Gewiß hat dieses Delirium seine Sensibilität geprägt. Fernando hatte sein ganzes Leben lang Furcht, wahnsinnig zu werden wie die Großmutter oder tuberkulös zu sterben wie sein Vater. Zum Überfluß war er kein starker Mensch. Seinerzeit fand sogar mein Vater, er müsse eine besondere Gymnastik treiben, um kräftiger zu werden. Aus dieser Zeit blieb ihm die Angewohnheit, täglich ein kaltes Bad zu nehmen. Und da Fernando später Anfälle geistiger Übererregtheit hatte, fürchtete er, daß etwas Schlimmes passieren könnte.

Frage: Ebenso heißt es in einem nicht datierten Fragment: »Ich habe niemanden, auf den ich vertrauen kann, meine Familie versteht nichts.« Handelt es sich hier nur um den üblichen Unverstandenheitskomplex eines jungen Menschen?

Antwort: Ich glaube ja; wenn sie sehr intelligent sind, leiden sie noch mehr unter einem gewissen Mangel an Ausgeglichenheit. Wenn er aber Unverständnis fand, so war das später.

Frage: »Ein enger Freund gehört zu meinen Idealen, ist einer meiner täglichen Träume, obwohl es sicher ist, daß ich niemals einen wahren engen Freund haben werde.« (Aufzeichnung ohne Datum). Glauben Sie, daß Mário de Sá-Carneiro eine, wenn auch späte annähernde Verwirklichung dieses Traums gewesen ist, oder hat es niemanden gegeben, der einen solchen Platz in seinem Leben ausgefüllt hat?

Antwort: Ich weiß nicht... ich weiß nicht... Er war wirklich ein enger Freund von Fernando, aber vielleicht nur auf geistiger Ebene. Sie lebten zu wenig zusammen für eine intime Freundschaft. Sá-Carneiro lebte in Paris; wenn er nach Portugal kam, fuhr er auf den Gutshof, den er bei Camarate besaß. Sie schrieben einander, wie man weiß. Und dann war es eine Freundschaft, die nur kurz gedauert hat, da er Selbstmord begangen hat.

Ferreira Gomes und sein Vetter Vitoriano Braga waren wirklich enge Freunde von ihm, sie gehörten zu einer ihm sehr nahestehenden Gruppe.

. . .

Frage: Nach 1912 tritt Pessoa in eine äußerst fruchtbare Periode ein: er debütiert als Kritiker, schreibt »Der Seemann«, »Epithalamium« und »Der Hüter der Herden« unter anderem. Álvaro de Campos tritt auf mit der »Triumph-Ode«. Sind vertrauliche Mitteilungen nach Durban gelangt, die eine Vorstellung von dieser ungeheuren Schöpferkraft gaben?

Antwort: Gewisse Dinge, die etwas ausgefallen waren, hat er vermieden, uns zur Kenntnis zu bringen. Er hat wohl gefürchtet, daß die Familie ihn nicht verstehen würde.

Frage: Erfuhren Sie vom Erscheinen der Zeitschrift »Orpheu«? Haben Sie ihre Bedeutung erfaßt?

Antwort: Erst viel, viel später. Weder hat er uns die Tatsache zur Kenntnis gebracht, noch hat er uns ein Exemplar geschickt. Zu dieser Zeit war meine Mutter erkrankt, und der Briefwechsel ging eher mit dem Vater vonstatten. Wir schrieben uns wenig, nur dann und wann. Aber als ich bei der Rückkehr nach Portugal von der Sache erfuhr, dachte ich, sie wären verrückt, sie wären exzentrisch und hätten sich auf etwas Schreckliches eingelassen. Sie flüchteten ja sogar vor der Polizei.

Frage: Beim Tode Ihres Vaters kehrten alle endgültig zurück und lebten für einige Jahre zusammen in der Rua Coelho da Rocha. Welche Erinnerungen haben Sie an diese Wiederbegegnung?

Antwort: Es war dramatisch. Als wir am Kai landeten, erwartete uns niemand. Erst später erschien Fernando mit dem Mário. Wir kamen in ein sozusagen fremdes Land, der Vater war gestorben, die Mutter krank; in Pretoria hatten wir ein hübsches Haus zurückgelassen, und wir wußten nicht einmal, wo wir nun leben würden. Ich war 23 Jahre alt und sehr verschreckt und wäre am liebsten umgekehrt.

Aber natürlich war Fernando sehr glücklich. Wenn die Mutter auch halb paralytisch war, so war sie doch geistig ungebrochen. Sie hatte ihre Lebhaftigkeit eingebüßt, das wohl, und brillierte nicht wie früher; doch hörte sie sich aufmerksam die Gedichte an, die er ihr neben ihr sitzend vorlas, und gab ihre Meinung ab, um die er sie immer bat. Fernando war sehr zärtlich zu seiner Mutter.

Frage: Wie verlief der familiäre Alltag Pessoas?

Antwort: Er hatte einen ganz normalen Alltag. Er stand weder sehr spät noch sehr früh auf; das hing von der voraufgehenden Nacht ab. Er hatte viele schlaflose Nächte, und wir hörten ihn oft auf dem Korridor auf und ab gehen. In diesen Stunden produzierte er am meisten, er schrieb ungeheuer viel.

Zwischen halb zehn und zehn ging er aus, ins Büro oder auch nicht, denn er war nicht dazu verpflichtet, einen bestimmten Stundenplan einzuhalten. Er arbeitete, wann er wollte und wie es ihm gefiel. Er pflegte zu Hause zu Mittag zu essen, wenn er nicht gerade mit Freunden zu Mittag aß. Dann ging er wieder aus und kam zum Abendessen zurück und ging abends nur selten aus. Oft blieb er in seinem Zimmer und schrieb, wie ich vermute. Er konnte jedoch nachts in eines der Büros zur Arbeit gehen, da er die Schlüssel hatte. Er besuchte sehr wenige Freunde und brachte sie selten nach Hause. Gelegentlich verlebten wir amüsante Abende. Wir vier Geschwister blieben bis drei oder vier Uhr morgens auf und lachten viel und diskutierten über Gott und die Welt. Da Fernando klassische Musik liebte, ging er auch oft ins São-Luís-Kino zu den Konzerten. Ins Kino ist er, glaube ich, nie gegangen.

. . .

Frage: Seine Neffen und Nichten haben sicherlich eine gute Erinnerung an das Zusammenleben mit dem Onkel behalten . . .

Antwort: Sie verstanden sich sehr gut. Er hatte unendlich große Geduld . . . Maria Manuela, damals nur Lili, spielte mit ihm Friseur und Maniküre. Sie vergnügten sich sehr. Auch Luís Miguel, obwohl noch ganz klein, machte bei diesen Spielen mit. Fernando überraschte die Kinder gern: er pflegte immer ein kleines Geschenk für meine Tochter mitzubringen, das er unter der Serviette versteckte. Er hatte Lili auch ein Gedicht gewidmet, aber es fällt mir nicht mehr ein.

Frage: Wie hat er den Tod der Mutter aufgenommen?

Antwort: Das war schrecklich. Das war ein schwerer Kummer für ihn. Zum ersten Mal habe ich ihn da außer sich gesehen. Die Mutter durchlebte einen langen Todeskampf, und in dieser Aufregung sagte ich: »Wenn doch dieses Leiden für die Mutter bald zu Ende ginge...« »Sag das nicht, man darf nie jemandem den Tod wünschen«, bemerkte er. Es war das einzige Mal, daß ich ihn ganz verwirrt sah. Von der Todesangst abgesehen war die Mutter vielleicht das einzige Band, das ihn am Leben hielt.

Frage: Erinnern Sie sich an irgendeine interessante Episode aus dieser Zeit?

Antwort: Er spielte gern Streiche und hatte es oft auf mich abgesehen. Zur Stunde des Mittagessens ging er häufig ans Fenster und wartete. Kaum sah er mich, fing er an, den Betrunkenen zu spielen: er ging im Zickzack, stolperte und zog den Hut vor der Lampe. Ich wurde dann ganz ärgerlich, klar, und verschwand sofort. Wenn ich dann wiederkam, sagte ich zu ihm: »Du solltest dich was schämen, sie werden dich noch für verrückt halten!« Das machte ihm viel Spaß. Ja, wenn ihn doch alle Leute für verrückt gehalten hätten, das hätte ihm gar nichts ausgemacht.

Frage: War Fernando Pessoa, wenn er becherte, für die Familie sehr unangenehm?

Antwort: Nein. Ich habe ihn nie betrunken gesehen, auch niemand anders von meiner Familie. Er behielt immer Haltung. Möglich, daß er an den Alkohol gewöhnt war; er hat wohl sehr früh zu trinken begonnen.

Mein Vetter Jaime Neves pflegte zu mir zu sagen: Teca, du redest doch mit allen möglichen Leuten, warum sagst du ihnen nicht, daß Fernando nie jemals betrunken gesehen worden ist? Sicher, ich weiß, daß er ziemlich viel trank, auch weil ich die Korbflaschen Wein sah, die er sich kaufte und in seinem Zimmer verwahrte. Aber seine Umgangsformen hat das nicht verändert.

...

Frage: Hat es Sie je gereizt, das Warum der heteronymen Dichter zu erfahren?

Antwort: Nein. In gewisser Weise war das die fiktionale Fortsetzung unseres Theaterspielens in der Kindheit. Für mich handelte es sich immer um Fernando Pessoa.

...

Frage: Haben Sie je Eindrücke über den Okkultismus ausgetauscht, nach dem Beispiel der vertraulichen esoterischen Mitteilungen, die Pessoa seiner Tante Anica machte?

Antwort: Dazu muß ich sagen, daß ich mir gar nichts aus dem mache, was geheimnisvoll oder unbekannt ist, und mich nie darum gekümmert habe; ich war also für diese Konfidenzen nicht die geeignete Partnerin.

Zur Zeit der Tante Anica war er noch sehr jung und machte eine Phase der Neugier durch, die sowohl die automatische Niederschrift als auch die Hypnose einbezog. Wahrsagen oder die Persönlichkeit durch die Knochenform des Kopfes entdecken waren Erfahrungen in seiner frühen Jugend gewesen. Er las viel über Okkultismus und übersetzte später viele Werke auf diesem Gebiet.

Frage: Wann haben Sie entdeckt, daß Ihr Bruder nicht nur der Fernando war, sondern der Dichter Fernando Pessoa?

Antwort: Das ist ganz allmählich geschehen. Wir sind 1920 aus Südafrika zurückgekehrt. Zu der Zeit wußten wir, daß alles, was Fernando schrieb, schön war. Sie sehen, wir konnten gar nicht umhin zu wissen, daß das, was er schrieb, gut war.

Frage: Trotz allem war ja vieles und besonders Repräsentatives zu Lebzeiten des Dichters publiziert worden. Haben Sie seine Genialität geahnt, oder geschah das erst, nachdem der Schatz der berühmten Truhe entdeckt worden war?

Antwort: Wir wußten, daß er ein Dichter war, aber zu jener Zeit den ganzen Umfang seiner Größe zu ahnen war unmöglich. Im übrigen glaubten wir auch nicht, daß sein Werk veröffentlicht werden würde. Fernando schob das immer auf, und wenn wir darüber mit ihm redeten und ihm dazu sogar unsere Hilfe anboten, sagte er unfehlbar, er sei dabei, es zu ordnen. Und das war er wirklich. Ich bin jedoch sicher, daß er, so lange er auch gelebt hätte, immer gemeint haben würde, es wäre noch nicht an der Zeit. Was seine Genialität betrifft, so wurde ich erst später dazu gebracht, daran zu denken, durch die Meinungen anderer Leute. Ich allein würde niemals erfahren haben, daß er einer der größten Dichter ist; doch finde ich einige seiner Gedichte genial. Und selbst wenn die anderen damit nicht einverstanden wären, würde ich doch genau so denken.

...

Frage: Wie hat Fernando Pessoa auf die Zuerkennung des 2. Platzes für die »Botschaft« (Mensagem) beim Wettbewerb um den Preis Antero de Quental reagiert?

Antwort: Das hat ihn nicht gekümmert. Er war niemand, der diesen Dingen Wichtigkeit beigemessen hätte. Er kannte seinen Wert.

Frage: Was sagen Sie zu allen diesen Ehrungen, zu diesen Festveranstaltungen?

Antwort: Einerseits finde ich das sehr gut, andererseits denke ich, es ist ein bißchen zu viel. Er verdient diese Ehrungen, aber die Menschen ermüden leicht. Ich fürchte sogar...

...

Frage: Was empfinden Sie, wenn Sie den Dichter in der Einsamkeit des Kreuzgangs im Jerónimos-Kloster sehen?

Antwort: In mir herrscht, was das anbetrifft, große Verwirrung. Die Idee war ja sehr gut. Es ist eine Ehre: ihn im Jerónimos-Kloster begraben heißt, daß er einer der Großen unseres Vaterlandes ist. Aber gleichzeitig bedaure ich, daß er von der Seite seines Vaters, aus der Gesellschaft der Familie weggerissen worden ist. Er ist so allein geblieben... Nun, im Grunde ist er nicht dort, und das tröstet mich.

Frage: Mir fällt ein vor vielen Jahren geführtes Gespräch ein, bei dem Sie sagten, Pessoa sei sehr unglücklich gewesen...

Antwort: O ja, Fernando war sehr unglücklich! Die Einsamkeit bedrückte ihn sein ganzes Leben lang. All diese möblierten Zimmer... Er war ein sehr einsamer, unverstandener Mensch, obwohl ihn alle sehr gut leiden konnten. Und das tut mir leid, sehr leid.

Frage: Es gab aber doch Ophélia...

Antwort: Wissen Sie, wir haben nie etwas von dieser Liebelei erfahren. Weder meine Mutter noch ich haben von Ophélias Existenz gewußt. Erst geraume Zeit nach Fernandos Tod habe ich erfahren, daß es jemanden in seinem Leben gegeben hatte. Seinerzeit sah ich auf der Kommode einige Briefe in weiblicher Schrift, aber ich dachte, es handle sich um etwas längst Vergangenes. Dabei spielte sich alles in unserer Gegenwart ab. Allerdings hat Fernando nie irgendeine Anspielung darauf gemacht. Ich denke, er hat nie etwas gesagt, weil er wußte, daß es etwas Unmögliches war.

Frage: Warum unmöglich?

Antwort: Er hatte nicht die wirtschaftlichen Möglichkeiten, um eine Familie zu gründen. Er wußte das. Im übrigen war das eine der großen Sorgen der Mutter und der ganzen Familie, daß er sich eine gute Anstellung besorgen solle, um keine Schwierigkeiten zu haben. Wir haben ihm in dieser Angelegenheit sehr zugesetzt. Und weil er nicht die ständigen Vorwürfe der Familie hören wollte, verschwand er. Er lebte sogar sehr kümmerlich, aber er wollte sich nie einer festen Dienstzeit unterwerfen. Er wollte Freiheit haben, um an seinem Werk zu arbeiten.

...

Frage: Es gibt Pessoa-Texte, die auf eine gewisse Misogynie hindeuten, so wie einige Forscher eine, wenn auch sublimierte, homosexuelle Neigung annehmen. Meinen Sie, daß Ihr Bruder ein Frauenfeind gewesen ist oder vielleicht eher und immer auf komplizierte Weise jemand, der an einer übermäßigen Idealität der Frau festgehalten hat?

Antwort: Etwas derartiges habe ich nie bemerkt. Weil er riesig schüchtern gegenüber Frauen war? Sicherlich, Fernando stellte die Frau auf einen Altar, siehe seine Verehrung für seine Mutter. Aber er bewunderte die Frauen; ich erinnere mich sogar an einige, die er sehr fesselnd fand.

Frage: Gibt es noch eine Frage, von der Sie möchten, daß ich sie Ihnen stelle?

Antwort: ...ich weiß nicht... Nein. Ich kann nur dies sagen: Jetzt, heute, wo alles schon vorbei ist und nicht zurückkommen kann, ich sehr viel älter bin und viel Zeit habe, um nachzudenken und zu fühlen, tut es mir herzlich leid, daß ich nicht mehr mit ihm zusammengelebt habe, nicht mehr mit ihm gesprochen habe, nicht mehr an seiner Seite gewesen bin. Letztlich hat er sehr allein gelebt. Jetzt, wo ich sein Werk kenne, es lese und mehr und besser zu verstehen suche, schmerzt es mich sehr, daß wir, obwohl wir Fernando sehr gern hatten, wenig für ihn getan haben. Wir maßen ihm nicht die Bedeutung bei, die er verdiente. Sicherlich versteckte er sich hinter seiner Reserviertheit, und das wirkte erschwerend. Selbst die einfachen Dinge behielt er für sich. Aber auch wenn er sich nicht tiefunglücklich gezeigt hat – er war eher ein wohlgelaunter Mensch –, so bleibt doch wahr, daß es traurig stimmt, an all diese Stunden, so viele Stunden zu denken, die er allein verbringen mußte.

(Interviewerin: Maria Ivone Ornellas de Andrade)

Erinnerungen von Eduardo Freitas da Costa

einem Vetter Pessoas, in »Poesía«, Madrid, Nr. 7 und 8, Frühjahr 1980

Gehörte er zu denen, die sich ganz aufschließen und das Innere ihrer Seele entschleiern? Wir wissen, daß dem nicht so war. Die besondere Scheu, die er stets am Leibe hatte, verbunden mit der unerbittlich beibehaltenen Entschlossenheit, sich überall eine völlige Bewegungsfreiheit und Freiheit des Handelns zu bewahren, schränkten in gewisser Hinsicht die Intimität des Zusammenlebens mit ihm ein; denn der Dichter kannte sein ganzes Leben lang nur den einen Wunsch (und vermochte ihn auch durchzusetzen), ohne festen Stundenplan zu arbeiten, die Mahlzeiten einzunehmen, wo und wann es ihm beliebte, den ganzen Tag am Kaffeehaustisch zu plaudern und während der ganzen Nacht intensiv zu schreiben – nicht nur ohne irgend jemandem darüber Rechenschaft schuldig zu sein, sondern auch ohne es irgend jemandem mitteilen zu müssen. Man meine jedoch nicht, daß diese Einschränkung Kälte oder Zurückgezogenheit im Gefolge gehabt hätte: im Zusammenleben war er immer ein unermüdlicher und einfallsreicher Gesprächspartner, der eine außerordentliche Anziehungskraft auf alle ausübte, die ihm nahe kamen.

– Konnte Fernando Pessoa Auto fahren?
– Fernando nicht, aber Álvaro de Campos schon.

Eines Tages im Sommer 1934 ging ich mit Fernando in Cascais am Meer spazieren, als er plötzlich von den Heteronymen zu sprechen begann. Er nahm das vorweg, was er einige Monate später Adolfo Casais Monteiro in dem (später) berühmten Brief über die Entstehung der Heteronyme erklären sollte: daß die Vervielfachung in der Poesie für ihn natürlich wäre, während das Phänomen in der Prosa *provoziert* wäre, vom Willen bestimmt, und das nicht immer mit Leichtigkeit. Und er referierte mir die Polemik zwischen Reis und Campos mit Worten, die ich nicht vergessen habe: »Ich weiß nicht, ob ich eines Tages dazu kommen werde, sie abzuschließen, weil sie mir viel Arbeit verursacht und eine doppelte Anstrengung der Entpersönlichung von mir verlangt. Das ist einfach schwierig, weil es sich um zwei Arten des Verständnisses von Prosa handelt, um zwei völlig verschiedene Stile. Campos, wie du weißt, kümmert sich nicht um die Form: er sorgt sich weder wenig noch viel um die Sprache, und er ist ebenso imstande, einen grammatikalischen Fehler zu begehen, wie mit der größten Ruhe irgendeinen schrecklichen Gallizismus zu verwenden ... Reis dagegen kümmert sich auf Grund seines Temperaments, seiner humanistischen Bildung, weil ihm die griechisch-römische Kultur vertraut ist, so sehr wie möglich um die Reinheit der Sprache: er verwendet immer das genaue Wort, das etymologisch korrekte Wort und gelangt an einen Punkt, wo er die Berechtigung dieser oder jener orthographischen Form in Zweifel zieht (selbst wenn sie von der Akademie gebilligt worden ist), bevor er sie übernimmt...«

Er hielt inne, schaute mich einige Augenblicke an und kommentierte dann eilig, vielleicht ärgerlich, weil er mit so geringer Sympathie einen so bewunderten und geliebten Freund wie Ricardo Reis kritisierte: »Ich muß dir sagen, daß diese Skrupel meiner Meinung nach derart übertrieben sind, daß es schon an Pedanterie grenzt. Ich betrachte sie als überzogen. Aber was soll man machen?! Reis ist eben so!«

Aussage von Ophélia Queiroz

*Auszüge aus dem von ihrer Nichte Maria da Graça Queiroz zusammen-
gestellten Bericht*

Fernando war nicht eigentlich Angestellter der Firma, ich weiß nicht
einmal, ob er etwas verdiente. Er half seinem Vetter bei der Korrespondenz. Er übersetzte direkt ins Französische und Englische, was der Vetter auf portugiesisch diktierte. Bekanntlich sprach Fernando vor allem
ausgezeichnet englisch. Seine Freunde sagten scherzhafterweise, er
»dächte sogar in englisch«.

Er kam oft ins Büro, eben weil er Vetter und mit Freitas sehr befreundet war und weil dort mehrere Freunde zum Gespräch zusammenka-
men. Unter ihnen entsinne ich mich an Montalvor, der dort fast jeden
Tag auftauchte und Fernando nicht die Tatsache verzeihen konnte, daß
er sein Werk nicht publizierte. Er sagte zu ihm: »Fernando, es ist ein
Verbrechen, daß Sie weiterhin unbekannt bleiben.« Und dieser gab ihm
zur Antwort: »Laßt nur gut sein; wenn ich sterbe, bleiben volle Kisten
zurück.«

Es erschien auch Ferreira Gomes, der ebenfalls eine große Bewunderung für Fernando empfand. Später traf ich ihn zufällig im SNI (= Secre-
tariado Nacional de Informação). Das war ein großer Spaßvogel.

. . .

Ich habe Fernando an dem Tage kennengelernt, als ich mich auf eine
Annonce hin vorstellte, und es gibt dazu sogar eine ulkige Geschichte,
die es sich lohnt zu erzählen.

Da es zu jener Zeit nicht üblich war, daß die Mädchen allein ausgingen, wurde ich von einer Hausangestellten meiner Schwester begleitet,
mit der ich damals zusammenlebte, der Mutter meines Neffen, des
künftigen Dichters Carlos Queiroz. Als wir ankamen und an die Tür des
Büros klopften, war es noch geschlossen, weshalb wir warten mußten.

Auf einmal sahen wir einen ganz in schwarz gekleideten Herrn die
Treppe heraufsteigen (ich erfuhr später, daß er wegen seines Stiefvaters
Trauerkleidung trug), mit einem Hut mit umgeschlagener und gesäum-
ter Krempe, Brille und einer Fliege um den Hals. Beim Gehen schien er

den Boden nicht zu berühren. Und seine Hosenbeine steckten – gar nichts Ungewöhnliches – in Gamaschen. Das reizte mich – ich weiß nicht weshalb – schrecklich zum Lachen, und es kostete mich große Mühe zu sagen, ich wolle auf die Annonce antworten, als er uns schüchtern fragte, was wir wünschten.

Das war mein erstes Bild von Fernando.

Er sagte uns dann sehr aufmerksam, wir sollten uns etwas gedulden, denn er sei nicht der Inhaber des Büros. Wir traten ein, und nach einer Weile erschien sein Vetter. Er fragte, wer die Interessentin wäre, und wir begannen uns zu unterhalten. Fernando wohnte alledem bei, an einem Schreibtisch sitzend und mir zugewendet, mit einem leichten Lächeln, als ob er daran Spaß fände.

Nach drei Tagen rief man mich.

An diesem Tag empfing mich Fernando selber. Er war schon dort, als ich eintraf; er wartete offenbar auf mich. Er setzte sich auf einen Stuhl neben meinen Schreibtisch und wies mir die Arbeit zu: Adressen aus dem Handelsjahrbuch herausschreiben. In einem bestimmten Augenblick sagte er schüchtern zu mir:

»Wissen Sie, ich möchte Sie auf etwas aufmerksam machen. Der Läufer auf der Treppe hat ein Loch, daß Sie da nicht drüber fallen . . .« Dann schwieg er, und nach einem Weilchen sagte er: »Da ist noch etwas, worauf ich Sie hinweisen möchte, der andere Sozius, der Valadas, ist etwas grob. Er ist kein übler Mensch, wissen Sie, aber er gehört zur Nationalgarde, und Sie sollten ihm nichts übelnehmen . . .«

All das wurde bedachtsam, aber voller Liebenswürdigkeit gesagt. Dann begannen die Blicke, das Werben . . .

Es geschah etwas Lustiges, gleich an diesem ersten Tage. Ich saß da und schrieb an der Schreibmaschine. Jemand betrat das Arbeitszimmer, ich weiß jetzt nicht mehr wer, und sagte: »Na, Fernando, wäre das nicht reizend, einen Kuß auf diesen Hals zu drücken?«

»Das finde ich nicht«, gab er trocken, ja ärgerlich zur Antwort. Später sagte er mir, das sei schon Eifersucht gewesen . . .

Fernando war sehr eifersüchtig, aber er ließ sich nichts anmerken und sagte nichts; er litt. Er wollte nicht, daß ich Dekolleté trüge oder mit jungen Männern redete. Eines Tages sagte er zu mir: »Heute war ich zum ersten Mal auf die Augen meines Vetters eifersüchtig.« – »Warum?«, fragte ich. »Weil sie dich gesehen haben und ich nicht.«

...

Eines Tages ging im Büro das Licht aus. Der Freitas war nicht da, und Osório, der »Stift«, war ausgegangen, um eine Besorgung zu erledigen. Fernando holte eine Petroleumlampe, zündete sie an und stellte sie auf meinen Schreibtisch.

Kurz vor Büroschluß warf er mir ein Briefchen auf den Tisch, in dem stand: »Bitte bleiben Sie noch!« Ich blieb erwartungsvoll. Zu dieser Zeit hatte ich schon Fernandos Interesse für mich bemerkt, und ich, muß ich bekennen, fand ihn auch recht spaßig.

Ich entsinne mich, daß ich dastand und mir den Mantel anzog, als er in mein Arbeitszimmer eintrat. Er setzte sich auf meinen Stuhl, stellte die Lampe ab, die er in der Hand trug, und begann sich mir zugewandt zu erklären, wie Hamlet sich Ophélia erklärt hat: »Meine liebe Ophélia! Meine Verse hinken; mir fehlt die Kunst, meine Seufzer abzumessen; aber ich liebe dich ganz ungeheuer. Bis zum Äußersten, glaub mir das!«

Ich war ganz verwirrt, wie sich von selbst versteht, schlüpfte in meinen Mantel und verabschiedete mich überstürzt. Fernando stand auf, die Lampe in der Hand, um mich bis zur Tür zu begleiten. Aber plötzlich stellte er sie auf die Trennwand; zu meiner Überraschung faßte er mich um die Taille, umarmte mich und küßte mich, ohne ein Wort zu sagen, küßte mich leidenschaftlich, wie ein Wahnsinniger.

...

Ich ging kompromittiert und verwirrt nach Hause. Mehrere Tage vergingen, und da Fernando zu ignorieren schien, was sich zwischen uns zugetragen hatte, beschloß ich, ihm einen Brief zu schreiben und ihn um eine Erklärung zu bitten. Das hat seinen ersten Antwortbrief zur Folge gehabt, der vom 1. März 1920 datiert ist.

So begann die »Liebelei«.

...

Wir sahen uns jeden Tag im Büro, wohin Fernando, wie ich schon sagte, als Korrespondent und Freund ging.

Es waren nur Blicke, Botschaften und Briefchen, die er mir verstohlen auf den Schreibtisch legte. Und auch Geschenke, die ich in den Schüben fand, wenn ich morgens eintraf.

Von diesen Briefchen bewahre ich einige auf:

»Kiss me.«

»Gib mir ein Küßchen, willst du?«

»Es ist nichts, eifersüchtiges Baby; ich zeige Ihnen, worum es geht«, usw., usw.

...

Weil ich sehr klein und mager war, obwohl Arme und Beine mollig waren (ich hatte eine hübsche Figur), und weil ich mich nicht schminkte, wirkte ich noch jünger, als ich in Wirklichkeit war. Ich war 19 Jahre alt, als ich Fernando kennenlernte. Zwischen uns gab es also einen Altersunterschied von zwölf Jahren. Er machte sich viel aus mir. Aus Zärtlichkeit nannte er mich »Baby«, »kleines Baby«, »Bebezinho« und schrieb sogar für mich Verse, die sich genau auf meine Figur bezogen.

Eines Tages – noch im Büro Félix und Valadas – brachte er mir als Geschenk ein Puppenstühlchen aus rotem Stroh mit, eine Handbreit hoch, damit ich mich darauf setzen sollte. Das hatte er auf der Praça da Figueira gekauft. Dazu sagte mir Fernando: »Wenn wir heiraten, muß ich ein Bänkchen kaufen, damit du dich heraufstellen, und wenn ich nach Hause komme, mir einen Kuß geben kannst. Ich komme herein und frage: »Haben Sie hier nicht vielleicht meine Frau gesehen?« Dann erscheinst du, und ich sage: »Ach, da bist du ja! Du bist so klein, daß ich dich gar nicht gesehen habe.«

Er besaß Zartgefühl und unermeßliche Zärtlichkeit. Fast jeden Tag brachte er mir ein Geschenk mit, das er in den Schüben meines Schreibtisches versteckte, wie ich schon erzählt habe, um mich zu überraschen, wenn ich morgens ankam.

...

Es war eine einfache »Liebelei«, in gewisser Hinsicht war sie wie die aller Leute, obwohl Fernando nie in meine Wohnung kommen wollte, wie dies bei jedem sonstigen Liebhaber üblich war. Er sagte zu mir: »Weißt du, du mußt verstehen, so macht das jedermann, aber ich bin nicht jedermann.« Ich verstand ihn und nahm ihn genau so, wie er war. Er sagte mir beispielsweise auch oft: »Sag niemandem, wir hätten eine ›Liebelei‹, das ist lächerlich. Wir lieben uns.«

Wir gingen spazieren und redeten über alles, über die einfachsten Dinge. Über Dichtung, über die Bücher, die er las, über seine Bestrebungen, über die Familie. Ich erinnere mich, daß Fernando mir sagte, er wäre ein Anhänger des Präsidenten Sidónio Pais. Eines Tages schrieb er Verse auf Sidónio Pais, die er mir schenkte, die aber unglücklicherweise verschwunden sind, ebenso wie die Manuskripte mit einigen anderen Versen, an die ich mich hier erinnere. Er war auch als Monarchist bekannt, aber er sagte zu mir: »Ich bin kein Monarchist, ich bin ein reaktionärer Monarchist. Ich kann nicht an der Tür des Cafés »Brasileira« vorbeigehen, weil man mich dort tätlich angreift. Ich muß auf der anderen Seite vorbeigehen, sonst bekomme ich Stockschläge.«

Fernando verehrte mich glühend und hatte leidenschaftliche Ausbrüche, die mich erschreckten, die mich aber gleichzeitig amüsierten.

Eines Tages zum Beispiel war sein Vetter im Büro ausgegangen, und er betrat mein Arbeitszimmer. Ohne ein Wort zu sagen, nahm er mich auf den Arm, trug mich ins andere Zimmer, setzte mich auf einen Stuhl und kniete zu meinen Füßen nieder und sagte mir die größten Zärtlichkeiten.

Ein andermal standen wir bei einem seiner plötzlichen Anfälle an der Haltestelle der Elektrischen in der Rua de São Bento; da schubste er mich in einen Hausflur hinein. Ich wußte nicht recht, was vor sich ging; ich dachte sogar, er hätte bei seiner Schüchternheit jemanden gesehen und wollte nicht, daß man uns zusammen sähe. Aber ehe ich mich versah, packte er mich mit aller Kraft und küßte mich; es war ein riesiger, riesiger Kuß. Oder es kam vor, daß wir mitten im Gespräch waren, und auf einmal sagte er etwas, was gar nichts damit zu tun hatte, er nannte mich zum Beispiel »meine Schwefelsäure«, das sagte er aber mit der größten Leidenschaft.

. . .

Fernando war im allgemeinen sehr heiter. Er lachte wie ein Kind und fand alles sehr ulkig. Er sagte zum Beispiel »hast du gehörtetet?« statt »hast du gehört?« Wenn er ausging, um sich die Schuhe putzen zu lassen, sagte er zu mir: »Ich komme gleich, ich will mir nur die Füße von außen waschen.« Eines Tages schickte er mir folgendes Briefchen: »Meine Liebe ist klein und trägt rosa Höschen.« Ich las das und war beleidigt. Als wir ausgingen, sagte ich ärgerlich zu ihm: »Fernando, woher wollen Sie eigentlich wissen, daß ich rosa Höschen habe, wo Sie sie doch nie gesehen haben?« (wir duzten und siezten uns abwechselnd). Er antwortete mir lachend: »Sei nicht ärgerlich, Baby, alle kleinen Babys tragen rosa Höschen . . .«

. . .

Er lebte sehr allein, wie man weiß. Oft hatte er niemanden, der sich um ihn kümmerte, und er beklagte sich darüber bei mir. Er war wirklich ganz verliebt in mich, das kann ich sagen, und brauchte ungeheuer meine Gesellschaft, meine Gegenwart. In einem Brief sagte er mir: ». . . Du kannst dir nicht vorstellen, wie sehr ich mich nach dir sehne bei Krankheit, Niedergeschlagenheit und Traurigkeit . . .«

. . .

Damit wir uns auch sonntags sehen konnten, ging ich, statt wie üblich in die São-Domingo-Kirche, in die Kirche Conceição Velha zur Messe, denn dann begleitete mich Fernando (er ging nicht zur Messe, er war gläubig, aber er praktizierte nicht) nach Hause, und so hatten wir mehr Zeit, um auf dem Heimweg zu plaudern. Oft bat er mich, auch abends mit ihm auszugehen. In einem Brief sagte er: »Es wäre wunderbar, wenn ich dich beispielsweise am Sonntagabend treffen könnte . . .« Aber dazu kam es nie. Ich konnte nicht, weil meine Familie, vor allem mein Vater, der keine Ahnung von der Sache hatte, sehr streng mit mir war und es für mich nicht leicht war, einen Vorwand für einen Ausgang zu finden . . .

Fernando war ein ganz besonderer Mensch. Seine ganze Art und Weise zu sein, zu empfinden, ja sogar sich zu kleiden war besonders. Aber vielleicht habe ich das damals gar nicht bemerkt, vielleicht, weil ich verliebt war. Seine Sensibilität, seine Zärtlichkeit, seine Schüchternheit, seine exzentrischen Anwandlungen bezauberten mich im Grunde.

Fernando war beispielsweise etwas verwirrt, vor allem wenn er sich als Álvaro de Campos vorstellte. Dann sagte er zu mir: »Heute bin nicht ich gekommen, sondern mein Freund Álvaro de Campos . . .« Er betrug sich bei diesen Gelegenheiten auf eine ganz und gar verschiedene Weise. Er war ganz verrückt und redete unzusammenhängendes Zeug. Als er eines Tages zu mir kam, sagte er zu mir: »Ich habe einen Auftrag, meine Dame. Werfen Sie die abscheuliche Physiognomie dieses Fernando Pessoa kopfüber in einen Wassereimer.« Und ich gab ihm zur Antwort: »Ich verabscheue diesen Álvaro de Campos. Mir gefällt nur Fernando Pessoa.« »Ich weiß nicht weshalb«, antwortete er mir, »aber jedenfalls liebt er dich sehr.«

Selten nur sprach er von Caeiro, Reis oder Soares.

. . .

Eines Tages, als wir durch die Calçada da Estrela gingen, sagte er zu mir: »Deine Liebe zu mir ist so groß wie dieser Baum.« Ich tat so, als ob ich nicht verstanden hätte. »Aber hier ist doch gar kein Baum.« . . .

»Eben deshalb«, erwiderte er mir. Ein andermal sagte er zu mir: »Das ist ja beinahe christliche Karitas, daß du mich magst. Du bist so jung und hübsch und ich so alt und so häßlich.«

Es gab da ein merkwürdiges Zusammentreffen. Bekanntlich hatte Fernando am 13. Juni, am Tag des hl. Antonius, Geburtstag (er sagte sogar, er hieße Fernando, weil der hl. Antonius in Wirklichkeit Fernando Bulhão hieße) und ich am 14. Es gibt da einen Irrtum in meinem Geburtsregister, wo der 17. angegeben ist; in Wahrheit wurde ich am 14. geboren. Diesen Unterschied kommentierte Fernando mit den Worten: »Wie gut, daß wir nicht am gleichen Tage Geburtstag haben, denn die Ehepaare, die am gleichen Tage Geburtstag haben, sind nicht glücklich.« Er zitierte dazu das Beispiel von König Dom Carlos und Königin Dona Amélia.

. . .

Es gibt einen Satz von Fernando, ja sogar verschiedene, die sehr gut zeigen, wie reserviert er war. »Ich muß unbedingt mein Inneres vor den Blicken verbergen.« »Ich will nicht, daß jemand weiß, was ich fühle.« Und auch noch diesen: »Fernando Pessoa fühlt die Dinge, aber er rührt sich nicht, nicht einmal im Inneren.«

Die »Liebelei« dauerte so bis November 1920. Sein letzter Brief datiert vom 29. dieses Monats. Ganz allmählich ging er auf Distanz, bis wir ganz aufhörten, uns zu sehen.

. . .

Neun Jahre vergingen.

Eines Tages brachte mein Neffe Carlos Queirós das berühmte Foto nach Hause, auf dem Fernando bei Abel Pereira da Fonseca Wein trinkt (aufgenommen von Manuel Martins da Hora). Es hatte eine Widmung: »Carlos: das bin ich bei Abel, das heißt ganz nahe am irdischen, wie man weiß, verlorenen Paradies. Fernando. Am 2. 9. 29.« Das fand ich natürlich sehr lustig und sagte zu meinem Neffen, ich hätte gerne eine für mich. Carlos sagte ihm das, und nach kurzer Zeit schickte er mir eine gleiche Fotografie mit dieser Widmung: »Fernando Pessoa bei flagrantem Delikt (Delitro).«

Ich schrieb ihm und dankte, und er antwortete mir. So fingen wir von neuem die »Liebelei« an. Das war 1929. Ich arbeitete bereits nicht mehr um diese Zeit und lebte immer noch in der Wohnung meiner Schwester am Rossio.

Fernando hatte sich verändert. Nicht nur physisch, denn er hatte ziemlich zugenommen, sondern vor allem in seiner Wesensart. Er war immer nervös und völlig mit seinem Werk beschäftigt. Oft sagte er mir, er fürchte, er werde mich nicht glücklich machen wegen der vielen Zeit, die er diesem Werk zuwenden müsse. Eines Tages sagte er zu mir: »Ich schlafe wenig und das mit Papier und Federhalter am Kopfende. Nachts wache ich auf und schreibe, ich muß schreiben, und das ist ärgerlich, weil dann das Baby nicht ruhig schlafen kann.« Gleichzeitig fürchtete er, er könne mir nicht das gleiche Lebensniveau bieten, an das ich gewohnt war. Er wollte nicht jeden Tag arbeiten, weil er manche Tage nur für sich wollte, für sein Leben, das sein Werk war. Er lebte mit dem Lebensnotwendigen. Der ganze Rest war ihm gleichgültig. Er war weder ehrgeizig noch eitel. Er war schlicht und ehrlich.

Er sagte zu mir: »Sag nie jemandem, daß ich ein Dichter bin. Ich mache allerhöchstens Verse.«

. . .

Wir schrieben uns und sahen uns bis Januar 1930. Zu diesem Zeitpunkt sagte mir Fernando ständig, er sei verrückt. Man braucht nur zwei seiner letzten Briefe zu lesen, die sogar beide vom gleichen Tag datiert sind, um den Geisteszustand zu begreifen, in dem er lebte. Ich glaube, er machte sich immer noch etwas aus mir.

Sogar während der neun Jahre, in denen wir uns praktisch nie sahen, hat er, glaube ich, nie aufgehört, an mich zu denken. Eines Tages sagte er zu mir: »Es gibt doch unglaubliche Dinge. Ich hatte große Sehnsucht nach dir. Ich wollte dich sehen. Wie du weißt, ging ich immer durch die Rua Augusta, und an jenem Tage beschloß ich, durch die Rua do Ouro zu gehen, in der Hoffnung, dich zu treffen. Zufällig sah ich dich nicht, aber ich sah deine Schwester. Ich sprach mit ihr, fragte nach dir, schickte dir Grüße, und das brachte mir einen gewissen Trost.«

Auch nachdem wir vollständig aufgehört hatten, uns zu sehen und zu schreiben, schickten wir uns per Telegramm Glückwünsche. Das letzte, das ich erhielt, datiert vom Juni 1935, dem Jahr, in dem er starb.

(Aus: »Fernando und ich«, in »Liebesbriefe Fernando Pessoas« [Cartas de amor de Fernando Pessoa], Lissabon, 1978)

Aussage von Luís Pedro Moitinho de Almeida

Mein Bericht beginnt 1923, in dem Jahr, in dem ich ins Gymnasium eintrat. In diesem Jahr habe ich Fernando Pessoa kennengelernt.

Zu dieser Zeit hatte mein Vater ein Handelsbüro im 1. Stock des Hauses Nr. 71 der Rua da Prata, das in die Rua dos Retroseiros oder da Conceição einbiegt, auf die einige der Fenster der linken Seite hinausführen.

Als das Schuljahr zu Ende ging, und bevor wir in Ferien gingen, verbrachte ich ganze Tage im Büro, damit ich keine Eseleien zu Hause machen sollte, und unterhielt mich dort damit, mit der Schreibmaschine umgehen zu lernen ... und Unfug zu treiben. Mehr als einmal prügelte ich mich mit dem Botenjungen, der ein bißchen älter war als ich.

Dort im Büro lernte ich »den Herrn Pessoa« kennen, wie wir ihn nannten. Er schrieb die Korrespondenz in englisch und französisch, und ich erinnere mich, daß sein Stil sehr geschätzt wurde. Seine Brille, die eher wie ein Zwicker aussah, verlieh ihm einen schüchternen Ausdruck trotz der Aggressivität seines rotblonden, amerikanisch gestutzten Schnurrbarts und bildete einen Kontrast zu den wenigen grauen Haaren, die er auf dem Kopf hatte, aber ich mochte ihn, und trotz des Altersunterschieds sprachen wir viel über die mannigfaltigsten Dinge, ohne daß ich damals noch vermuten konnte, daß »der Herr Pessoa«, der sich zu dieser Zeit mit mir abgab, ein wenn auch nur wenig bekannter Dichter von außergewöhnlicher Persönlichkeit war.

Er wurde häufig von seinem Freundeskreis besucht, mit dem er sich im übrigen fast täglich im »Martinho da Arcada«, seinem Lieblingscafé, traf. So lernte ich Augusto Ferreira Gomes kennen, der immer jovial war und den Pessoa »den Almeirim« nannte, zur Erinnerung an einen Ausflug, den zu diesem Ort im Ribatejo António Botto, Dr. Raul Leal, Da Cunha Dias, der damalige Hauptmann Caetano Dias, der Schwager des Dichters, und ein paar andere unternommen hatten, an die ich mich nicht erinnere.

Oft wohnte ich folgenden Szenen bei: der »Herr Pessoa«, der

üblicherweise an der Schreibmaschine arbeitete, da er für seine Maschinenschrift keine Konzepte brauchte, erhob sich, griff nach seinem Hut, rückte die Brille zurecht und sagte mit feierlicher Miene: »Ich gehe zum Abel.« Niemand wunderte sich über diese Äußerung außer mir, der ich das zum ersten Mal in einem Sommer ungefähr im Jahre 1923 mitbekam.

Ich ging auch in den folgenden Sommern ins Büro, und einmal konnte ich das Geheimnis des Verhaltens des »Herrn Pessoa« entschleiern, das sich wie eine Gewohnheit durch sein Leben zog und im Grunde gar kein Geheimnis war. Fernando Pessoa ging ganz einfach ins nächstgelegene Depot der Firma Abel Pereira da Fonseca in der Rua dos Correeiros, um ein paar Schnäpschen zu sich zu nehmen, die ihm mehr fehlten als der Kaffee im ›Martinho da Arcada‹.

An einem einzigen Tage waren es so viele Gänge zum »Abel«, daß ich mir erlaubte, dem »Herrn Pessoa« bei seiner Rückkehr ins Büro zu sagen: »Sie halten das wirklich wie ein Schwamm aus«, woraufhin er sogleich mit seiner üblichen Ironie und Grazie und dem ›sense of humour‹, der ihm von seiner englischen Erziehung verblieben war, zur Antwort gab: »Wie ein Schwamm? Wie ein ganzer Laden von Schwämmen mitsamt dem Lagerschuppen.«

Das war der einzige Fehler – falls es ein Fehler war –, den ich an ihm kennenlernte. Er hatte immer ein freundliches Wort für alle, und im Büro war er bei allen beliebt; man achtete und schätzte ihn als guten Arbeitskollegen und großartigen Korrespondenten in englisch und französisch. Sogar mein Vater, der ihn als Dichter nicht ernst nahm, schätzte ihn sehr und gab ihm Vollmacht, immer auszugehen, wenn er Lust dazu hatte, weil er – sagte er – immer in besserer Arbeitsform zurückkäme.

. . .

Pessoa besaß einen weiten geistigen Horizont und spottete über die kleinliche portugiesische Eigenheit, am Kaffeehaustisch die Welt verstehen und über ihr Schicksal entscheiden zu wollen. Und er erzählte dazu, einmal sei er in die »Brasileira do Chiado« gekommen und von einem Freund, ich erinnere mich nicht aus welchem Anlaß, getadelt worden, und es habe sich dann mehr oder minder folgender Dialog ergeben:

Gesprächspartner: Alle Leute tadeln dich!

Pessoa: Alle Leute? Aus allen fünf Weltteilen?

Gesprächspartner: Aus allen fünf Weltteilen nicht gerade.
Pessoa: Aus ganz Europa?
Gesprächspartner: Aus ganz Europa nicht.
Pessoa: Also aus ganz Portugal?
Gesprächspartner: Aus ganz Portugal auch nicht.
Pessoa: Zumindest aus allen Gemeindebezirken Lissabons?
Gesprächspartner: Das auch nicht.
Der Tadel bezog sich schließlich auf »alle Leute«, die damals zu den Stammkunden der »Brasileira do Chiado« gehörten.[*]

. . .

Sozial gesehen hatte Fernando Pessoa adlige Flausen, da seine Vorfahren aus einer »Mischung von Adligen und Juden« bestanden, wie er sich selbst ausdrückte, unter denen es einen Astrologen und zum Christentum zwangsbekehrten Okkultisten gab, der im 18. Jahrhundert von der Inquisition zum Einzug seines Vermögens verurteilt worden war. Der Dichter trug mit einem gewissen Stolz einen silbernen Ring mit dem Wappenschild der Familien Sousa Camisão und der Araújos an der Hand.

. . .

In der Politik war Fernando Pessoa Monarchist; denn er meinte, die Monarchie sei die einzige Lösung, um die EINHEIT der Richtung mit der zentrifugalen MANNIGFALTIGKEIT der Individuen und der Ideen zur Harmonie zu bringen, die seiner Ansicht nach absolut frei sein müßten, wobei dann jene EINHEIT der Richtung die Garantie für die Mannigfaltigkeit und die Freiheiten sei. Deshalb haßte er Gewerkschaftsbewegung und Dirigismus, weil sie, wie er sagte, eine Art und Weise seien, Tyrannei auszuüben.

Fernando Pessoas Monarchismus war jedoch anti-erblich (der König sollte wie irgendein Großmeister gewählt werden), anti-»saudosistisch«, gegen den Vergangenheitskult und bei vielen Gelegenheiten sogar gegen die Tradition gerichtet.

Oft hörte ich ihn dazu folgende Verse sagen:

> Die Vergangenheit
> ist so weit

---

[*] Die »Brasileira do Chiado« war und ist ein bekanntes Café in der Lissaboner Innenstadt.

wie die alte Uhr
aus Großvaters Zeit...

Ich habe nie erfahren, ob das Gedicht von ihm war oder nicht, denn ich habe ihn nie danach gefragt. Wie dem auch sei, es mag hier eine der vielen geistigen Haltungen des Gegenstandes dieser »Aufzeichnungen« illustrieren.

. . .

Ich will hier nicht von seinen familiären Problemen reden, die ihn gequält haben müssen, denn sie übersteigen meine Kenntnisse. Aber ich kann die wirtschaftlichen Schwierigkeiten bezeugen, die sein Unglück begleiteten.

Deshalb habe ich in meiner Broschüre »Einige biographische Notizen über Fernando Pessoa« (1954) geschrieben, daß der Dichter im Handelsbüro meines Vaters Dienste leistete, wo er die Korrespondenz in englisch und französisch erledigte, allein lebte, den Rücken seiner Umwelt zukehrte und sich nur mit seinem großen inneren Universum beschäftigte:

Daher die mangelhafte Wirtschaftslage, in der der Dichter lebte, die nur durch die Zuneigung einiger Verwandter und die Güte einiger Freunde abgemildert wurde.

Mein Vater bewahrt mit zärtlicher Sorgfalt etwas auf, was heute als Reliquie gelten muß, nämlich einige »Kassenanweisungen«, die der Dichter sich ausstellen lassen mußte, wenn ihn die materiellen Nöte bedrängten.

Zu der Zeit, als ich das schrieb, hatte ich die Anweisungen noch nicht gesehen; ich wußte nur von ihrer Existenz durch die Worte meines Vaters.

Als jedoch nach dem Ableben meines Vaters meine Mutter genötigt war, sich eines ganzen Kellers voller Bücher und Papiere zu entledigen (einige unwiederbringlich und von unleugbarem Interesse, die man aber nirgends unterbringen konnte), kamen die Anweisungen in meine Hand, begleitet von einer handschriftlichen Aufstellung derselben, die nicht unterzeichnet war, an deren Handschrift ich jedoch unseren Buchhalter, Herrn António Tomás, wiederzuerkennen glaube.

. . .

Die Summen auf jeder dieser Anweisungen variieren zwischen 10

Escudos (eine einzige vom 17. 8. 1934) und 70 Escudos (eine einzige, vom 6. 9. 1934).

. . .

Da ist also ein Zeitraum von ungefähr einem Jahr, in dem Fernando Pessoa keine Kassenanweisungen im Büro meines Vaters einreichte. Hat er sie bei einem der anderen Büros eingereicht, für die er auch arbeitete? Ich weiß es nicht.

Jedenfalls aber hat Fernando Pessoa in den letzten Monaten des Jahres 1934 die »Botschaft« publiziert, von der er mir am 6. Dezember besagten Jahres ein Exemplar dediziert hat.

Nun wurde ja die »Botschaft« mit einem Geldpreis vom damaligen Nationalen Propaganda-Sekretariat (SNI) bedacht, wo António Ferro das Sagen hatte. Das verschaffte dem Dichter eine vorübergehende Erleichterung, obwohl ihm wenig übrig blieb, nachdem er seine Schulden bezahlt hatte, wie uns sein Friseur in dem Interview berichtet hat, das er, falls ich mich nicht irre, im Februar mit Luís de Sttau Monteiro im Fernsehen veranstaltete.

So erklärt sich nach meinem bescheidenen Verständnis, daß Fernando Pessoa in der Zeit zwischen dem 14. September und dem 22. Juni 1935 keine Zahlungsanweisungen im Büro meines Vaters eingereicht hat. Es muß die goldene Periode seines relativen wirtschaftlichen Wohlstandes gewesen sein.

————————

Chef Vasques war mein Vater. Nur wer ihn nicht persönlich gekannt hat, kann ihn nicht im folgenden Porträt (aus dem »Buch der Unruhe«, Anm. des Übersetzers) wiedererkennen: »Chef Vasques. Ich sehe ihn heute von dort aus, so wie ich ihn heute von hier aus sehe – mittelgroß, untersetzt, grob in Grenzen, mit Anwandlungen von Herzlichkeit, offenherzig und verschmitzt, brüsk und liebenswürdig –, Chef, von seinem Geld abgesehen, auch mit seinen behaarten langsamen Händen, mit den wie kleine farbige Muskeln gezeichneten Adern, einem fleischigen, aber nicht ausgesprochen fetten Nacken, das Gesicht unter dem dunklen, immer pünktlich gestutzten Bart gerötet und gleichzeitig angespannt.«

(Abschnitte aus dem Buch »Fernando Pessoa – 50 Jahre nach seinem Tode«)

Aussage von Pierre Hourcade

In Pessoas letzten Lebensjahren Leiter des Französischen Kulturinstituts
in Lissabon und erster ausländischer Übersetzer des Dichters

Unter der Frühlingssonne liegt der Tejo wie Emaille-Schaum und breitet sich perspektivisch über dem edlen Terreiro do Paço aus mit seiner Aufreihung streng geometrischer Arkaden, die von der Hand des legendären Pombal in Reihe und Glied gebracht worden sind. Unter einer von ihnen versteckt sich ein Café, das noch auf das 18. Jahrhundert zurückgeht und auf die nahezu vergessene Zeit, in der die französischen Invasoren Junots hier ihre Säbel einherschleppten und sich die Langeweile vertrieben. Die Sonne und die Geschichte spielen in allen Winkeln dieser klassischen Architektur Versteck und konnten meine Phantasie auf leichte antithetische Spiele einstimmen, wenn ich mich nicht von einer anderen Neugier getragen und von der heftigsten Ungeduld belebt gefühlt hätte. An einem hohen Marmortisch sitzend, auf dem der ewige portugiesische Kaffee rauchte, bemühte ich mich, die Szenerie zu vergessen, und war ganz Auge für den Eintritt des Magiers.

Ich stellte ihn mir klein vor, melancholisch und von bräunlicher Gesichtsfarbe, an den düsteren Zauber der »Saudade« (Sehnsucht) gefesselt, mit dem sich seine ganze Rasse vergiftet – und stieß plötzlich auf den lebhaftesten Blick, ein sicheres, boshaftes Lächeln, ein von geheimem Leben überquellendes Antlitz. Ich fühlte mich vor ihm sogleich von jeder formelhaften Anrede entbunden, vom »lieben Meister« und vom »großen Bewunderer«. Vielleicht glaubt man mir nicht – aber wie könnten solche Formeln greifen in einem Lande, wo die Literatur niemals Geld eingebracht hat, wo die Reklame unbekannt ist, wo die Werke der Dichter erst nach ihrem Tode herausgegeben werden?

Pessoa, der Unbekannte, ausgenommen bei einem kleinen Kreis von Bewunderern, Pessoa, der Unveröffentlichte, mythisch und legendär, der Zerstörer ästhetischer Dogmen und Apologet der Militärdiktatur, der leidenschaftliche und widersprüchliche Pessoa – Pessoa hat das Außerordentliche fertiggebracht: er hat die Ablehnung der Auswahl gelebt, die Gide zur Doktrin erhoben hat, hat sich vom Leben isoliert und den Ruhm zurückgewiesen, um sich nicht zu verstümmeln. Dieser Einsame mit dem Reichtum so vieler Leben in einem einzigen Leben hat uns zu verspotten verstanden. Er hat die Kunst beherrscht, bei sich selbst und für sich selbst ein an unvorhergesehener Magie, an fruchtbaren Entdeckungen so reiches Leben aufzuführen, daß wir übrigen alle für ihn nutzlos und beinahe unerwünscht waren. Es kümmerte ihn nicht, uns in die wunderbaren Phantasien seines geheimen Theaters einzuweihen. Und während er mich in die Kulissen einführte und mir bereitwillig Kleidung und Gebräuche seiner Schauspieler beschrieb, kaute er mit seinen starken Kiefern an einem wohlschmeckenden und geheimen Gedanken, den ich nicht kannte, und ich sah seinen Blick mit intensiver Ironie leuchten.

(Geschrieben im Februar 1932, veröffentlicht in »Begegnung mit Fernando Pessoa« aus: »Themen der portugiesischen Literatur«, Lissabon, 1978)

. . .

Überrascht und plötzlich entzückt von dem Wenigen aus Pessoas Werk, das dem Leser zugänglich war, ergriff ich sogleich als einzigartige Gelegenheit die Möglichkeit, den geheimnisvollen Dichter kennenzulernen und an der Hand des anderen Dichters Carlos Queirós zu ihm geführt zu werden, dessen Namen ich nicht wiederholen kann, ohne ein Gefühl tiefer und sehnsuchtsvoller Dankbarkeit zu verspüren. In jenem Jahr und verschiedentlich in den Folgejahren bis Ende 1934 hatte ich das einzigartige Glück, mit Fernando Pessoa Gespräche führen zu können, ihm Entwürfe zu noch formlosen Übersetzungen vorzulegen, ihn zu hören und ihn leben zu sehen. Es mag sonderbar wirken, aber ich bewahre an diese Begegnungen fast keine genaue Erinnerung. Und mein Gedächtnis hat keine der Anekdoten aufbewahrt, die die Memoirenschreiber gerne zum besten geben, um auf diese Weise einen Abglanz vom Ruhm der berühmten Männer auf sich selbst zu lenken, in deren Intimsphäre sie irgendwie eindringen konnten. Wahrscheinlich hörte ich ihm zu gut zu, um ihn richtig zu verstehen. Oder besser gesagt: was ich spürte, war Faszination. Von diesem zarten Mann, dessen

Augen von dicken Brillengläsern geschützt wurden, strahlte ein undefinierbarer Zauber aus: äußerste Höflichkeit, vollkommene Einfachheit und Wohlgelauntheit – jawohl: auch Wohlgelauntheit bei diesem verzweifelten und wie kein anderer zerquälten Menschen – und dazu eine Art fiebriger Intensität, die unter der scheinhaften Fassade der guten Umgangsformen brodelte. Mein Herz schlug geschwinder, meine übermäßig konzentrierte Aufmerksamkeit war verwirrt, als ob die Luft, die man um Fernando Pessoa her einatmete, im Halbschatten des Cafés »Martinho da Arcada« sauerstoffhaltiger wäre als die gesunde, helle Brise, die vom Tejo aufstieg und über »den nobelsten Platz Europas« hin an die Schwelle dieses Grabmals stieß, das durch die Gegenwart des Dichters und nur durch sie in eine Grotte der Sibylle verwandelt wurde. Einer Sibylle ohne Orakel im übrigen und deshalb noch geheimnisvoller als die der Sage. Kaum war das Gespräch beendet, – und selbst bei den seltenen Gelegenheiten, bei denen ich mir erlaubte, ihn auf einige Schritte in die Außenwelt zu begleiten – verstand ich sogleich, daß der Mensch, der neben mir ging, mich schon in Wahrheit hinter sich gelassen hatte. Und wenn er um die erste Straßenecke gebogen war, hätte ich nie gewagt, hinter ihm herzulaufen, um ihn einzuholen und eine letzte Frage an ihn zu richten oder auch ganz einfach mit ihm schweigend weiterzugehen: ich hätte Angst gehabt, niemand mehr vorzufinden –, daß er sich magisch im leeren geräuschvollen Raum aufgelöst hätte. So steht mir unser letztes Zusammentreffen vor Augen, an jenem Dezembertag des Jahres 1934, an dem ich nicht im entferntesten daran dachte, daß sich Pessoa damals endgültig von mir verabschiedete, zumindest in seiner körperlichen Erscheinungsform.

In den Pausen zwischen diesen Begegnungen, die mich gleichzeitig blendeten und unbefriedigt ließen, blieb mir nur die Ausflucht, über ihn mit den raren Menschen zu reden, die mit ihm etwas vertrauter geworden waren, und auch bei ihnen zugleich mit einem dem meinigen ähnlichen Staunen eine ebenso glühende Verehrung festzustellen, mit Hochachtung und einer Art von Furcht gepaart, als ob dieses unfaßbare Wesen ihnen nicht gänzlich menschlich erschienen sei oder als ob nicht mindestens seine echte Menschlichkeit nur eine Erscheinungsform darstellte, die einen nicht mitteilbaren Unbekannten einhüllte.

(Aus »Bei der Entdeckung Fernando Pessoas« im angeführten Buch)

Aussage von João Gaspar Simões

Weder vom Tod und noch viel weniger von seiner Krankheit haben wir drei – Pessoa, Almada und ich – im »Martinho da Arcada« geredet, zwei oder drei Tage, bevor der Dichter seine letzte Reise antrat. Im Gegensatz zu dem, was vermuten konnte, wer ihn nur aus seinen Schriften kennt, war Pessoa im intimen Umgang (jedenfalls in der Intimität eines Cafés, praktisch dem intimsten Ort, den er kannte, seit er in sehr jungen Jahren sein einziges wahres Heim verloren hatte), sofern er sich nicht gerade wie Régio und mir bei unserer ersten Begegnung unter der Maske des »Herrn Álvaro de Campos« vorstellte, der umgänglichste und alltäglichste Mensch, den man sich vorstellen kann. Im Hintergrund des Cafés – das ›Martinho da Arcada‹ am Terreiro do Paço war 1935 wie noch heute, wie ich meine, von einer Abfolge von Baukörpern oder Sälen bestimmt, die durch Bögen voneinander getrennt waren –, in einem der Säle, die am weitesten vom Eingang an der Rua Augusta entfernt waren (das Café hatte auch Türen, die zu den Arkaden am Terreiro do Paço führten), fanden wir – Almada und ich – den Dichter mit tief auf den Kopf gedrücktem Hut und im hellgrauen Regenmantel, der im übrigen recht schmutzig war; diesmal stand er nicht auf, um uns zu empfangen, da ihm Almada gut bekannt war und seit kurzem fast ebenso gut bekannt wie Almada ich selbst, der »Lissaboner«, der schon acht Monate in der Hauptstadt hinter sich hatte ... Ich erinnere mich jedoch, daß ich ihn niemals so erregt gesehen hatte. Ein paar Tage vorher war er, als er sich allein in seiner Wohnung in der Rua Coelho da Rocha befand, ohnmächtig im Badezimmer zusammengebrochen. Man hatte die Tür aufbrechen müssen, um ihn dort herauszuholen. Der Arzt hatte mit großer Bestimmtheit erklärt: noch ein Gläschen Schnaps und das Ende wäre da. Was sollten wir sagen? Worüber sprachen wir? Natürlich noch von den »Indícios de Oiro« (Goldspuren) von Sá-Carneiro, die die »Presença« veröffentlichen wollte, und von seinen literarischen Vorhaben. Aber hatte denn der Dichter noch literarische Pläne, dem zwei oder drei Lebenstage übrig blieben? Genau gesagt erinnere ich mich nicht, worüber wir sprachen. Aber daß Pessoa lachte, daß er schallend lachte, auf eine noch nervösere und hüstelndere Art und Weise als üblicherweise, daran erinnere ich mich gut, und ich erinnere mich auch, daß er alles tat, damit wir nicht bemerken sollten, daß er sich am Rande eines Abgrunds befand. Almada und ich schauten uns dann und wann verstohlen an, um in den Augen des anderen zu erforschen, was jeder von uns von dieser anormalen Gelöstheit dachte. Aber der Dichter sah das nicht oder er tat so, als ob er es nicht sähe. Und hinter seiner Brille, jetzt nicht mehr einem randlosen Metallgestell, sondern runden Gläsern mit Schildpatteinfassung, wanderten seine Augen mit einem seltsamen Glanz, eher fiebrigem Glanz als einem Glanz boshafter Intelligenz, wie üblicherweise, von Almada zu mir und von mir zu Almada in sichtbarer, wenn auch versteckt gespielter Unruhe. Er trug keine Fliege am zerknitterten weißen Kragen, wie es seine Gewohnheit war, sondern eine dunkle, vielleicht schwarze Krawatte. Die Kragenspitzen des weißen, etwas angeschmutzten Hemdes fielen über die Aufschläge des Regenmantels, der nicht weniger angeschmutzt war.

Aufmerksam und mißtrauisch suchte er uns vergessen zu lassen, woran wir uns möglicherweise erinnerten – seine kürzliche Leberkrise –, und schlug uns von selbst vor, uns zu begleiten, als wir Anstalten zum Aufbruch trafen. Und wir gingen gemeinsam aus dem ›Martinho da Arcada‹ hinaus: er hinterher (er bestand darauf, den Hausherrn zu spielen), Almada vorne weg und ich in der Mitte. Erst in der Rua Augusta konnte ich ihn nach Wunsch ansehen: und der erste Eindruck, den mir seine physische Erscheinung gemacht hatte, als ich ihn Jahre zuvor im Café Montanha kennengelernt hatte, verstärkte sich. Es war, als ob sein Körper nicht den Boden berührte und er, an einem unsichtbaren Nagel aufgehängt wie eine Marionette, obwohl er sich rasch und gut bewegte, nicht selber die Schnürchen zöge, die ihn in Bewegung setzten, sondern etwas, irgend etwas, jemand, von irgendwoher aus großer Ferne, in den Wolken verloren sich damit abgäbe und er, Fernando Pessoa, allenfalls dieser machtvollen Hand gehorchen konnte, der er sich ein Leben lang vergeblich zu entziehen versucht hatte.

Wir gingen die Straße hinauf und Pessoa wurde so nervös von seinem Gelächter geschüttelt, daß ich schon dachte, er wäre betrunken. Schließlich gelangten wir an die Ecke der Rua da Vitória neben der Kirche von São Nicolau. Er verabschiedete sich etwas schwankend, immer lächelnd, und ging in Richtung auf die Rua dos Douradores weiter, zu einem der Büros, wo er immer noch seine Arbeit als »Auslandskorrespondent« weiterführte. Almada und ich schlugen den Weg zum Chiado ein. Ich sehe ihn noch sein geräuschvolles Gelächter lachen, während er Almada die Hand schüttelte und irgend etwas zu ihm sagte. Zu mir sagte er nur lächelnd: »Bis bald.« Und kurz darauf sah ich, als ob seine Füße wirklich nicht bis zum Straßenpflaster reichten und besagte Hand ihn unter ihrem gebieterischen Kommando hängen ließe, wie er sich in Richtung Kirche entfernte und die kleine Rampe zur Rua dos Fanqueiros hinaufstieg, mit schwingenden Beinen, die Hutkrempen heruntergeschlagen auf den Mantelkragen, den Kopf aufgereckt, als wolle er in einer übermenschlichen Anstrengung alles tun, um ihn fest an den Rumpf gedrückt zu halten, von dem er sich flüchtig, so flüchtig wie sein ganzer Körper – Kopf, Rumpf und Glieder –, mit Gewalt ablösen wollte. Es sah aus wie ein Mann, der auf dem Deck eines Schiffes entlanggeht, von den Wogen eines aufgewühlten Meeres geschüttelt wird, das ihn von Backbord nach Steuerbord wirft und von Steuerbord nach Backbord, und der alles tut, um nicht über Bord gespült zu werden.

Die Nachricht, die mir zwei oder drei Tage später – am 30. November – Almada telefonisch in die Imprensa Nacional zukommen ließ – der Dichter war eben im São Luís-Krankenhaus im Bairro Alto gestorben –, hat mich wahrhaftig nicht überrascht. Das letzte Bild, das mir von ihm verblieben war, sagte mir, daß die Reise an Bord des besagten Schiffes, das aus einem »unbekannten Hafen« – dem Leben – ausgelaufen war, für ihn ans Ende gelangt war und daß er, der Reisende, dem Schwanken des Schiffes nur kraft des Gesetzes der Trägheit, des Selbsterhaltungsinstinkts oder – wer weiß? – der drastischen Autorität dieser mysteriösen Hand Widerstand leistete, die ihn eher als Satelliten der Erde denn als eigentlichen Bewohner zurückhielt.

(Abschnitt aus dem Kapitel »Fernando Pessoa« in: Retratos de Poetas Que Conheci, Porto 1974)

Bericht von Augusto Ferreira Gomes

Abschnitte aus einem Interview

Er war ein uralter Freund Fernando Pessoas, sein steter, beständiger und treuer Gefährte während langer Jahre, der seine Freuden miterlebte und seine traurigen Momente mitfühlte; es gibt Teilstücke in der Biographie Fernando Pessoas, die auch Etappen im Leben von Ferreira Gomes sind. Und so ist es oft nicht möglich, vom einen zu sprechen, ohne den anderen zu zitieren, ohne an »Orpheu« zu erinnern, an die Nachmittage in der ›Brasileira do Chiado‹ und an die gemächliche, friedliche Ruhe der Gesprächsrunde im ›Martinho da Arcada‹.

Und hier seien nun ohne überflüssige Worte, ohne die sogenannten Laster aller Interviews nach der Mode von 1920 die Gründe für dieses Gespräch angeführt.

Es war an einem dieser Tage. Das Szenarium: wahr und echt, ungekünstelt, ohne fleckige Pappaufbauten – das brauchen nur (ein kleines Entgegenkommen muß sein) diejenigen, die keine Kulisse bei den Interviews entbehren können –, der lange, bewegte Spaziergang auf einer bürgerlichen Straße, die weder neu noch alt ist, sondern nur eine Straße in Lissabon, diesem Lissabon, das zwar kein junges geschminktes und mit Schleifchen behängtes Mädchen mehr ist, aber doch das Geheimnis besitzt, nicht zu altern und sich immer gleich bleibt mit ihren Charakteristiken und ihren unverwechselbaren Zeichen.

Man sprach von Fernando Pessoa. Wie und in Bezug auf was sollte man nicht fragen. Das Gespräch kam darauf, weil der sonderbare und ruhmreiche Dichter des »Antinous«, wir wiederholen es, ein ewiges, ständig gegenwärtiges und bleibendes Thema bei allen ist, die sich für die geistigen Probleme interessieren, für das immer siegreiche Leben des Genies, für den Ausdruck der blendenden Schönheit der höchsten, der den Gipfeln nächsten Kunst.

Und Ferreira Gomes begeisterte sich, wie es immer geschieht, sobald man von Fernando spricht, wie er ihn noch immer nennt, von dem Freund, der fortgegangen ist, hinter sich aber die unvergleichliche Größe seines Werkes zum ewigen Gedächtnis gelassen hat.

…

Hören Sie, lieber Freund: ist es wahr, daß Fernando Pessoa das bedrängte Elendsleben geführt hat, das uns das Buch (= die Pessoa-Biographie von João Gaspar Simões von 1951, Anm. des Übersetzers) enthüllt?

– Keineswegs. Fernando hat immer ein anspruchsloses Leben geführt, ausgenommen den einen oder anderen Monat (wenn die Rechnung der Englischen Buchhandlung höher ausfiel), wenn es etwas beengter zuging, weil der Herr Tabuada, der Geschäftsführer, in Rechnungsangelegenheiten unerbittlich war. Aber von da bis zum Elend, welch ein Abstand, mein Gott!…

Ach ja, Fernando hat eines Tages, zu einer Zeit, als das Geld noch etwas wert war, einen Freund um eine Leihgabe von 5000 Réis gebeten. Da frage ich: wo ist der Schriftsteller, der nicht irgendwann einmal bei einem Kameraden, bei einem Freund Geld geliehen hat, dem er dann bei einer anderen Gelegenheit etwas geliehen hat? Siehe die Fälle von Eça und Camilo. In was für Geldverlegenheiten befanden sie sich nicht ständig, und sehen Sie nur, ob es jemandem eingefallen ist zu behaupten, daß sie Not gelitten hätten!

…

Und dann steht fest, daß Fernando Pessoa das Geld verdiente, das er wollte, nicht allein mit den Übersetzungen, die er für den Teixeira anfertigte, und bei anderen von höherer Kategorie, wie bei der englischen Korrespondenz, für die er Spezialist war, für einige der wichtigsten Handelshäuser von Lissabon. Ich zitiere Ihnen aus dem Gedächtnis die Firma Xavier Pinto GmbH und die des Herrn Carlos Eugénio Moutinho de Almeida. Weder bei der einen noch bei der anderen Firma bezog Fernando Pessoa Gehalt; so war es vorher mit den Inhabern der Geschäftshäuser vereinbart worden. Er machte die Arbeit, die zu tun war, und während des Monats hob er das Geld ab, das er brauchte.

Da er ein grundanständiger Mensch war, trieb er keinen Mißbrauch, und so mußte er zuweilen kleine momentane Schwierigkeiten durchstehen, von denen er sich hätte frei sehen können, wenn er nicht ein Ehrenmann gewesen wäre.

Eines ist jedoch unbestreitbar: Fernando Pessoa hat niemals Not gelitten, auch weil er das nicht nötig hatte. Er hatte in Lissabon Verwandte und Beziehungen, die ihm in Fällen größerer Verlegenheit immer beistehen konnten. Ich denke beispielsweise an seine Vettern, Dr. Jaime Neves, den Schriftsteller und Dramatiker Vitoriano Braga und den damaligen Leutnant Mário Nogueira de Freitas.

Was Freunde angeht, so besaß er einige ausgezeichnete und ihm sehr ergebene, ich zitiere nur Carlos Eugénio Moutinho de Almeida, seinen Jugendfreund Teixeira Rebelo und dazu viele andere ...

...

– Wie erklären Sie dann den Fall, der in der Biographie berichtet wird, wonach Fernando Pessoa gnadenhalber in einem Milchgeschäft schlafen mußte, wo sich sein ganzes Leben abspielte: wo er las, schrieb und sogar das sicherlich wenig intellektuelle Papier des Ladens benutzte?

– An dieser ganzen Geschichte vom Milchgeschäft ist, glaube ich, nur die Sache mit dem Briefpapier wahr. Denn, daß sich der Dichter im milchigen Licht eines Winkels im Milchgeschäft rasiert haben soll, ist reine Erfindung. Er hat sich niemals selbst rasiert.

Ich erzähle Ihnen, wie es gewesen ist:

Im Jahre 1917 hatte Fernando Pessoa in Gesellschaft mit dem Ingenieur Geraldo Coelho de Jesus und mit mir ein Büro für Firmenvertretungen, das in der São Julião-Straße 45, 2. Stock, eingerichtet war. Bald danach zog das Büro, was keinen Niedergang bedeutete, in die Rua do Ouro 87, 2. Stock um.

Zu dieser Zeit hatte Fernando ein Appartement im Hause des Herrn M. A. Sengo gemietet, dem früheren Inhaber des schon damals angesehenen Milchgeschäfts ›Alentejo‹ in der Almirante Barroso-Straße, der seinen Laden veräußert hatte und nun ein Auftragsbüro neben dem unsrigen besaß, im gleichen Stockwerk des Gebäudes in der Rua do Ouro.

Nun geschah es, daß Fernando mehr als einmal – an zwei erinnere ich mich – Privatbriefe schreiben wollte und kein Papier hatte. Das war an zwei Sonntagen, zu der Zeit, in der alles geschlossen war.

Aber Sengo hatte welches, wenn auch nur Papier aus dem alten Milchgeschäft. Fernando Pessoa, dem es ganz gleichgültig war, ob er auf dem Papier des Milchgeschäftes oder auf irgendeinem anderen schrieb, benutzte das, was ihm der Nachbar freundlicherweise zur Verfügung stellte, und schrieb an ich weiß nicht wen. (Es ist schade – sagte uns Ferreira Gomes in Klammern –, daß diese Tatsache leider nicht mehr von Alberto da Cunha Dias bestätigt werden kann, der wie ich Augenzeuge dessen war, was ich Ihnen erzähle.)

Aus Bequemlichkeit und weil Fernando sich in einer Phase intensiver literarischer Arbeit befand, aß er in der Wohnung von Sengo zu Abend – der nie zum »Orpheu« gehört hat und auch nie Mäzen von irgend etwas gewesen ist –, wo er, wie ich schon sagte, seine Zimmer hatte, aber nur zu Abend aß, denn das Mittagessen nahmen wir im allgemeinen gemeinsam in mehr oder minder typischen Restaurants immer in der Nähe der Unterstadt ein.

Abends nach dem Abendessen trafen wir uns dann wieder in einer Gruppe, bei der Silva Tavares, Dr. Cunha Dias, Numa de Figueiredo, der heute in Afrika lebt, und Mário Saa erschienen.

. . .

Vor dieser Gruppe und in Fernandos Zimmern in Sengos Haus trug uns Mário Saa das Manuskript seines ersten Buches »Evangelium von São Vito« vor.

Und dort ist ihm auch das zweite »a« seines Namens zuteil geworden.

Numa de Figueiredo fand nämlich, daß der Name Mário de Sá wenig ausdrucksstark wäre und für einen Schriftsteller im Anfang seiner Laufbahn wenig Nachhall hätte. Ich erinnerte ihn daran, er könnte doch ein »a« hinzufügen. Dann klänge es offener und hätte ein besseres Echo . . .

Mário – ich sehe ihn noch vor mir, denn er war erkältet und in einen dicken Mantel eingehüllt, obwohl es sengend heiß war – war einverstanden, und so erschien in unserer Namengebung ein neuer Name, den so viele streitsüchtig gefunden haben.

Aber kommen wir auf Fernando Pessoa und den Roman seiner Biographie zurück!

Bevor er in Sengos Haus wohnte, das nichts mit dem düsteren Dachboden des Milchgeschäfts ›Alentejo‹ zu tun hatte, bewohnte er, wenn ich mich recht entsinne, in der Rua de D. Estefânia ein bescheidenes Zimmer in der Wohnung von Plätterinnen, die, wie ich glaube, noch immer dort wohnen.

. . .

Und Ferreira Gomes fügte hinzu:

– Man muß dazu bemerken, daß das umgebende Milieu im allgemeinen keinen Einfluß auf die genialen Menschen hat. Für Fernando Pessoa war es gleich, ob er ein reich ausgestattetes oder ein ärmliches Zimmer bewohnte. Was er brauchte, war eine Örtlichkeit, um seinen gewichtigen Bücherschrank unterzubringen und die bis zum Rand gefüllte

Kampfertruhe mit all seinen Originalmanuskripten, Utensilien, die ihn niemals verließen.

So weit ich weiß, lebte er außer in den Wohnungen, die ich Ihnen angeführt habe, auch in den Straßen Antero de Quental, Bernardim Ribeiro und Santo António dos Capuchos, in den beiden letzteren als alleiniger Mieter.

Wenn man aber die mir ganz unbekannte Hypothese *ab absurdo* von der Existenz des besagten Zimmers im Dachboden des Milchgeschäfts aufgreift, so könnte sie nur während der drei Monate, in denen ich mich krank im Alentejo aufhielt, Wahrheit gewesen sein.

In dem Zeitraum jedoch, in welchem Gaspar Simões »die traurige Phase der Existenz Fernando Pessoas« ansiedelt, hatte dieser bei der Post das Postfach 147, das er immer bis zu seinem Tode beibehielt, und mit Sicherheit Papier nach Bedarf in dem wohlhabenden Geschäftshaus A. Xavier Pinto GmbH, wo man ihn schätzte und bezahlte, ohne daß er Not leiden mußte.

. . .

Das Gespräch ging weiter. Und wir stellten Ferreira Gomes eine weitere Frage, die uns bei der Lektüre des Buches ebenfalls schockiert hatte:

— Wie ist es zu verstehen, daß Fernando Pessoa, obwohl er doch der war, der er war, aus einer Zeitung ausgestoßen wurde, zu deren besten Mitarbeitern er doch gewiß gehörte?

— Da haben Sie wieder eine andere Geschichte, die auch nicht wahr gewesen ist. Fernando war niemals Redakteur irgendeiner Zeitung. Er war allerdings Mitarbeiter an der von Boavida Portugal geleiteten Zeitung »O Jornal«, die den bekannten Journalisten Arnaldo Pereira zum Chefredakteur hatte. Dort unterzeichnete er etliche Male als gelegentlicher Mitarbeiter die Rubrik »Chronik des Augenblicks«. Aber das tat er nicht allein. So weit ich mich erinnere, schrieben dort auch außer ihm Thomás de Almeida, Albino Meneses, Fernando de Carvalho, und auch ich habe dort einmal mitgearbeitet.

Nun spielte Fernando einmal mit der für ihn typischen Lust am Streichespielen, die ihn bis ans Lebensende begleitete, auf die politische Organisation der konstitutionellen Monarchisten an und sagte, sie seien eine proletarische Klasse wie irgendeine andere, wie beispielsweise die der Chauffeure.

Diese waren verärgert wegen des übertriebenen Republikanertums, das damals in Mode stand, und protestierten bei »O Jornal«. Boavida Portugal stellte Fernando Pessoa zur Rede. Dieser gab ihm zwischen zwei für ihn sehr typischen Scherzen zur Antwort, er wolle mit ihm weiterhin nichts zu tun haben und er würde keine Zeile mehr für sein Blatt schreiben.

Um sich gesund zu stoßen und seine Majestät das Volk nicht zu beleidigen, veröffentlichte die Gazette eine törichte Notiz, in der sie ihrem bekanntesten Mitarbeiter die Autorisation entzog. Und statt die Wahrheit zu sagen, erklärte sie schlicht und einfach, er habe seine Mitarbeit an dem Blatt auf Beschluß der Direktion eingestellt, was nicht der Wahrheit entsprach. Fernando lachte gehörig und andern Tages vergnügte er sich noch mehr, als er die havarierte Prosa der Taxifahrer las, die Boavida Portugals Blatt ebenfalls demagogisch abgedruckt hatte.

Wie man sieht, ist die Wahrheit ganz anders als die Wahrheit, die sich zuweilen einen gewissen Anstrich gibt.

Und ich frage: wo ist der Journalist oder Mitarbeiter an einer Zeitung, der nicht schon einmal in spontaner Entscheidung seinen Arbeitsplatz verlassen hat?

. . .

Damit will ich um Gottes willen nicht sagen, daß Fernando Pessoa ein naiver und schamhafter Abstinenzler gewesen sei oder daß es ihm etwa keine Freude gemacht hätte, sich dann und wann mit Alkoholdampf ein wenig in Fahrt zu bringen.

Im Grunde hatte er den ausgeprägten Charakter eines Bohemien, wie es sie zu Beginn dieses Jahrhunderts noch gegeben hat, einer Bohème, die wir mehr oder minder alle erlebt haben und die ganz allmählich zu Ende gegangen ist. Aber Fernando blieb diesem Lebensstil in gewisser Weise treu, aus einer ganzen Reihe von Gründen, die wir hier nicht anzuführen brauchen.

Er trank recht viel und in den letzten Zeiten vielleicht ein wenig mehr als er gesollt hätte. Aber von da bis zu dem liederlichen Leben, wie das sein Biograph will, der wahrscheinlich sehr bedauert, daß er nicht in einem Straßengraben geendet ist wie Poe, weil das zu der Person, die er geschaffen hat, besser gepaßt hätte, mein Gott, welch ein Abstand! . . .

. . .

Sehen Sie nur, ob Sie auf der unfeinen Fotografie des Dichters, wo er ein Glas Wein an einem Tresen trinkt, mit der der Biograph sich nicht entblöden konnte, sein Werk zu illustrieren, den verwahrlosten Menschen mit dem zerknitterten Hut und dem ungepflegten Anzug erkennen können!

Im Gegenteil, da wird eben gerade der echte, der wahre Gentleman sichtbar, der er immer gewesen ist, ohne jemals auch nur ein Tüttelchen von seiner Würde zu verlieren.

Aber wenn der unglückliche liebe Freund nie Hunger und Elend erlebt hat, wie das der berühmte Romanschreiber will, wenn er nie ein vom Laster besiegter Alkoholiker gewesen ist, wie er ebenfalls will, so war er noch weniger der Schwächling, der sich von den Ereignissen forttragen ließ, wo er sie doch wieder und wieder mit fester starker Hand in seine Richtung geführt hat.

Aber für den Verfasser von »Leben und Werk Fernando Pessoas« war er ein schüchterner Mensch, der nicht mit Damen reden konnte usw.

Dabei ist genau das Gegenteil wahr. Fernando Pessoa war ein bewundernswerter Plauderer, der bezauberte und eine besondere Anziehungskraft auf Frauen ausübte. Genau das Gegenteil von dem, was sein Biograph sagt; und das kann im übrigen gar nicht verwundern, weil Herr Gaspar Simões nie die Milieus besucht hat, in denen Fernando verkehrte, und ihn deshalb auch nicht so würdigen konnte, wie er in Wahrheit war.

. . .

Schauen Sie sich nur die Geschichte an, die er ganz gegen die Information des unglücklichen Carlos Queirós, die im übrigen auch nicht völlig richtig war, bezüglich des Gedichtes »Das Kind seiner Mutter« erfunden hat.

Dieses Gedicht hat eine Entstehungsgeschichte: nicht die feuilletonhafte, die Herr Gaspar vorbringt, sondern die folgende, die ich bei meiner Ehre hier klarstelle:

Eines Nachts sagte Fernando Pessoa im Restaurant Pessoa am Santa Justa-Platz nach unserem üblichen Abendessen zu mir:

– Heute habe ich, der ich doch kein konkreter objektiver Dichter bin, ein Kriegsgemälde vor mir gesehen; und ich sage Gemälde, weil ich es so sah, wie es wohl ein Maler sehen würde.

Und er las mir das Gedicht vor.

Wie man sieht, fällt das ganze psychologische Gebäude des Biographen in sich zusammen.

Nicht der geringste Bezug zu seiner Familie ist gegeben. Eine visuelle Verdinglichung ist dank seinem Genie zu einem großartigen Gedicht geworden.

(Aus dem Interview, das Augusto Ferreira Gomes dem Journalisten Óscar Paxeco gab und das am 28. 8. 1950 im »Diário da Manhã« publiziert worden ist)

Nachwort des Übersetzers

Zum 100. Geburtstag des portugiesischen Dichters Fernando Pessoa am 13. Juni 1988 unternimmt der vorliegende Band den Versuch, das Persönlichkeitsbild des rätselhaften Mannes, der sich hinter immer neuen Masken, Heteronyme genannt, versteckte, deutlicher erkennbar zu machen. Zu diesem Zweck ist das Buch in drei Teile untergliedert: 1. die Selbstaussagen des Dichters, 2. 60 ausgewählte Briefe und 3. die Zeugnisse seiner Angehörigen und Zeitgenossen über ihn. Die Selbstaussagen und die Mitteilungen der Verwandten und Freunde sind dabei eng aufeinander bezogen und ergänzen sich. Erstere hatte der Übersetzer Mitte der Sechziger Jahre, in gemeinsamer Arbeit mit dem inzwischen verstorbenen Lissaboner Literaturhistoriker Jacinto do Prado Coelho, aus dem Nachlaß des Dichters transskribiert und ediert. Briefe und Aussagen der Zeitgenossen hat der verdiente Pessoa-Forscher António Quadros aus den verstreuten Veröffentlichungen zusammengestellt und so geschickt auf das Lesenswerte hin gekürzt, daß der Übersetzer die von Quadros gewählte Abfolge und Textgestalt weitgehend übernehmen konnte. Zusätzlich hat er Texte eingebaut, die José Blanco in seinem französischen Pessoa-Briefband »Pessoa en personne« vorgelegt hat.*

Die Selbstaussagen des Dichters, der zwar nur wenig veröffentlichte, aber alles, was er niederschrieb, skrupulös in den beiden Truhen aufbewahrte, die samt einer aufs Essentielle verknappten Bibliothek seine irdische Habe ausmachten, stammen ganz überwiegend aus seinen Jugendjahren, genau gesagt aus den Jahren nach der Rückkehr aus Südafrika, als er sich, ohne den Rückhalt seiner in Durban verbliebenen Familie, vereinsamt fühlte und seine psychischen Krisen mangels verständiger Freunde in der in Südafrika erworbenen englischen Zweit-

---

* Fernando Pessoa, Escritos íntimos, Cartas e Páginas Autobiográficas, herausgegeben und eingeleitet von António Quadros, dem auch die derzeit besten Werksausgaben und die beste Werkausdeutung zu verdanken sind (Lissabon, 1986).

sprache niederlegte. Diese hat ihm sein Leben lang als Umgangssprache mit seinen Familienangehörigen und wohl auch als Geheimsprache bei der Aufzeichnung intimer Bekenntnisse gedient. Ohne Umschweife und Maskierungen enthalten diese Aufzeichnungen die selbstanalytischen Beobachtungen eines sehr jungen Menschen, der mit sich selber noch nicht ins reine gekommen ist und mangels passender Partner seine Konflikte dem Papier anvertraut. Zur Veröffentlichung waren diese Notizen jedenfalls nicht bestimmt. Der junge Mann bekennt darin seine Neigung zum Geheimnisvollen und zur Mystifikation; er fühlt sich, wie dies bei hochbegabten jungen Leuten häufig der Fall ist, isoliert und unverstanden, kreidet insbesondere seiner Familie dieses Unverständnis an und sehnt sich nach einer mitfühlenden Seele, der er sich anvertrauen könnte. Die Überzeugung, zu Großem berufen zu sein, deutet sich gleichfalls an und geht Hand in Hand mit einem forcierten Patriotismus und dem Wunsch, durch das eigene, erst noch zu schaffende Werk zur kulturellen Erneuerung seines in Dekadenz versunkenen Vaterlandes beizutragen. Nahezu leitmotivisch klagt der junge Pessoa über seine Willensschwäche und die Unfähigkeit, aus dem Stadium uferlosen Pläneschmiedens zu abgeschlossenen Werken zu gelangen. Tatsächlich hat das Übermaß der Pläne und Entwürfe, wie eine von der Lissaboner Bibliothekarin Teresa Sobral Cunha besorgte Zusammenstellung zeigt, etwas Erschreckendes; denn zur Verwirklichung all dessen, was sich der Dichter an Projekten durch den Kopf gehen ließ und notierte, hätten seine leibhaft gewordenen sämtlichen Heteronyme und Semi-Heteronyme nicht ausgereicht. Ebenso leitmotivisch zieht sich durch die Selbstanalysen, die Briefe und das Werk Álvaro de Campos' die Angst, wahnsinnig zu werden, eine regelrechte Obsession, ausgelöst wohl durch den von Pessoa miterlebten Übergang seiner Großmutter Dionísia in die geistige Umnachtung. Sehr sonderbar berührt die Absage dieses gierigen Lesers, der sein letztes Geld in die Lissaboner English Library trug, an die Literatur, und dies mit der Begründung, er habe schon alles gelernt, was man zur Meisterschaft lernen könne, und die Lektüre minderer alter Werke sei dabei nur hinderlich, die eigenen Träume zu Ende zu träumen. Sollte in dieser Verachtung der schöngeistigen Literatur – Fachliteratur jedweder Richtung bleibt ausgespart – der Grund dafür liegen, daß der Dichter im Bereich der englischen Literatur den Anschluß verlor, bei Shakespeare, Milton und den Romantikern verharrte und über den jungen W. B. Yeats hinaus nicht mehr zur Kenntnis T. S. Eliots (1888–1965) oder Ezra Pounds (1885–1972) gelangte, die doch als seine Zeitgenossen anzusehen sind? Erklärt dieser Hochmut gegenüber der zeitgenössischen Literatur, der sich am aggressivsten in Álvaro de Campos' »Ultimatum« von 1917 mit seiner Verurteilung zeitgenössischer Literaten in Bausch und Bogen manifestierte, die vergleichsweise rückwärts gewandte Sprechweise seiner englischen Lyrik?

In den Selbstaussagen erscheinen auch bewegte Klagen über Geldnöte, mit denen der junge Pessoa zu kämpfen hatte, aus denen Pessoas erster Biograph J. G. Simões sein arg romanhaftes Bild vom Hunger leidenden Bohemien destillierte, was ihm gleichermaßen den Zorn der Familie des Dichters und dessen engsten Freundes Ferreira Gomes zuzog, die alle dagegenhielten, Pessoa habe kaum je ernstliche Finanzprobleme gehabt, weil ihm stets gute Freunde zur Seite gestanden hätten. In den Notizen des Dichters findet man auch jene »Ästhetik der Abdankung« skizziert, die an anderen Stellen seines Werkes aufscheint und vielleicht den tiefgreifendsten Unterschied zwischen dem portugiesischen Dichter und seinen schreibenden Zeitgenossen markiert: die Überzeugung nämlich, daß Ruhm und Geltungsdrang unedle, eines Künstlers unwürdige Tätigkeitsmotive seien, ebenso schlimm wie das Vorhaben: Epatez le bourgeois!, von ihnen müsse sich befreien, wer etwas für die Menschheit Förderliches zuwegebringen wolle. Und eben dies hat sich schon der junge Pessoa vorgenommen: sein Genie für das »Wohl der Menschheit« einzusetzen und zu diesem Behuf sogar einen Pakt mit Jakob Satan abzuschließen. Es ist dies ganz offenbar der im Jahrhundert nach Goethe und Mephisto immer mobiler und dynamischer erlebte Teufel, der an die Stelle des abgelebten Immobilismus von Gottvater – vom »Greisenalter Gottvaters« (A Velhice do Padre Eterno) hatte Portugals antiklerikaler Lyriker Guerra Junqueiro gesprochen, den der junge Pessoa bewunderte – Fortschritt und zivilisatorischen Eifer setzt. Pessoa schließt seinen Pakt inclusive Tintenklecks auf dem Originalmanuskript.

Als Zuschauer des Lebens bezeichnet sich der junge Pessoa, als Denkspieler (raciocinador) und Schöpfer anarchistischer Zustände (indisciplinador de almas). Heben wir hervor, daß er trotz (zeitgemäßer) Kritik an der Demokratie tyrannische totalitäre Gesellschaftssysteme entschlossen ablehnt. So wenig ihm das kommunistische Gesellschaftsmodell zu sagen hat, das so viele seiner Zeitgenossen faszinierte, so wenig überzeugt ihn Salazars faschistoides Modell eines Ständestaats. Auf eine kulturpolitische Rede des Diktators beruft er sich, um gegen Lebensende den Verzicht auf die Publikation seiner Werke, zu der ihn die Freunde immer heftiger drängten, zu motivieren. Ob er nun aus Salazars Rede zu viel herausgehört hat, indem er sie als an die Autoren und Künstler ergangenen Auftrag zu regimekonformen Schöpfungen verstand, oder ob es mit dieser Auslegung ihre Richtigkeit hatte – wir wissen nun, weshalb der Dichter nach der national-utopischen »Botschaft« (1934) keines der von ihm geplanten Werke mehr selber herausgebracht hat. Das aufgeschlossene Leserpublikum, das er in seiner eigenen Generation vermißte, ist ihm erst in den beiden folgenden Generationen zugewachsen.

Die Selbstaussagen des ersten Teils spiegeln und brechen sich in den Interviews und Erinnerungen des dritten; denn was die Angehörigen und Freunde über Pessoa mitzuteilen haben, differiert zuweilen derart, daß man meinen könnte, sie redeten von verschiedenen Personen. Das gilt vor allem für die Aussagen zu den Themen: Alkoholismus, Finanzprobleme und das Verhältnis zu Frauen. Pessoas Stiefschwester, Henriqueta Rosa Dias, räumt ein, daß er den 5-Liter-Korbflaschen mit Rotwein in seinem Zimmer häufig zusprach und sich ihr gegenüber den Jux machte, einen Betrunkenen zu mimen und durchs Zimmer zu torkeln; der Sohn seines aus dem »Buch der Unruhe« sattsam bekannten »Chefs Vasques«, Luís Pedro Moitinho de Almeida, berichtet von »Herrn Pessoas« häufigen Dienstunterbrechungen zwecks Stärkung durch etliche Schnäpschen in der nahen Taverne von Abel Pereira da Fonseca, doch will niemand den Dichter je betrunken gesehen haben, am wenigsten sein engster Freund Ferreira Gomes, der es doch eigentlich wissen mußte. Auch Pessoas Finanzlage hat widersprüchliche Beurteiler gefunden: seiner Schwester erschien er eher als armer Schlucker, der aus Geldmangel nicht an eine Heirat denken konnte, ein Urteil, das »Chef Vasques'« Sohn bestätigt, indem er die im Handelsbüro seines Vaters hinterlegten Schuldscheine durchrechnet, während Ferreira Gomes die These verficht, Pessoa habe immer so viel verdient, wie er zur Bewahrung seiner Freiheit und zur Befriedigung seiner Bedürfnisse, einschließlich seiner ungezügelten Bücherkäufe, benötigt habe. Schließlich steht der von J. G. Simões und anderen verfochtenen Behauptung von Pessoas verkappten homoerotischen Neigungen das entschiedene Dementi älterer Freunde gegenüber, die dem Dichter eine faszinierende Wirkung auf Frauen bescheinigen. So schwankt sein Charakterbild zwischen Bohemien und Gentleman englischer Schule, und der Leser mag sich selber aussuchen, welches er für richtiger hält. Eines jedoch scheint dieser Dichter der Verzweiflung und der abgrundtiefen Depressionen nicht gewesen zu sein: er war kein Kind von Traurigkeit; vielmehr unterstreichen alle seine Zeitgenossen sein Wohlgelauntsein und seine stete Aufgelegtheit zu Scherz und Gelächter. Sollte es ihm ähnlich ergangen sein wie Thomas Bernhard, aus dessen Romanen uns Lebensekel und Menschenhaß anspringen, während ihr Urheber den Eindruck einer überaus selbstzufriedenen Existenz vermittelt?

Das Kernstück des vorliegenden Bandes bilden die 60 ausgewählten Briefe aus den verschiedenen Lebensabschnitten Fernando Pessoas. Seine Korrespondenz ist, so weit sie bekannt ist, nicht sonderlich umfangreich, wenn man sie mit derjenigen anderer europäischer Autoren von Rang vergleicht. Das liegt zu einem Teil daran, daß einige Briefe, die wir gerne besitzen würden, verlorengegangen sind, vor allem die an seinen Dichterfreund Mário de Sá-Carneiro in Paris gerichteten Schreiben, die nach dessen Selbstmord in Verstoß geraten sind. Einige Briefe an minder bekannte Adressaten werden möglicherweise noch zum Vorschein kommen. Andere werden bewußt zurückgehalten, so die nach der Rückkehr des jungen Mannes nach Lissabon an die in Südafrika verbliebene Mutter gerichteten Schreiben, angesichts des zwischen Mutter und Sohn bestehenden Vertrauensverhältnisses für die Entwicklung des jungen Fernando sehr aufschlußreiche Briefe, von denen nur eine Kopie aus dem Nachlaß ans Licht gelangt ist, während alle übrigen, so weit mir bekannt, von der Familie zurückgehalten werden, vermutlich weil darin von noch lebenden Angehörigen die Rede ist. Das Epistolarium umfaßt daher – in der von José Blanco in Paris verlegten französischen Ausgabe – 106 Briefe.* Es sind darin, die Briefe an das französische Psychiaterpaar Durville und drei spanische Dichter, unter ihnen Unamuno, ausgenommen, keine internationalen Adressa-

* Pessoa en personne, Lettres et documents choisis par José Blanco, ins Französische übersetzt von Simone Biberfeld, Paris, 1986.

ten zu finden. Dazu war Pessoa bei Lebzeiten zu unbekannt und zu sehr auf seinen Lissaboner Wirkungskreis eingeschränkt.

Von diesen 106 Briefen haben wir für die deutschsprachige Ausgabe 60 ausgewählt, in der erklärten Absicht, dem Leser nichts Wesentliches vorzuenthalten, aber auch nichts Überflüssiges zuzumuten. Als überflüssig sind uns jene Schreiben erschienen, in denen man nichts über Pessoa selbst, sondern nur etwas über portugiesische Verhältnisse und Personen erfährt, die hierzulande doch keiner kennt. Trotz dieser Beschränkung, die einer Konzentration auf das Wesentliche gleichkommt, sind alle Lebensabschnitte Pessoas vertreten, vom jugendlichen Heimkehrer aus Südafrika bis hin zum verehrten Meister einer jüngeren, um die Zeitschrift »Presença« gescharten Generation, einem Meister, der keiner sein mochte, weil er, wie er meinte, nicht wußte, was er hätte lehren können. Alle Adressatengruppen sind in unserer Auswahl vertreten: der Schulkamerad ebenso wie die Mutter, literarische Weggefährten, die geliebte Ophélia und schließlich die Bewunderer aus der jüngeren Generation.

Entsprechend wechselhaft sind Tonfall und Stilebenen der Pessoaschen Korrespondenz: neben einem die Manieriertheit streifenden, gesucht literarischen Diskurs im Brief(entwurf?) »An einen jungen Dichter« – wer dächte nicht an seine Entsprechung bei Rilke? – steht die naßforsche Kameraderie des Briefes an den Durbaner Schulfreund (Nr. 1 unserer Auswahl), stehen die ganz spontanen und unliterarischen Liebesbriefe an Ophélia und die auf Selbststilisierung und Vermittlung eines ganz bestimmten Selbstporträts an die Nachwelt bedachten Äußerungen an die Adresse der jungen Kritiker J. G. Simões und A. Casais Monteiro. In der Anordnung dieser Materialien sind wir António Quadros' Briefauswahl gefolgt, d. h. wir haben unter Beibehaltung einer fortschreitenden Chronologie die Briefe gruppenweise nach Adressaten aufeinanderfolgen lassen und nicht, wie José Blanco in seiner französischen Auswahl, eine strikte Chronologie mit konsequenter Vermischung der Briefpartner durchgehalten. Wir wollten das spezifische Verhältnis Pessoas zu den einzelnen Adressaten hervorheben und ihn außerdem in seinen verschiedenen sozialen Rollen zeigen: als Sohn und Neffen, als Kunstgefährten von gleich zu gleich, als kritischen Berater Jüngerer, als Liebhaber und endlich als Auskunftei über sich selbst.

Innerhalb dieser Briefauswahl stellen die Liebesbriefe an Ophélia Queirós, die einzige Frau, die in Pessoas Leben eine Rolle gespielt hat, eine Sache für sich dar. Als sie 1978 mit Erlaubnis Ophélias veröffentlicht werden durften, ereiferten sich die Kritiker, dem Dichter sei Unrecht widerfahren, indem man diese intellektuell belanglosen Dokumente ans Licht gezogen habe. Mittlerweile herrscht aber wohl doch Einverständnis darüber, daß sich Pessoa in diesen Liebesbriefen so spontan und maskenlos geäußert hat wie kaum irgendwo anders in seinem Werk, wenn man von den Selbstaussagen unseres ersten Teils absieht. Man sollte diese Briefe an Ophélia zusammen mit Ophélias im 3. Teil eingerückten Erinnerungen lesen, um ermessen zu können, wie eine altportugiesische Liebelei, der sogenannte »Namoro«, vor einem halben Jahrhundert beschaffen war und auf welche Hindernisse er Rücksicht nehmen mußte. Ständig mußten die Töchter aus den behüteten Bürgerhäusern die Aufsicht des väterlichen Patriarchen fürchten und mit dem öffentlichen Verdikt des »parece mal« – »es schickt sich nicht« – rechnen, das ihren guten Ruf vernichten konnte, was die Heiratschancen brüsk herabsetzte, außerdem zusätzlich mit intrigantischen Zuträgern, die sich einen Spaß daraus machten, die Liebenden bei ihren Eltern, Dienstgebern usw. anzuschwärzen und speziell die jungen Mädchen zu kompromittieren. Eine derartige Figur geistert auch durch die Liebesbriefe Fernando Pessoas, und wenn man auch bedauern mag, daß seine zwölf Jahre jüngere Angebetete nicht etwas mehr Initiative an den Tag gelegt hat und sich so widerstandslos von konventionellen Rücksichtnahmen gängeln ließ, so muß man doch wohl gerechtigkeitshalber die Macht der Umwelt in Rechnung stellen. Ganz offenbar hat Pessoa so zartfühlend Rücksicht auf die Denkungsart seiner Freundin genommen, daß diese nicht einmal bemerkt hat, daß sie mit dem Haupt einer »neuheidnischen« Dichterschule, bestehend aus Caeiro, Reis und Pessoa ipse, António Mora inbegriffen, über Liebe und Bücher plauderte und in ihren Erinnerungen behaupten konnte: »er war gläubig, aber er praktizierte nicht«, angesichts von Pessoas erklärter Feindseligkeit gegen die römische Kirche eine gänzliche Verkennung ihres Bewerbers.

Der Dichter selbst muß auch wohl trotz aller Leidenschaft ein gewisses Gespür für die letztliche Unvereinbarkeit ihrer beider Charaktere besessen haben, sonst würde wohl nicht der »Ingenieur« Álvaro de

Campos in diesen Briefen die Rolle des ewigen Spielverderbers übernehmen, der »im allgemeinen gegen Ophélia« eingestellt ist und von dieser mit Widerwillen geduldet wird, wenn er an Stelle des zärtlichen Fernando beim Stelldichein auftritt und seine eingefleischte Ironie und geistige Kälte verströmt. Gewiß, die Briefe an Ophélia sind, abgestimmt auf die Aufnahmefähigkeit der Geliebten, »lächerlich wie alle Liebesbriefe«, wie Campos später in seinen Gedichten befinden wird, und gleichwohl sind sie als Ausdruck einer großen Sehnsucht nach Zweisamkeit und Verständnis rührende Dokumente.

Im Grunde zählen bei diesen Briefen nur diejenigen der ersten leidenschaftlichen Phase mit ihren kleinen Freuden gemeinsamer Spaziergänge, gelegentlicher Küßchen, gemeinsamen Pläneschmiedens und der verwegenen Hoffnung, ein erster Platz im Londoner Scharadenwettbewerb könne dank einem fetten Geldpreis die Haushaltsgründung des Pärchens ermöglichen. Der neun Jahre später einsetzende »Nachtrag« dieses Briefwechsels steht bereits im Schatten des einmal durchlebten Zerwürfnisses und fesselt uns eher durch das rückhaltlose Bekenntnis des Dichters zum Vorrang seines Werkes vor dem persönlichen Glück. »Mein Schicksal gehorcht einem anderen Gesetz«, läßt er Ophélia wissen, und gerade die letzten Briefe zeigen Pessoa so dicht am Rande eines nervösen Zusammenbruchs, daß man fast geneigt ist, Ophélias ängstliches Zurückweichen vor so viel Exzentrizität begreiflich zu finden. Sie hat sich später mit einem normalen Mann getröstet und ein normales Frauenschicksal mit ihm erlebt, wie sie es sich immer ersehnt hatte.

Während die Briefe an Ophélia uns menschlich anrühren, sind die Briefe an die Dichterfreunde, vor allem an Côrtes-Rodrigues und Sá-Carneiro, für das Verständnis von Pessoas komplexer Persönlichkeit und seines Spiels mit den Heteronymen ganz unentbehrlich. Sie spiegeln auch getreulich den Enthusiasmus, mit dem sich Pessoa der Zeitschrift »Orpheu« (1915) als dem Sprachrohr seiner Generation verschreibt. Bis ans Lebensende wird er an den großen Aufbruch seiner Generation in die Moderne, wie ihn die kurzlebige, skandalumwitterte Zeitschrift verkörperte, sehnsuchtsvoll zurückdenken. In den Briefen an die beiden Freunde äußert sich eindringlich die Isolation, in der sich der Dichter innerhalb der provinziellen Gesellschaft von Lissabon befand und befinden mußte, freilich ebenso stark seine Überzeugung, eine hohe Mission erfüllen zu müssen, die in mönchischer Askese den Einsatz seines ganzen Lebens verlange.

Wenig Glück hat Pessoa bei seinen gutgemeinten Versuchen entwikkelt, jüngeren Dichtern mit Analysen und Ratschlägen auf den richtigen Weg zu helfen. Die Dichter solle man loben, loben und nochmals loben, hat schon Alfred Kerr gemeint, und Pessoa sind unliebsame Erfahrungen mit der gekränkten Eitelkeit nicht nur portugiesischer, sondern auch spanischer Lyriker nicht erspart geblieben.

Zum Glück haben sich zumindest seine beiden jüngsten Briefpartner, J. G. Simões und A. Casais Monteiro, über künstlerische Vorhaltungen nicht gegrämt. Pessoas Briefe an den letzteren sind besonders fesselnd, weil sie nicht nur über die Entstehung der Heteronyme eine (freilich stilisierte!) Auskunft geben, sondern auch Pessoas Stellung zum Okkultismus beleuchten. Da der Dichter 1934 in der Lissaboner Presse gegen das – von Abgeordneten des Estado Novo-Parlaments vorbereitete und später durchgesetzte – Verbot der Geheimorden aufgetreten war, was ihm heftige Attacken der katholischen Presse zuzog, hatte man glauben können, er sei selber Mitglied eines Geheimordens oder einer Freimaurerloge gewesen. Dafür sprach auch die Verarbeitung esoterischer Motive in seinen Gedichten. Aus dem einschlägigen Brief an Casais Monteiro geht jedoch klar hervor, daß der Dichter keinem Orden angehört hat. Die Einweihung, von der in seinen Gedichten und esoterischen Prosatexten die Rede ist, scheint sich ausschließlich auf eine von ihm angenommene Hierarchie der Geister zu beziehen.

In jüngster Zeit behauptet Pedro Teixeira Mota, Spezialist für Pessoas okkultistische Neigungen, der Dichter sei in die ersten drei Grade des Templerordens eingeweiht worden, allerdings erst in seinen letzten Lebensmonaten. Der gleiche Forscher behauptet auch, Pessoa habe selber einen Orden gründen wollen und seine Rituale entworfen. Beide Behauptungen bedürfen jedoch noch eines schlüssigen Nachweises.

Aus den Briefen an die beiden jungen Kritiker läßt sich klar ersehen, daß Pessoa ungeachtet seiner ›Ästhetik der Abdankung‹ mit Genugtuung das steigende Interesse der jüngeren Generation an seinem Werk vermerkt hat. So lesen sich einige dieser späten Briefe wie Botschaften an die Nachwelt, obwohl man sich auch bei ihnen hüten muß, alle Aussagen für bare Münze zu nehmen. Der »triumphalste Tag meines Lebens«, von dem Pessoa in dem berühmten Brief an Casais Monteiro über die Genese der Heteronyme redet, kann so triumphal nicht gewesen sein, weil die Datierung der Gedichte Alberto Caeiros der Behauptung entgegensteht, er habe gleich dreißig dieser Gedichte in einem inspirierten Rauschzustand niedergeschrieben. Hier scheint es sich vielmehr um ein einprägsames Beispiel für gekonnte Selbststilisierung zu handeln. Ohne Zweifel aber erschließen die Briefe an Simões und Casais Monteiro einen Zugang zur Poetik Pessoas, die aus einer eigenwilligen Konzeption vom dramatischen Dichter erwächst. »... das, was wir als jemand anderes denken, das verwandelt sich auf natürliche Weise in Kunst.« Hier finden wir auch die eine wichtige Aussage aus seinem Todesjahr 1935: »Ich entwickle mich nicht, ICH REISE.«, mit welcher der Dichter die erstaunliche Konstanz seiner Thematik ungeachtet seiner zahlreichen Persönlichkeitsspaltungen unterstreicht. Die in unserem Band enthaltenen Briefe spiegeln mithin nicht allein eine äußerst vielschichtige Persönlichkeit, die sich in ihnen unmittelbar erschließt, sie liefern auch brauchbare Schlüssel zum besseren Verständnis von Pessoas Gesamtwerk.

Georg Rudolf Lind

Abbildungen

Fernando Pessoas Geburtshaus
am Largo de S. Carlos gegenüber
der Oper in Lissabon

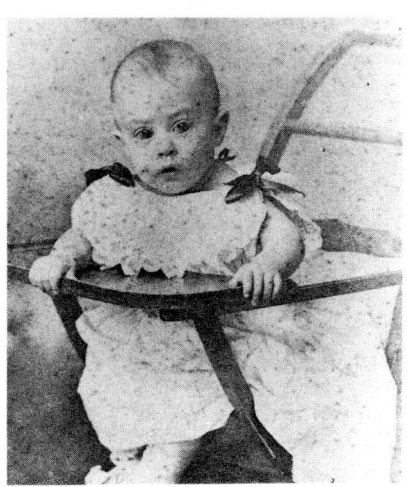

Maria Madalena Pinheiro Nogueira,
die Mutter des Dichters

Joaquim de Seabra Pessoa,
der Vater des Dichters

Pessoa als Kleinkind

Die Mutter, Maria Madalena
Pinheiro Nogueira,
mit ihrem Erstgeborenen (1888)

Fernando
im Alter von zweieinhalb Jahren

Fernando
als Fünfjähriger

A'minha querida mamã.

Eis-me aqui em Portugal,
Nas terras onde eu nasci,
Por muito que goste d'ellas,
Ainda gosto mais de ti.

Fernando Pessôa.
26-7-95.

Eines der ersten, der Mutter
gewidmeten Gedichte
des kleinen Fernando.
Die Übersetzung lautet:

»Hier bin ich in Portugal,
im Lande meiner Geburt,
so sehr ich es auch liebe,
dich liebe ich noch mehr.«

Durban in Südafrika –
Pessoas Stiefvater war hier
portugiesischer Konsul.
Der junge Pessoa verlebte in Durban
seine Schulzeit (1896–1905)

Vor dem Chalet in Durban
(Südafrika)

Mit Mutter, Stiefvater
und zwei Halbgeschwistern (1901)

Mit Stiefvater und zwei Stiefgeschwistern in Durban

232

Auf der Terrasse des Chalets in Durban

234

Fernando in Durban

Fernando als Sechsjähriger

Fernando im Alter von sieben
Jahren in Durban

235

UNIVERSITY OF THE CAPE OF GOOD HOPE.

MATRICULATION EXAMINATION,

190 .

Queen Victoria Memorial Prize.

AWARDED TO

Fernando A. N. Pessoa

aa ?.l. tt ,

Registrar.

Der Königin-Victoria-Preis wurde   Fernando Pessoa als Jugendlicher
F. Pessoa 1904 für den besten Essay
in englischer Sprache zuerkannt

Alexander Search.

June, 1907.

It is evident that Keats's "Ode to Apollo" bears traces of Dryden's "Alexander's Feast", both in rhythm and in certain expressions, and eccentricities.....
[Especially Stanza VII. — IV (about the spheres) —

Also the same ode shows traces of the influence of Gray——

/ C. R. Anon.

X Search.

238

Heart-Music.

Leaning almost upon thy breast —
I heard thy heart's life-made unrest...

And thy heart's beating has a sound
That reminds me of aught I heard long ago,
Long before this life, but what
I do not know, I do not know...
'Twas something going round and round
Something of terrible and of strange
That even now doth shake my soul.
I strive to remember — I fail, I fail,
The unmemoried memory doth shake my soul.
'Twas something terrible and strange,
Going round and going round,
And it had a sound like thy heart's beat —
The memory hangs on my soul's darkness
But notion from my mind doth fleet.
I remember but this: it went round and round
And now thy heart hath such a sound.

Alexander Search

December 1905.

Unterschriftsproben
des jugendlichen Heteronyms
Alexander Search

Textproben der ersten englischen
Heteronyme Charles Robert Anon
und Alexander Search

Ein frühes Gedicht – »Heart-Music« –
vom Dichter seinem Heteronym
Alexander Search zugeschrieben

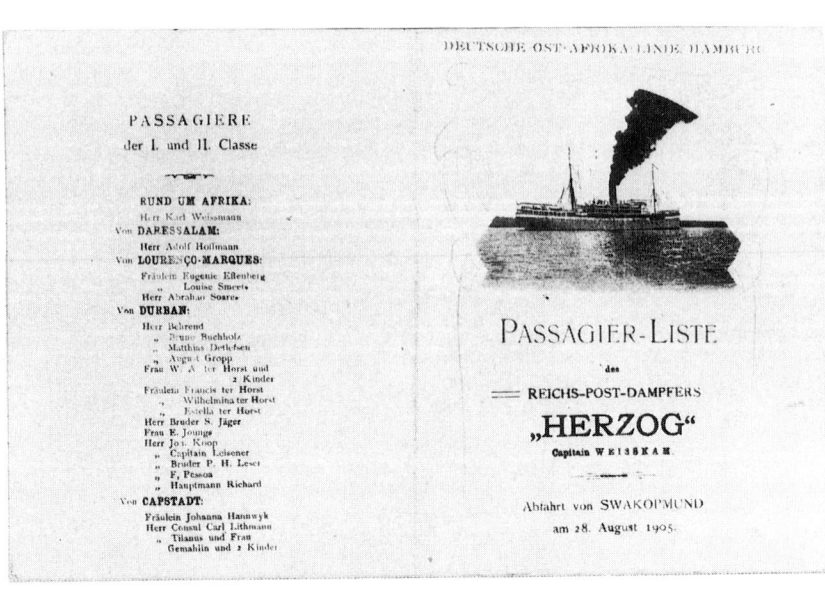

Mit der »Herzog« kehrte Pessoa 1905
nach abgeschlossener Schulzeit von
Südafrika nach Lissabon zurück

Visitenkarte des Heteronyms
A. Search

Blick auf Lissabon vom anderen
Tejo-Ufer aus

Blick auf die Alfama,
den ältesten Stadtteil von Lissabon

242

Blick auf die Burg,
die Kathedrale und die »Baixa«
(Unterstadt) von Lissabon

Die Rua dos Douradores,
Wohnstatt des Hilfsbuchhalters
Bernardo Soares im »Buch der Unruhe«

In der »Brasileira do Chiado«
trafen sich die Künstler und
Bohemiens von Lissabon

Blick auf die Praça do Comércio,
die nach dem Erdbeben von 1755
vom Marquis Pombal errichtete
»Eingangshalle« Lissabons

Das Café »Martinho das Arcadas«,
eines der Lieblingscafés des
Dichters (an der Praça do Comércio)

Das Café »Martinho do antigo
Largo Camões«, Pessoas Treffpunkt
mit seinen Literaten-Freunden

Largo do Carmo, 4 (Karmeliter-
platz). Hier lag eines der vielen
möblierten Zimmer, die der Dichter
im Verlauf seines Lebens bewohnte

Pessoa
im Kreise seiner Gesprächsrunde

246

Der Ibis, Pessoas spaßhaft verwendetes Wappentier

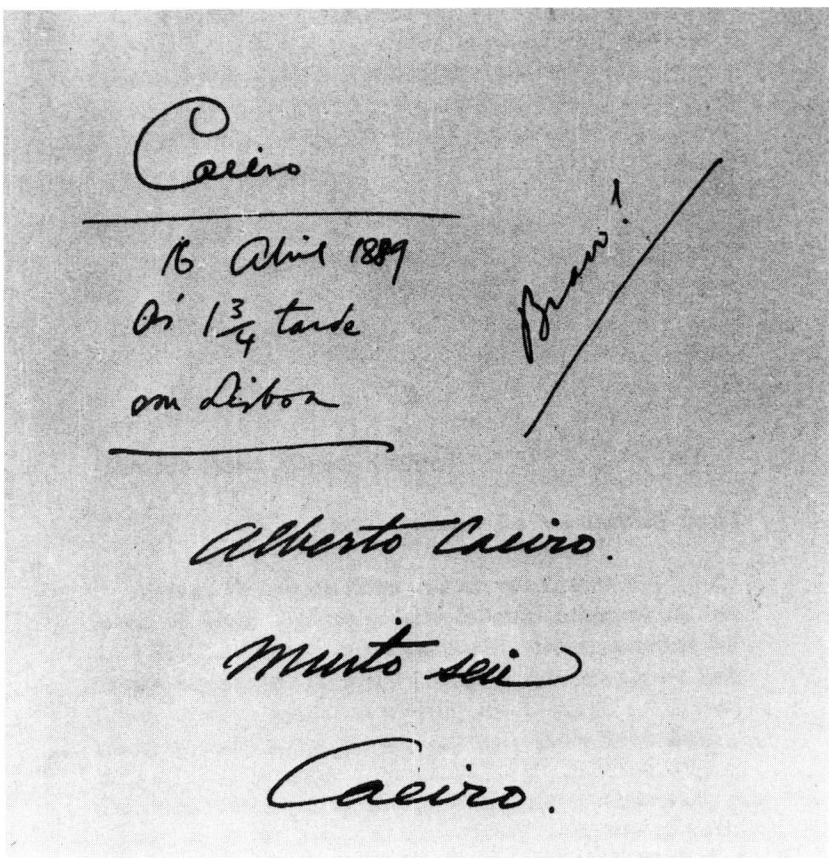

Caeiro

16 Abril 1889
ás 1¾ tarde
em Lisboa

Bravo!

Alberto Caeiro.

Muito seu

Caeiro.

Fernando Pessoa
als Zwanzigjähriger

Geburtsdatum und Unterschriftsproben des Heteronyms Alberto Caeiro

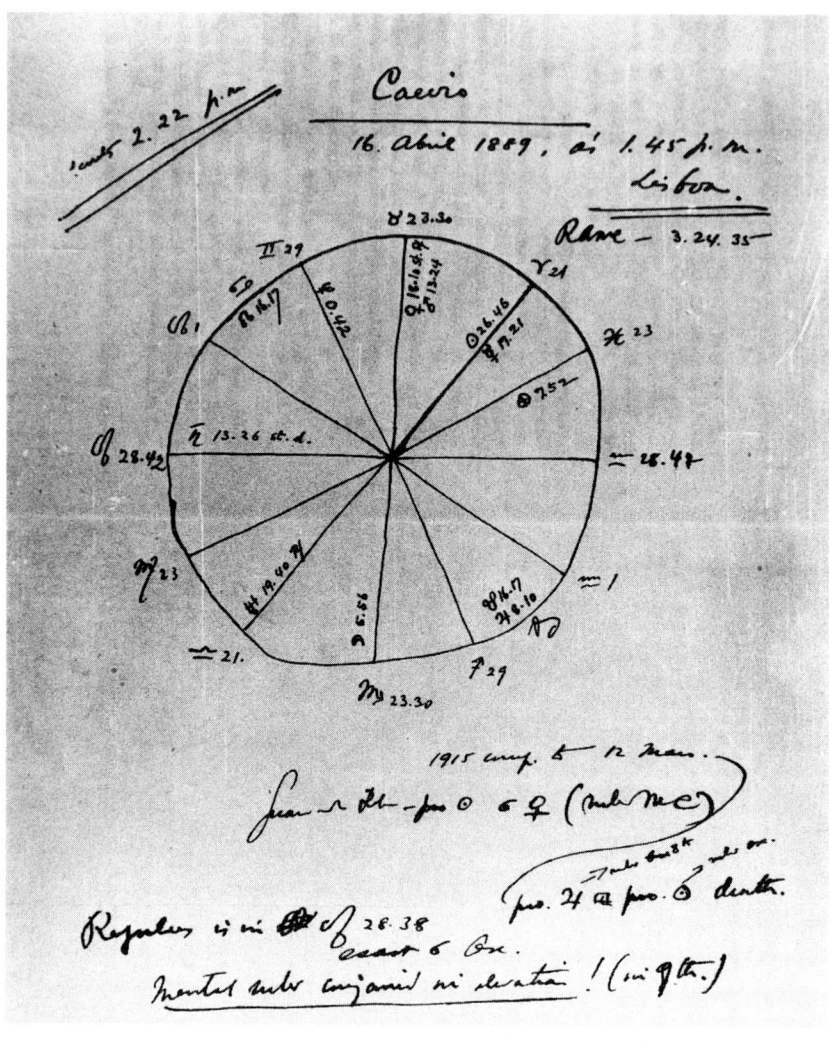

Alberto Caeiros Horoskop

Das Horoskop des Heteronyms
Ricardo Reis

Das für Álvaro de Campos
gestellte Horoskop

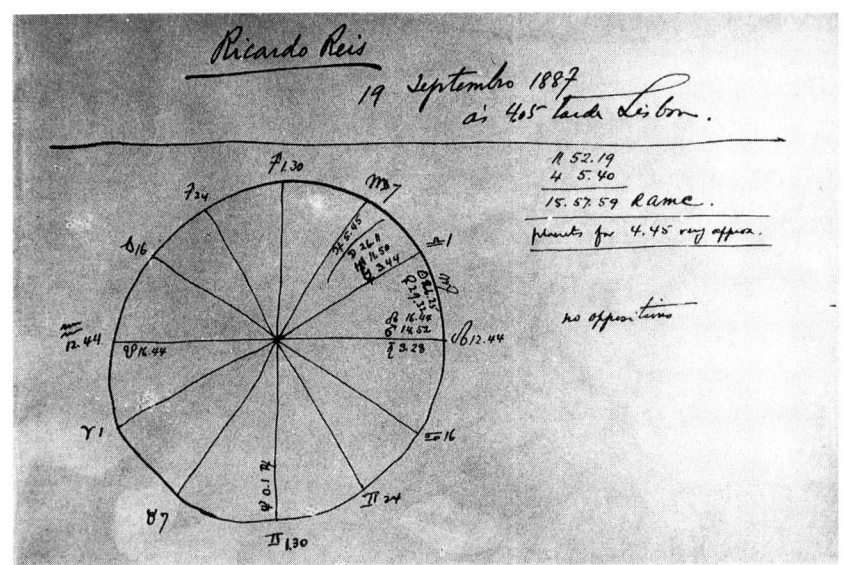

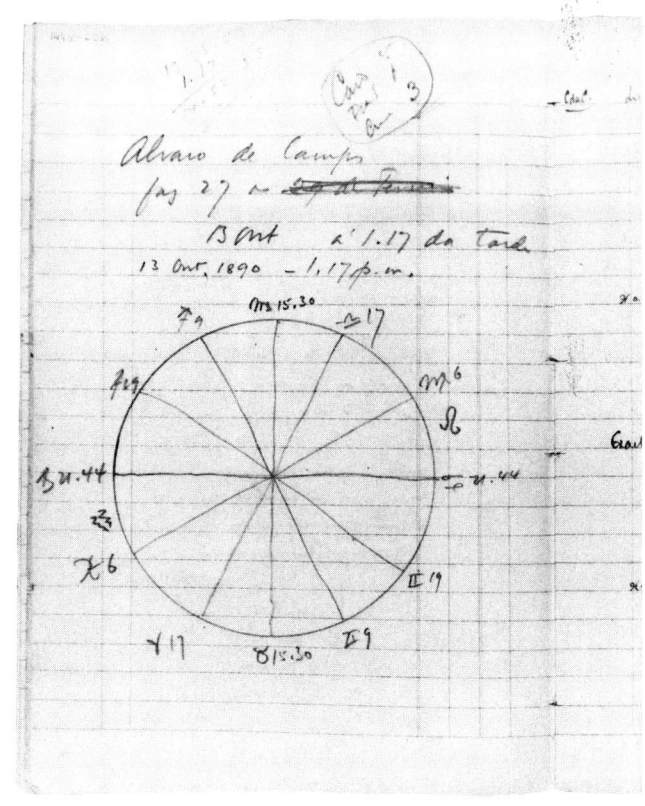

"ORPHEU"

REVISTA TRIMESTRAL DE LITERATURA

Propriedade de: ORPHEU, L.da   Editor: ANTONIO FERRO

DIRECTORES

Fernando Pessôa
Mario de Sá-Carneiro

ANO I — 1915   N.º 2   Abril-Maio-Junho

SUMARIO

Colaboração especial do futurista

SANTA RITA PINTOR

.(4 hors-texte duplos)

Redacção: 190, Rua do Ouro — Livraria Brazileira.
Oficinas: Tipografia do Comercio, 10, Rua da Oliveira, ao Carmo — Telefone 2724
LISBOA

Titelseite der Zeitschrift »Orpheu«,
mit der der portugiesische Modernismus beginnt

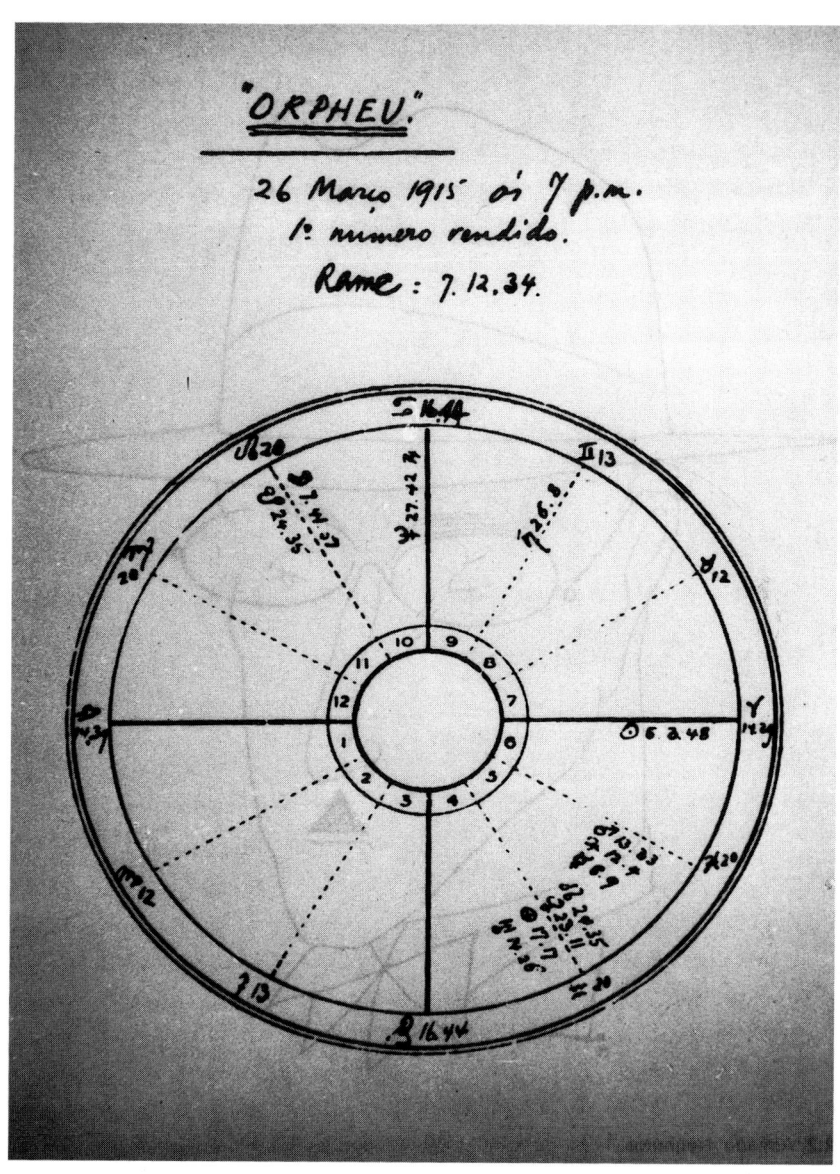

Das von Pessoa für die Zeitschrift »Orpheu«
gestellte Horoskop

ARFFONSEU

(Imitação da "ode triumphal" do "Orpheu")

Schiiiii-traz-traz-traz ! Pim ! Pim ! Eh ! foguetorio.

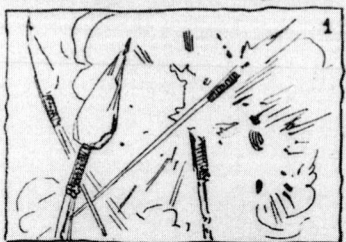

Toca o hymno. Ratachim-tachim-chim-pum !

Sinto uma costella a dançar a *Maria da Fonte*
E um dedo do pé direito assobiar a *Portugueza*.

Olhem ! Olhem ! E' o Affonso Costa. Que sinto ?
E' a minha barriga a dar vivas ao Bernardino.
Ah ! Oh ! Vivam os Armazens Grandella e o escriptorio da rua
dos Sapateiros.
Estão todos a olhar para o ar-r-r-r-r-r-r-r.
Lá vae elle, lá vae elle! E' o Antonio José no balão.

Vae a deitar asneiras como lastro ! Oh ! Oh ! Oh !
Então o Brito lavou a cara ? Não ! Não ! Não !
Focinho de gato, carapaus fritos! Eh-la-hô burrié cosido,
Eh-la-hô quinta da Mitra ! Eh-la-hô bimbas!
Eh-la-hô prescripções de S. Thomé ! Eh-la-hô Leandro !
Quantos contos?... Hup lá, hup lá, seu Estevão !

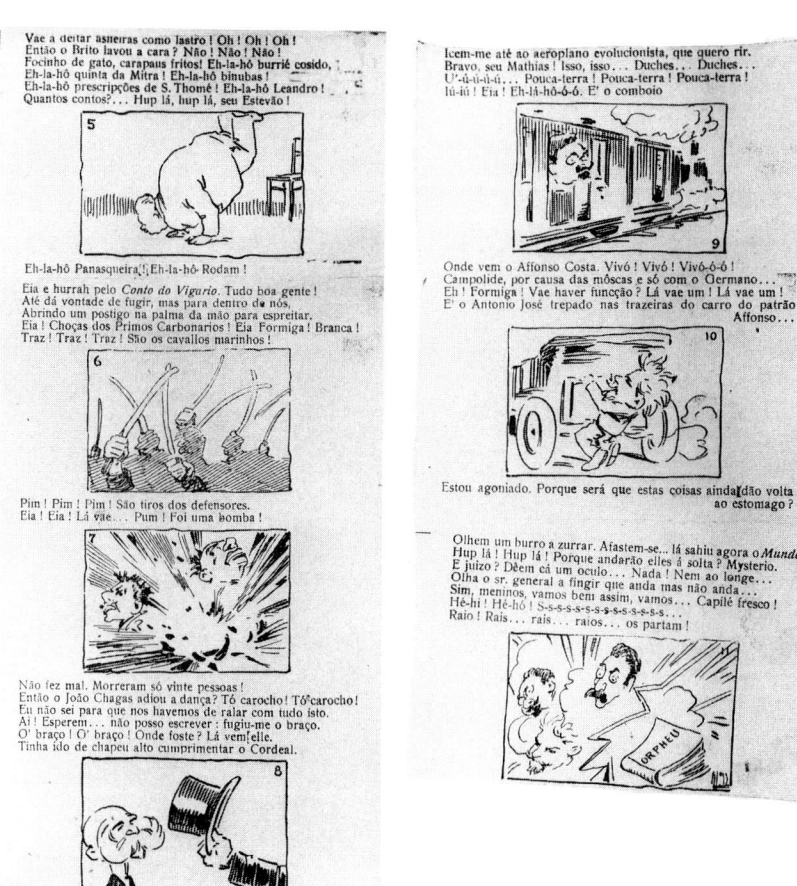

Eh-la-hô Panasqueira ! Eh-la-hô Rodam !

Eia e hurrah pelo *Conto do Vigario*. Tudo boa gente !
Até dá vontade de fugir, mas para dentro de nós,
Abrindo um postigo na palma da mão para espreitar.
Eia ! Choças dos Primos Carbonarios ! Eia Formiga ! Branca !
Traz ! Traz ! Traz ! São os cavallos marinhos !

Pim ! Pim ! Pim ! São tiros dos defensores.
Eia ! Eia ! Lá vae ... Pum ! Foi uma bomba !

Não fez mal. Morreram só vinte pessoas !
Então o João Chagas adiou a dança? Tó carocho ! Tó°carocho !
Eu não sei para que nos havemos de ralar com tudo isto.
Aí ! Esperem... não posso escrever : fugiu-me o braço.
O' braço ! O' braço ! Onde foste ? Lá vem'elle.
Tinha ido de chapeu alto cumprimentar o Cordeal.

Icem-me até ao aeroplano evolucionista, que quero rir.
Bravo, seu Mathias ! Isso, isso... Duches... Duches...
U'-ú-ú-ú... Pouca-terra ! Pouca-terra ! Pouca-terra !
Iú-iú ! Eia ! Eh-lá-hô-ó-ó. E' o comboio

Onde vem o Affonso Costa. Vivó ! Vivó ! Vivó-ó-ó !
Campolide, por causa das môscas e só com o Germano...
Eh ! Formiga ! Vae haver funcção ? Lá vae um ! Lá vae um !
E' o Antonio José trepado nas trazeiras do carro do patrão
Affonso...

Estou agoniado. Porque será que estas coisas ainda dão volta
ao estomago ?

Olhem um burro a zurrar. Afastem-se... lá sahiu agora o *Mundo*.
Hup lá ! Hup lá ! Porque andarão elles á solta ? Mysterio.
E juizo ? Dêem cá um oculo... Nada ! Nem ao longe...
Olha o sr. general a fingir que anda mas não anda...
Sim, meninos, vamos bem assim, vamos... Capilé fresco !
Hé-hí ! Hé-hô ! S-s-s-s-s-s-s-s-s-s-s-s...
Raió ! Rais... rais... raios... os partam !

Parodie der in der Zeitschrift »Orpheu«
veröffentlichten »Triumph-Ode« Alvaro de Campos',
aus: »O Falassa« (23. 10. 1915)

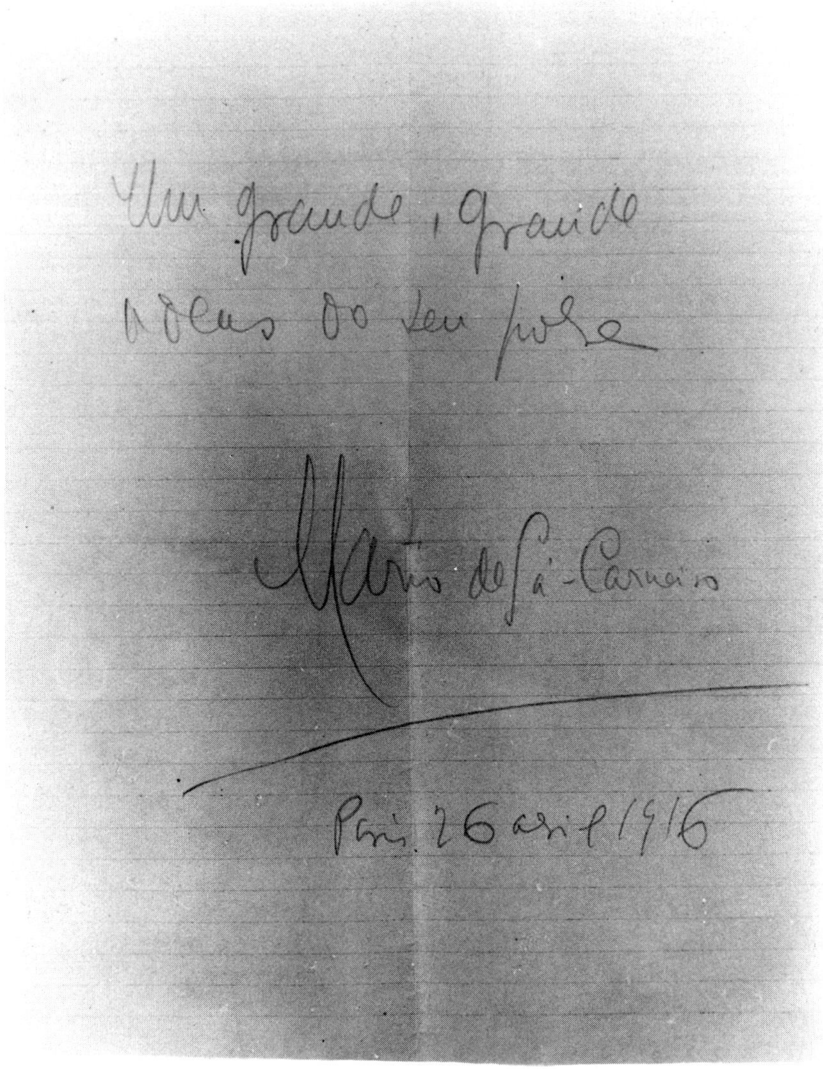

Um grande, grande

Adeus do teu pobre

Mário de Sá-Carneiro

Paris, 26 avril 1916

Der Abschiedsgruß Mário de
Sá-Carneiros an seinen Freund
Fernando Pessoa:
»Ein großes, großes Auf Wieder-
sehen von Ihrem armen Mário de
Sá-Carneiro«

Das Horoskop für Portugal

Pessoas Spottgedicht auf Salazar

256

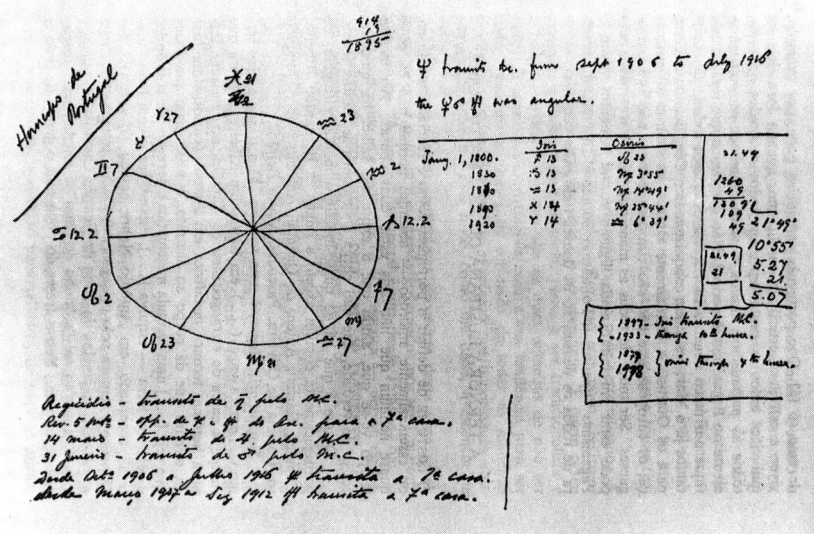

UM TRIPLO POEMA DE FERNANDO PESSOA
SOBRE ANTÓNIO DE OLIVEIRA SALAZAR
apresentado e comentado por Jorge de Sena

António de Oliveira Salazar.
Três nomes em sequência
l'regular.

António é António.
Oliveira é uma árvore.
Salazar é só apelido.
Até aí está bem.
O que não faz sentido
É o sentido que tudo isto tem.

Este senhor Salazar
É feito de sal e azar.
Se um dia chove,
A água dissolve
O sal,

E snh o céu
Fica só azar, é natural.

Oh, c'os diabos!
Parece que já chovou...

Coitadinho
Do tiraninho!
Não bebe vinho,
Nem sequer sozinho.

Bebe a verdade
E a liberdade,
E com tal agrado
Que já começam
À escassear no mercado.

Coitadinho!
Do tiraninho!
O meu vizinho
Está na Guiné
E o meu padrinho
No Limoeiro
Aqui ao pé.
Mas ninguém sabe porquê.

Mas enfim é
Certo e certeiro
Que isto consola
E nos dá fé.
Que o coitadinho
Do tiraninho
Não bebe vinho,
Nem até
Café

NOTA: Nos papéis de
Fernando Pessoa (não na
lendária mala, mas numa
outra que a família do
poeta generosamente nos
facultou examinar e que
era até então desconheci-
da) encontrámos há uns
quinze anos esta tripla sequência, juntamente com
o poema **Liberdade** (que
foi publicado na **Seara
Nova**, em 1937) com a
sátira «**Sim, é o Estado
Novo, e o Povo**», que re-
velámos há pouco nestas
colunas, e com vários
fragmentos que não co-
piámos então. Esta tripla
sequência estava passada
a limpo, à máquina, em
mas de uma cópia, e
com nova em relação ao
«renascimento» que se

anunciava ser o Estado
Novo, assinada **Um So-
nhador Nostálgico de
Abatimento e da Deca-
dência**. As diversas có-
pias, e esta assinatura,
dão a impressão de que o
poema foi copiado para
alguma distribuição anó-
nima e clandestina. A se-
quência está datada de 29
de Março de 1935, qua-
tro meses antes da sátira
contra o Estado Novo, e
oito meses antes da mor-

te de Fernando Pessoa.
Esta composição é aquela
sátira mostram que Pes-
soa, se se deixara envol-
ver na farsa do prémio
concedido por favor à
Mensagem que havia sido
publicada nos fins do ano
anterior (supomos que
nunca se reparou nos ter-
mos do cólofon, quando
diz, com anticristianis-
mo de Ricardo Reis, que
o livro fora composto e
impresso «durante o mês

de Outubro do ano de
1934, da Era **do Cristo
de Nazaré**—itálico nos-
so), não só mantinha as
suas distâncias como es-
tava a enveredar por uma
atitude de franca resis-
tência». Esta sequência
não está -inédita: foi
publicada no Brasil, em
São Paulo, no Suplemento
Literário do jornal «**O Estado de São Paulo**», em
1959 ou 1960, data que
não nos é possível agora
precisar. Mas está-o em
Portugal, onde, por ra-
zões tristemente óbvias,
não podia ser impressa.

Santa Bárbara, Califór-
nia, 9 de Maio de 1974
e 15.º dia da Libertação
Nacional.

JORGE DE SENA

Ausschnitt aus der einzigen,
von der Polizei beschlagnahmten Nummer
der Zeitschrift »Portugal Futurista« (1917)

ULTIMATUM

de Alvaro de Campos

Erste Seite des in der Zeitschrift »Portugal Futurista« abgedruckten
»Ultimatums« von Álvaro de Campos, einer Abrechnung mit der
zeitgenössischen europäischen Kultur

ENGLISH POEMS

III

BY

Fᴇʀɴᴀɴᴅᴏ Pᴇssᴏᴀ

—

LISBON

Titelblatt der vom Dichter
im Selbstverlag herausgegebenen
englischen Gedichte (1918)

Ophélia Queiroz, die einzige
namentlich bekannte »Namorada«
des Dichters

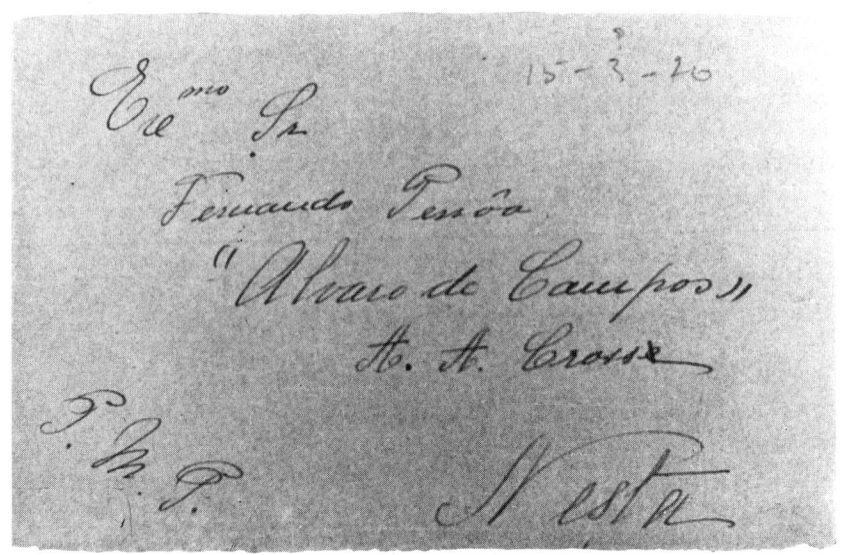

Briefumschlag Ophélias, adressiert
an F. Pessoa alias Á. de Campos alias
A. A. Crosse (den Scharadenmeister)

Ophélia Queiroz

Brief F. Pessoas an Ophélia Queiroz

ATHENA

REVISTA DE ARTE

VOL. I   Outubro   N.° 1
          1 9 2 4

Direcção e Administração: LISBOA - 24, Travessa do Faila-Só

Titelseite der von F. Pessoa und
Ruy Vaz herausgegebenen Zeitschrift »Athena« (1924/25)

Der Dichter in der »Baixa«
(Unterstadt) von Lissabon

264

Fernando Pessoa im Gespräch
mit Augusto Ferreira Gomes

Pessoa im Café Martinho da
Arcada mit Costa Brochado

Der Dichter im Gespräch mit
Costa Machado
in der Rua Augusta

266

Der Dichter mit
Fernando Lobo d'Avila
und Eduardo Malta

Pessoa im Kreise seiner
Familienangehörigen in Estoril

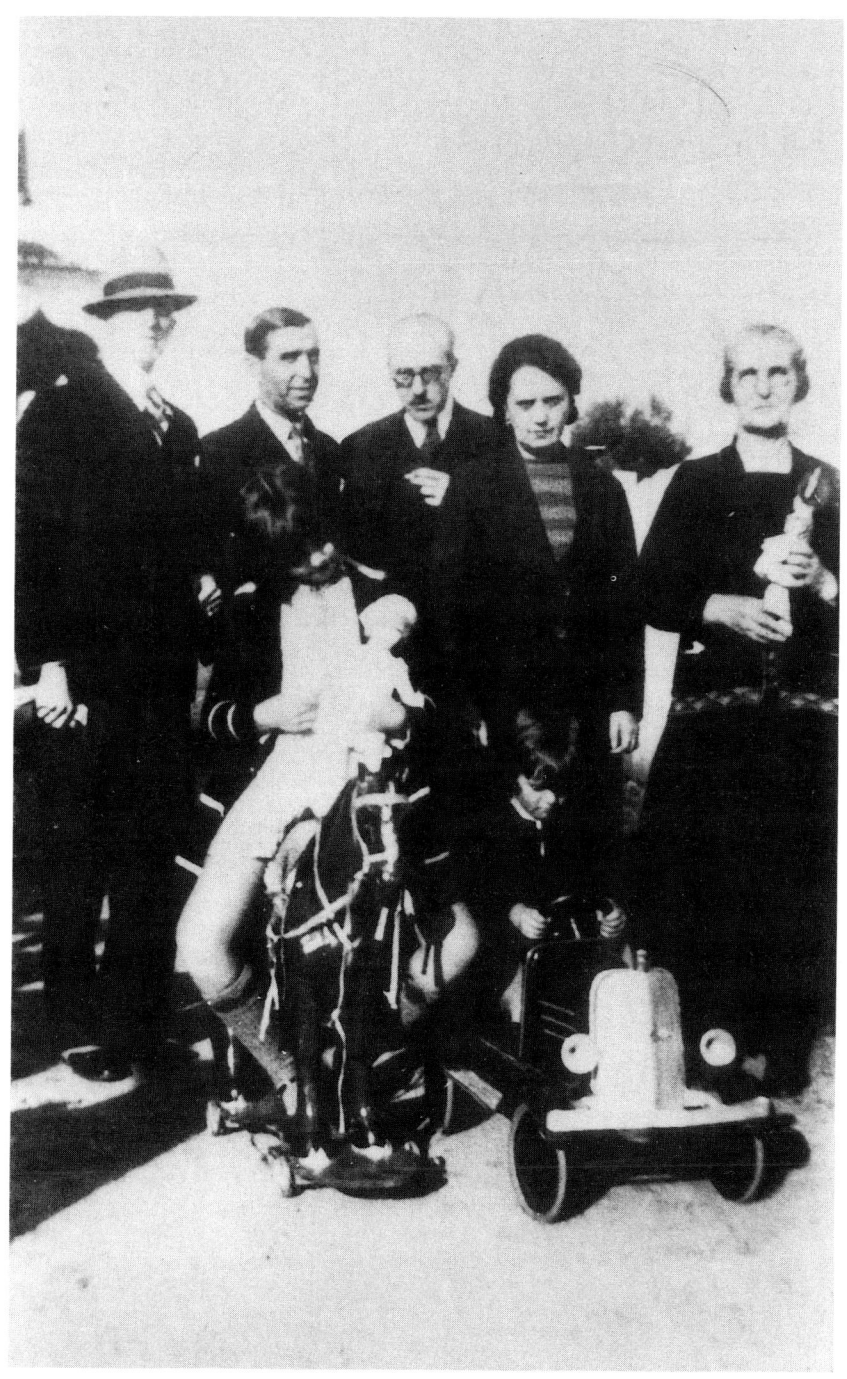

F. Pessoa im Januar 1914   König Sebastian, auf dessen
                                  (symbolisch erhöhte) Wiederkehr
                                  der Dichter hoffte

F. Pessoa in seinen
letzten Lebensjahren

Die letzte Fotografie
des Dichters

FERNANDO PESSOA

MENSAGEM

LISBOA 1934
PARCERIA ANTONIO MARIA PEREIRA
44 RUA AUGUSTA 54

Titelblatt des einzigen zu Lebzeiten
publizierten Buches von F. Pessoa (1934)

Eine der letzten Aufnahmen F. Pessoas

276

SEGUNDO

O DAS QUINAS

Os Deuses vendem quanto

~~Vendem os Deuces o que~~ dão.

gloria com — ~~A gloria~~ Compra-se a desgraça.
Ai dos felizes, porque são
Só o que passa!

Baste a quem basta o que lhe basta
O bastante de lhe bastar!
A vida é breve, a alma é vasta:
Ter é tardar.

Foi com desgraça e com vileza
Que Deus ao Christo definiu:
Assim o oppoz à Natureza
E Filho o ungiu

8-12-1928

[16]

F. Pessoa in der »Baixa«
(Unterstadt) von Lissabon

Ein Gedicht aus »Mensagem«
(Botschaft) mit den handschriftlichen
Korrekturen des Dichters

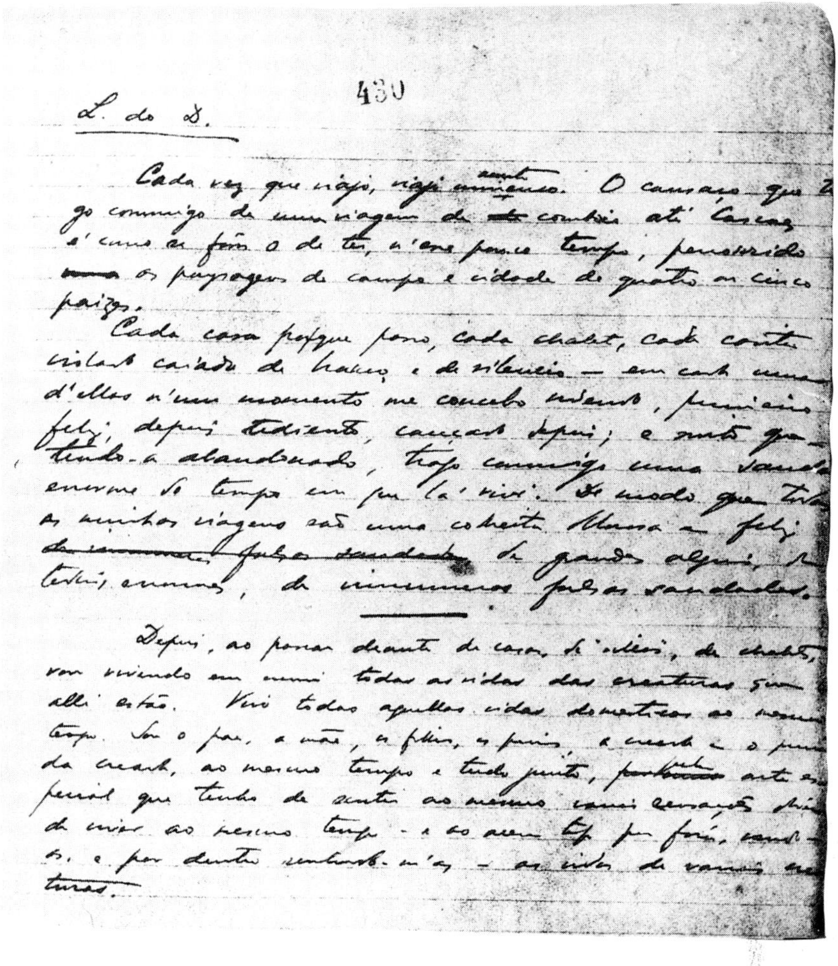

430

L. do D.

Cada vez que viajo, viajo immenso. O cansaço que trago commigo de uma viagem de comboio até Cascaes é como se em pouco tempo tivesse percorrido as paysagens de campo e cidade de quatro ou cinco paizes.

Cada casa porque passo, cada chalet, cada cottage isolado caiado de branco e de silencio — em cada uma d'ellas n'um momento me concebo vivendo, primeiro feliz, depois tedioso, cançado depois; e sinto que, tendo-a abandonado, trago commigo uma saudade enorme do tempo em que lá vivi. De modo que todas as minhas viagens são uma colheita dolorosa e feliz de grandes alegrias, de tedios enormes, de innumeras falsas saudades.

Depois, ao passar deante de casas, de villas, de chalets, vou vivendo em mim todas as vidas das creaturas que alli estão. Vivo todas aquellas vidas domesticas ao mesmo tempo. Sou o pae, a mãe, os filhos, os primos, a creada e o primo da creada, ao mesmo tempo e tudo junto, pela arte especial que tenho de sentir ao mesmo tempo sensações varias, de viver ao mesmo tempo — e ao mesmo tempo por fóra, vendo-as, e por dentro sentindo-as — as vidas de varias creaturas.

Pessoa in den Straßen von Lissabon

Auszug aus dem »Buch der Unruhe« (Livro do Desassossego)

Rubai

O fim do longo, inútil dia ensombra
A mesma sp'rança, que não deu, a escombra,
Prolixa... A vida é um mendigo bebado
Que extende a mão á sua propria sombra.

Fernando Pessoa

Original eines Gedichtes

Der Dichter am Schanktisch seiner
Lieblingsfirma Abel Pereira da Fonseca

Pessoa im Jahre 1928

F. Pessoa mit seiner Nichte
Manuela (Madalena)

Pessoa im Hause seiner
Schwester in Estoril (1933)

Pessoa in der Familie.
Links von ihm die Halbschwester
Henriqueta Rosa Dias

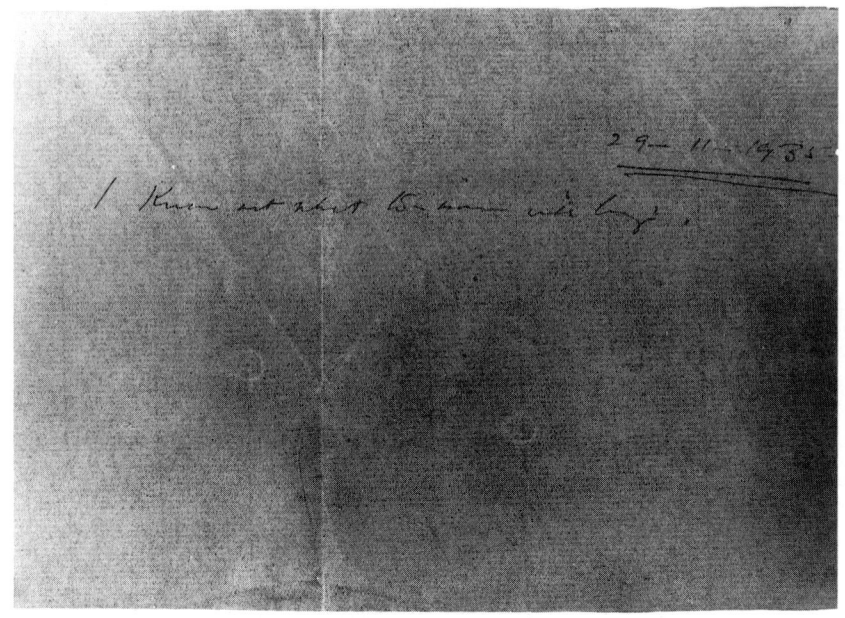

Die letzte Aufzeichnung des
Dichters im Krankenhaus einen Tag
vor seinem Tode: »I know not what
to-morrow will bring«

Auf den Straßen von Lissabon

287

Notiz über den Tod des Dichters (30. 11. 1935)
in den Zeitungen der Epoche

288

'. da Emissora Nacio-
ago a visita do Chefe
ado pelos oficiais da
do ali recebido pelos
erior e Obras Publi-
Galvão, director da
Manuel Bivar e dr.
omissão administrati-

amente o venerando
iblica, proferir uma
te destinada a todos
ntes na America do
da estação traduziu
inglesa.
notavel saudação, era
tes termos:

gnifica de ressurgi-
to do trabalho, da
m da Nação; preci-
olvidavel em que se
jornada do 1.º de
ta da restauração e

: 7.ª pagina).

ubscrição

Palácio da Indepen-

·····················	1.000$00
	2$50
imarães ...	100$00
idigal	100$00
eira	10$00
····················	50$00
	1.262$50

no inglês

**de emprestimo
iesa nacional**

O Governo de-
próxima quar-
réstimo de 300
s, com destino
al. Serão duas
a de 200 mi-
de 100, para
atas diferentes
ectivamente, o
%, — H.

---

poores protegrada pelo «Diario de Noticias», certos de que não tardarão a afluir
os donativos.

«Diario de Noticias» .... 1.000$00

MORREU FERNANDO PESSOA
grande poeta de Portugal

Fernando Pessoa, o poeta extraordinario
da «Mensagem», poema de exaltação nacio-
nalista, dos mais belos que se têm escrito,
foi ontem a enterrar.

Surpreendeu-o a morte, num leito cris-
tão do Hospital de S. Luiz, no sabado á
noite.

A sua passagem pela vida foi um rastro
de luz e de origina-
lidade. Em 1915,
com Luiz de Mon-
talvor, Mario de Sá
Carneiro e Ronald
de Carvalho — estes
dois já mortos para
a vida — lançou o
«Orfeu», que tão
profunda influencia
exerceu no nosso
meio literario, e a
sua personalidade
foi-se depois afir-
mando mais e mais.
Do fundo da sua
«tertulias, a uma
mesa do Martinho
da Arcada, Fernan-
do Pessoa era sem-
pre o mais novo de
todos os novos que
em volta dele se
sentavam. Descon-
certante, profunda-
mente original e es-
truturalmente ver-
dadeiro, a sua per-
sonalidade era vária

Fernando Pessoa

como vário o rumo da sua vida. Ele não
tinha uma actividade «una», uma actividade dirigida: tinha multiplas actividades.

Na poesia não era só ele: Fernando Pessoa: ele era tambem Alvaro de Campos e
Alberto Caleiro e Ricardo Reis. E era-os
profundamente, como só ele sabia ser. E na
poesia como na vida. E na vida como na
arte.

Tudo nele era inesperado. Desde a sua
vida, até aos seus poemas, até á sua morte.

Inesperadamente, como se se anunciasse
um livro ou uma nova corrente literaria por
ele idealizada e vitalizada, correu a noti-
cia da sua morte. Um grupo de amigos
conduziu-o ontem a um jazigo banal do
cemiterio dos Prazeres. Lá ficou, vizinho
de outro grande poeta que ele muito admi-

Die Bibliothek des Dichters und die berühmte Truhe mit seinen
Manuskripten, die sich heute in der Lissaboner Nationalbibliothek
befinden

Die Bibliothek des Dichters

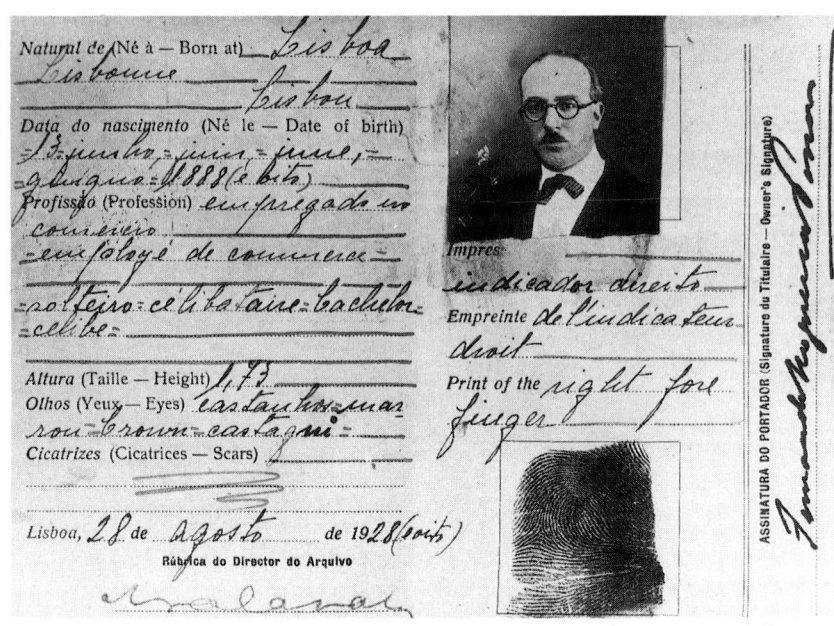

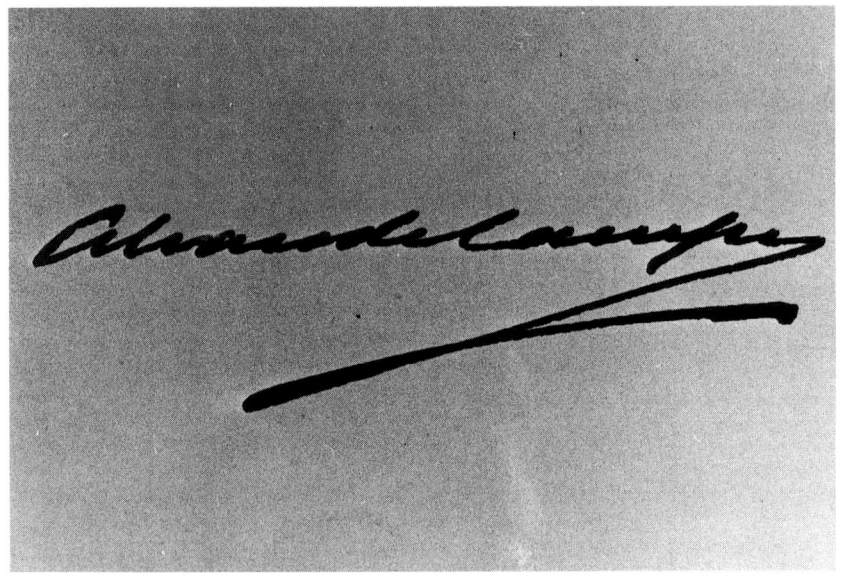

Der Personalausweis
des Dichters

Die Unterschrift
Álvaro de Campos'

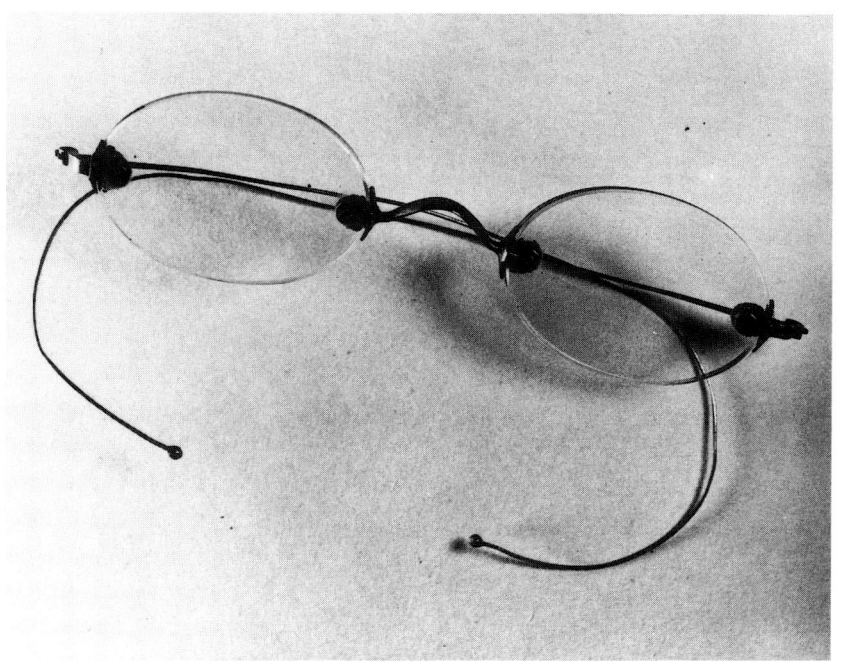

Die Brille Fernando Pessoas

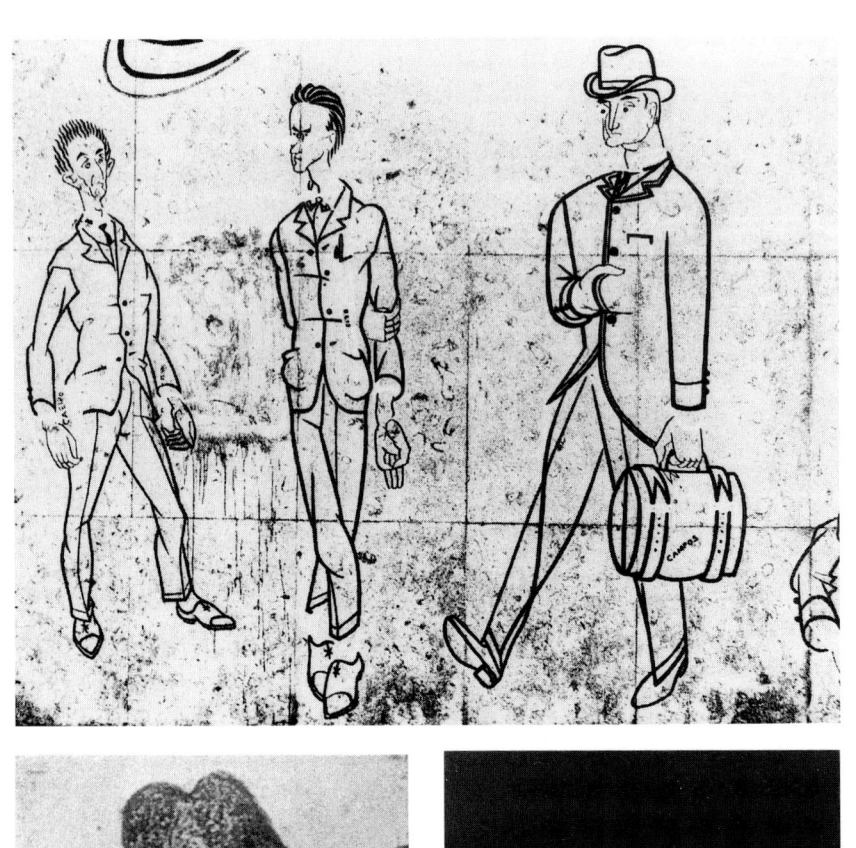

294

Die drei Heteronyme Alberto
Caeiro und Álvaro de Campos, von
Almada Negreiros gezeichnet, in
der Eingangshalle der Geisteswiss.
Fakultät der Universität Lissabon

Karikatur F. Pessoas, angefertigt
1912 vom gleichen Künstler

F. Pessoa im Jahre 1912
(Porträt von Rodrigues Castañe)

F. Pessoa, allein
(Ölgemälde aus den Jahren
1976/77 von Costa Pinheiro)

Porträt F. Pessoas von Júlio Pomar

Karikatur Fernando Pessoas von José de Almada Negreiros, bei der
Rückkehr von der Beerdigung des Dichters angefertigt (30. 11. 1935)

Das berühmteste Gemälde des Dichters, posthum von
José de Almada Negreiros geschaffen; das Original befindet sich im
Lissaboner Stadtmuseum (1954)

Der Amman Verlag dankt dem Portugiesischen Buch-Inststitut (Instituto Português do Livro) für die freundliche Überlassung der Negative zum Bildteil.

Inhalt

Selbstzeugnisse

Ausgewählte Briefe

Zeugnisse von Zeitgenossen